楞伽經

【南朝宋】求那跋陀羅 译

【宋】释正受 集注

释普明 点校

上海古籍出版社

图书在版编目(CIP)数据

楞伽经/(南朝宋)求那跋陀罗译；(宋)释正受集注；释普
明点校. —上海：上海古籍出版社，2017.3 (2023.11 重印)
(国学典藏)
ISBN 978-7-5325-8352-2

Ⅰ.①楞…　Ⅱ.①求…　②释…　③释…　Ⅲ.①大乘—佛
经 ②《楞伽经》—注释　Ⅳ.①B942.1

中国版本图书馆CIP数据核字 (2017) 第 034988 号

国学典藏

楞伽经

[南朝宋] 求那跋陀罗　译

[宋] 释正受　集注

释普明　点校

上 海 古 籍 出 版 社　出版发行
(上海市闵行区号景路159弄1-5号A座5F　邮政编码201101)
(1) 网址：www.guji.com.cn
(2) E-mail：gujil@guji.com.cn
(3) 易文网网址：www.ewen.co
上海展强印刷有限公司印刷
开本 890×1240　1/32　印张 8.5　插页 5　字数 236,000
2017 年 3 月第 1 版　2023 年 11 月第 8 次印刷
印数：18,501-23,600
ISBN 978-7-5325-8352-2

B·985　定价：35.00 元

如发生质量问题，请与承印公司联系
电话：021-66366565

前　言

释普明

　　《楞伽经》之汉译本,先后共有四种,最早为北凉昙无谶大师所译,大致在公元四一二—四三三年间,已佚。现存三种译本如下:

　　(1)刘宋元嘉二十年(四四三),求那跋陀罗译《楞伽阿跋多罗宝经》四卷(简称"宋译")。

　　(2)北魏延昌二年(五一三),菩提流支译《入楞伽经》十卷(简称"魏译")。

　　(3)唐长安四年(七〇四),实叉难陀译《大乘入楞伽经》七卷(简称"唐译")。

　　比较这三个译本:宋译本采用直译方式,最能表现此经的原始形态,但因其"回文不尽,语顺西音"[1],文辞简古晦涩,颇不易读。魏译本则较为显白流畅,条理清晰,但间有"加字混文者泥于意,或致有错"[2]之处。圣历元年(六九八),实叉难陀三藏奉武则天之命重译《楞伽经》,初稿译成后,未及润饰,即奉旨回西域去了。其后于长安二年(七〇二),由精通《楞伽》之弥陀山三藏,及翻经沙门复礼、法藏大师等,在实叉译本的基础上,详究梵本,对前二译"取其所得,正其所失"[3],历时二载乃成。故唐译本在义理上较前二译更

---

[1][唐]法藏《入楞伽心玄义》,《大正藏》第39册,第43页中。
[2]同上。
[3]同上。

为周备完善,文辞也更加练达,无疑是三译中之善本。实际上由于《楞伽经》自身义理的深邃,即使是唐译本,阅读起来也有相当难度。若能三个译本参照阅读,对理解经文无疑将大有裨益。

这三个译本中,宋译《楞伽经》则是早期禅宗"借教悟宗"的无上宝典。昔达摩大师传法给慧可大师后,并授予四卷《楞伽》曰:"我观汉地,惟有此经,仁者依行,自得度世。"[1]随着禅宗的发展,宋译本在弘传史上最受重视,流通也最为广泛。现在所提《楞伽经》一般皆指宋译本而言,魏唐二译则多作为辅助阅读。

从达摩大师往后,至五祖弘忍大师始易以《金刚经》为印心之经典。六祖惠能大师又因《金刚经》悟道,往后更盛弘般若宗旨。《楞伽经》遂淡出南宗系统,而在北宗神秀一系内得到重视和传承[2]。由于时代的变更,北宗衰落后《楞伽经》逐渐为时人所淡忘。北宋仁宗庆历年间(一○四一——一○四八),张安道先生为滁州牧时,曾于一僧舍偶然发现一手抄本《楞伽经》,入手恍然如获旧物,细视笔画手迹宛然,悟为前身所书,展卷细读而大获所悟。张公晚年,因苏东坡来探访,乃付钱三十万请印施于江淮间。苏东坡更为序其事,并亲自手书,求善工刻版以广流通。《楞伽经》又重新得到有识之士的认识和重视。

赵宋之后,《楞伽经》之影响日渐扩大。明洪武十年(一三七七),朱元璋以《楞伽》等三经为治心法门,亲下圣谕:"令天下僧徒习通《心经》、《金刚》、《楞伽》三经,昼则讲说,夜则禅定。"[3]并下令诸郡禅教僧人,会集于天界禅寺,校雠三经古注以定其说,颁行天下以广传持。因此《楞伽经》在有明一代得到很广泛的弘传,留下的注疏也最为丰富。

---

[1][唐]道宣《续高僧传》卷第十六。
[2]《楞伽经》在北宗的弘传情况,具体可参阅[唐]净觉《楞伽师资记》,《大正藏》第85册。
[3][明]宗泐、如玘《金刚般若波罗蜜经注解》,《大正藏》第33册,第238页下。

从清季以来,《楞伽经》之弘传又再度衰微。至民国年间,唯太虚大师《楞伽经义记》可观,今亦仅见成观法师《楞伽经义贯》等零星三两部而已。应该提及的是,目前由国外学术界校刊的《楞伽经》梵文本有两种,一是日本学者南条文雄的《梵文入楞伽经》,出版于一九二三年;二是印度学者维迪耶的《妙法入楞伽经》,出版于一九六三年(南条文雄本的修订本)。国内学者将汉译本参照梵本校勘的亦有两种,一是民国十九年支那内学院以宋译本为底本,参考南条文雄校刊梵本及魏唐二汉译本,进行详细的译校,而成《藏要》本(上海书店一九九一年六月影印),对学术研究有一定价值。二是近期黄宝生先生将维迪耶梵文本参照汉译本,进行详细的译校,于每一段梵文下,置现代汉语译文,附宋译、唐译文,并加注释,而成《梵汉对勘入楞伽经》一书,由中国社会科学出版社 2011 年 7 月出版,这是当前研究《楞伽经》又一重要的案头参考书。

在当今知见林立的时代,重新重视和弘扬《楞伽经》,对建立佛法正见,融合佛教诸宗,特别是扶树达摩禅宗旨,丕振禅门宗风,无疑有着非常积极的意义!

在教法上,本经以如来藏自性清净心为体;以自觉圣智观照一切法空离自性相,显示第一义自性清净心为宗旨;以摧伏外道邪见,破斥小乘偏执,匡显大乘为用;以五法、三自性、八识、二无我四门为教相。现将本经的主要内容及内在联系,略示如下:

如来藏自性清净心				
五　法	相	名	妄　想	正　智	如　如
三自性	妄想自性		缘起自性	圆成实性	
八　识	计著藏识、意、意识及五识			转八识成四智	
二无我	计著实有人我、法我			证人法二无我智	

　　以上四门隐显不同,皆可相互融摄,开合无碍。以五法为例,依如来藏心为体,随染净缘开显凡圣心境而为五法,束五法则为三自性,三自性所依唯有八识,八识义立方显二无我。以二无我为例,依如来藏心所显凡圣心境为二无我空,依二无我空以立八识,束八识为三自性,开三性而为五法。于此四义或随观一门,即起信、生解、修行、证果,随其根性不同,而现有顿渐之别,凡圣区分不离人法二空,指其体性则唯清净一味。大乘性相之法不越于此四门,若开显法相,则立唯识宗旨;若辨其性空,则示中观之见;若当阳直指,则树佛祖心宗。

　　本经的一大特点,即广辩佛法与外道知见的区别。按西域外道有九十五种之多,以六十二邪见为其根本。六十二见,又以有、无二见为根本。有无二见展开,则成有、无、亦有亦无、非有非无等四句戏论。外道凡夫不知一切诸法唯心所现,如梦境、空花、水月、镜像离于有无等四句见,执著心外有实我实法若生若灭。或计五阴假合身中实有神我、作者等自在常住能为主宰,或计五阴身死归于断灭名为涅槃,或计冥谛、四大、时、方、空、梵天、大自在天等自在常住能与生死诸法作因,或计诸法无因生、无因灭。其所计著若因若缘、若有若无、若常若断、若生死若涅槃以及种种论说,以如来正智观察,则都无实义,皆不出相、名、妄想,我法二执。故佛于此经中,以二无我法对破外道种种邪见,令知趣向解脱正道! 又,二乘人虽得人空,未得法空,计著诸法心外实有,非即自心所现相分;或计善恶无记、生死涅槃各有实性。故佛以法无我破之,令知趣向大乘无住处涅槃!

　　关于《楞伽经》的古代注疏,现在有资料可询者,共有如下诸家:唐法藏《入楞伽经心玄义》一卷,智严《楞伽经注》三卷(残),某尊宿《楞伽经疏》二卷(残);宋宝臣《注大乘入楞伽经》十卷,杨彦国

《楞伽经纂》四卷,正受《楞伽经集注》四卷,善月《楞伽经通义》六卷;明宗泐、如玘《楞伽经批注》八卷,德清《观楞伽经记》八卷、《楞伽补遗》一卷,智旭《楞伽经玄义》一卷、《楞伽经义疏》九卷,曾凤仪《楞伽经宗通》八卷,通润《楞伽经合辙》八卷,广莫《楞伽经参订疏》八卷,焦竑《楞伽经精解评林》一卷,陆西星《楞伽要旨》四卷,普真贵《楞伽科解》十卷;清净挺《楞伽经心印》一卷,函昰《楞伽经心印》八卷。以上列举《楞伽经》之注疏共十八家,除法藏、宝臣所依为唐译本外,其余皆依宋译本。

关于正受禅师撰写《楞伽阿跋多罗宝经集注》(简称《集注》)的前后因缘,俱载其《阁笔记》中,此不具述。唯于《集注》的结构内容,不妨再添加几笔。禅师之注此经,以宋译四卷《楞伽》为主本,凡遇经文简约晦涩之处,则采集魏唐二译之长以附其下,或加简要的注释,以方便读者参考融会,贯通经义。在义理阐释方面,则参照宝臣《新说》、杨彦国《楞伽经纂》、唐注古本及《宗镜录》中有涉此经者,采其精华而陶铸之,务使注释词理修畅,经文脉络前后贯通。稿成于宋庆元二年(一一九六),朝议大夫沈瀛为作序言,盛赞《集注》之精妙云:"字字订前人之讹,句句说经意之尽,其文不晦僻,其义又坦明,使苏内翰复生而见之,亦欢喜赞叹不尽,而况余人乎?"《集注》的出现,无疑是当时为数不多的《楞伽经》注疏中之精品,是参研四卷《楞伽》的一部重要工具书。

明朝初年,保存在姑苏幻住庵之《集注》庆元刻板[1],不慎毁于一场火灾。洪武四年(一三七一),天界寺住持白庵金禅师,对庆元本未尽善处进行调整和删增,使文辞更为畅达,重新刊刻流通。即今《卍新纂续藏经》(简称《新续藏》)第17册所刊载本。一九九三

---

[1]参[明]宋濂《楞伽经集注题辞》,《护法录》卷第六,《嘉兴藏》(新文丰版)第21册,第658页下。

年四月，上海古籍出版社编辑出版《佛教名著丛刊》，曾据《新续藏》本影印行世，并在出版说明中称赞此书"能集诸家之长而又要言不烦，于揭示《楞伽》奥义不遗余力"。二〇一一年十一月，上海古籍出版社又再次影印此书，以应需求。

最后，略将这次校勘凡例说明如下：

一、此次校勘正受禅师之《楞伽经集注》，以《新续藏》所刊载本为底本，查《二十二种大藏经通检》未见其他同类参校本。此次校勘吸收了《新续藏》本中的校勘成果。经文校勘初期仅以《大正藏》、《中华藏》及《龙藏》本对勘。校勘后期，得到中山大学冯焕珍教授的帮助支持，贡献其所校勘的清函昆《楞伽经心印》电子版本，此校勘本与《高丽藏》、《碛砂藏》、《嘉兴藏》、《龙藏》、《频伽藏》本及敦煌文献写本残卷进行了对勘，并吸收《大正藏》与《中华藏》本、民初《藏要》本及黄宝生《梵汉对勘入楞伽经》的校勘成果，颇俱学术参考价值。此次校勘，参照吸收了《楞伽经心印》与几部藏本的对勘成果，及《大正藏》与《中华藏》本的校勘成果，在此对冯老师深表谢意！需要说明的是，《大正藏》本的底本为《高丽藏》本，《中华藏》本的第一、二、四卷皆为《高丽藏》本，第三卷则为《赵城金藏》广胜寺本（简称广胜本）。《大正藏》本的对校本主要有四种：《思溪藏》（宋刻）、《普宁藏》（元刻）、《嘉兴藏》（明刻）、宫内（宫内厅图书寮本）。《中华藏》本的对校本有六种：《资福藏》（在《思溪藏》的基础上增加资料）、《碛砂藏》、永乐《南藏》、《嘉兴藏》、《龙藏》及房山云居寺《石经》。校勘记中所引用到的藏经名称，不出上述几种。

二、底本之正文与注释混排，不分章段，无句读。此次整理，用现代标点符号重新标注。为照顾现代阅读习惯，对经文及注释给予适当的分段。

三、底本所引用之经文或注疏，如"流支云"、"实叉云"、《新说》云”、“杨云”，分别指代魏译《入楞伽经》、唐译《大乘入楞伽经》、宝臣《注大乘入楞伽经》、杨彦国《楞伽经纂》，因引用频繁，故不一一出注，唯于引文与原文有差异处，则予以注明。其他所引经论则一一加注出处。底本中的错别、脱漏、疑误字等则一一注明。

四、底本不带随文的科判，章段脉络模糊，不便阅读。今为醒目之计，在此次校勘本中，按世尊与大慧菩萨问答内容之不同，分成若干个大的段落，使本书之内容整体上不至黏糊一块，以裨阅读及记识。

五、为免繁冗，底本卷尾所附音释不再录入此校勘本中；经文中的对话一般不加引号。

六、《楞伽经》文字简古，义理幽微，古之硕德皆苦《楞伽经》难读。笔者借今《电子大正藏》及网络收集相关资料之便利，几度埋头苦读，爬梳剔抉，六度易稿，勉成今文。深感此经句读之大不易，又暗惭自身学业之太肤浅，这中间差谬势在难免，恳祈诸方禅讲大德，慈悲指示为盼！

目　录

集注楞伽阿跋多罗宝经序

朝议大夫新淮东安抚司参议官竹斋沈瀛撰

　　我佛以一大事因缘出现于世,百余会说法度众生本无二致。以众生性有上中下之别,故佛语有浅深之异。于诸经中,如《楞严》、《圆觉》皆为上根者说,故其语深远,惟上根之人方可了解,而初机者未易究也。至若《楞伽》一经,以楞伽为名,实相为体,佛语心为宗,自觉圣智为用,其语深远,又在《楞严》、《圆觉》诸经之上。故目今所说上根之人,无如内翰苏公,尚曰“《楞伽》义趣幽眇,文字简古,读者尚不能句,而况遗文以得义,忘义以了心,所以寂寥于世,几废而仅存”[1],而况余人乎?

　　少傅白公乐天与常禅师诗,有“求师治此病,惟劝读《楞伽》”[2],又曰“人间此病治无药,惟有《楞伽》四卷经”[3]。荆国王公介甫亦曰“《楞伽》我亦见仿佛”[4]。是知此经,惟上上根人所深好而研穷之,其它人莫识也。达磨谓二祖曰:“吾观震旦所有经教,惟《楞伽》四卷可以印心,祖祖相授,以为心法。”[5]则知传心之印,无出此经,有自来矣!

　　今世谈禅者浩浩,而于此经谩不知有;非不知有,正以所见不高,不能深识义趣,故不敢启口耳! 苏内翰又谓:“近世学者,各宗其

---

[1]文字小异。见苏轼撰《楞伽阿跋多罗宝经序》,《大正藏》第16册,第479页下。
[2]见唐白居易《晚春登大云寺南楼赠常禅师》,《全唐诗》第四百三十九卷。
[3]见唐白居易《见元九悼亡诗因以此寄》,《全唐诗》第四百三十七卷。
[4]见北宋王安石《赠彭器资》,《王荆文公诗笺注》卷三,上海古籍出版社。
[5]见苏轼撰《楞伽经序》。以为,原作“心为”,据苏轼《楞伽经序》订正。

师，务从简便，得一句一偈，自谓了证，至使妇人孺子，抵掌嬉笑，争谈禅悦。高者为名，下者为利，而佛法微矣！"[1]乃谓此经句句皆理，字字皆法，如医之有《难经》。今俚俗医师不由经论，直授方药以之疗病，非不或中；至于遇病，辄应悬断死生，则与知经学古者，不可同日语。世人徒见其有一至之功，或捷于古人，因谓《难经》不学而可，岂不误哉？此正谓今日设也。

仰惟雷庵受公老师，饱学饱参，既有实学，遂见实相，非今虚头禅衲比也。人皆于此经读尚不成句读，师乃敢抗志而注释之，非精勤力学不能到也。且其注释，又非今讲人之比，字字订前人之讹，句句说经意之尽。其文不晦僻，其义又坦明，使苏内翰复生而见之，亦欢喜赞叹不尽，而况余人乎？凡于此道得其趣者而观之，当手之而不释也。竹斋沈瀛既见是书，合掌顶礼，普劝四众至心读诵，详其注义，使佛语涣然冰释，于一句中顿明见地，即达磨付嘱之意便在眼前，其一堆八担葛藤，便可束之高阁矣！

昔太保乐全张公安道，庆历中尝为滁州，至一僧舍，偶见此经，入手怳然，如获旧物。开卷未终，凤障冰解。细视笔画，手迹宛然。悲喜太息，从是悟入。常以经首四偈发明心要。苏内翰过南都，亲见公说，且以钱三十万，托公印施于江淮间，而内翰亲为之书。此经印人心地，明验如此。

敬庵居士黄公师说，静照居士仲威之子，妙德居士节夫之侄孙，心心相传，其于此经，深解义趣，捐金镂板，以广流通，是亦乐全公之意也。若其注释本末，则具见于雷庵《阁笔记》，此不重述。惟以世人所共知苏内翰、张太保二事，冠于篇首，以启人之信心云。雷庵又有《普灯》三十卷，及《楞严合论》，捋继此行于世。呜呼，盛哉！呜呼，盛哉！

庆元二年重午日序。

---

[1] 文字小异。"下者为利"下，原文有"余波末流无所不至"一句。见苏轼撰《楞伽经序》。

楞伽阿跋多罗宝经集注题辞

　　大雄氏所说《阿跋多罗宝经》，凡经三译：其四卷者，宋元嘉中，中印度求那跋陀罗也；其十卷者，后魏延昌中，北印度菩提流支也；迨至于唐，实叉难陀来自于阗，复以跋陀之译未弘，流支之义多舛，与僧复礼重翻为七卷，则久视初也。于是判教诸师提纲挈领，李通玄则以五法、三自性、八识、二无我为言；智觉延寿则以实相、佛语心、自觉圣智为言。一则因理以显事，一则从事以推理。理事兼究，则经之奥义无余蕴矣！

　　然自菩提达磨东来震旦，谓此经四卷可以印心，遂授其徒慧可。故宗禅定者，世受其说，而其文辞简严，卒未易通，所以传之者寝微。至宋，张文定公方平见于南谯，悟其为前身所书，乃以钱三十万，属苏文忠公轼印施江淮间。苏公亲为书之，且记其事，自是流布渐广。

　　雷庵禅师正受病句读之难通也，与同袍智灯据跋陀之本，而参以魏、唐二译，原其异同，历疏于经文之下。复稽唐注古本，暨宋僧宝臣、闽士杨彦国之说而折衷之。凡经论疏录有涉于经者，亦抚[1]其精华附焉，名之曰《楞伽宝经集注》。自庆元乙卯之三月，至丙辰之四月，始克就绪，其用心可谓勤矣。

　　且如来说经，不即语言，不离语言。矧此《楞伽》，实诠圆顿，八识洞然，号如来藏，大包无外，小入无内，本性全真，即成智用，观身

---

[1]抚，疑为"撫"字。

实相,与《净名》同。若彼二乘,灭识趣寂,譬如迷人忘己之头,狂走呼号,别求首领。此乃诸佛心地法门,不假修证,现前成佛,禅宗之要,盖莫切于此矣!

或者则曰:"'西来之宗一文不设,若谓初祖持此印心,非愚则惑',不闻达观颖公[1]之言乎?"曰:"不然也,佛法随世以为教,当达摩时,众生滞相离心,故入义学者悉斥去之,达观之言犹达摩之意也。苟不察其救弊微权,而据以为实,则禅那乃六度之一,世尊所指持戒为禅定智慧之本者,还可废乎?雷庵之《注》,其有功于禅宗甚大,非上根宿智不知予言之为当也。"

此经旧尝刻板,近毁于火。天界禅师白庵金公意欲流通,乃购文梓重刻于旃檀林,来征予为之序。予幼时颇见正平张戒,集三译之长,采诸家之注,成书八卷以传,大意略同,惜雷庵不及见之。白庵妙悟真乘,旁通儒典,为丛林之所宗。师苟求其说而补入之,则其功又岂不大于雷庵哉!

洪武四年夏五月国子司业金华宋濂序。

---

[1]达观颖公(九八九——一〇六〇),北宋临济宗僧,杭州钱塘人,俗姓丘,号达观,人称达观昙颖。十三岁出家,谨于戒行,博览群经。初礼谒大阳警玄,学曹洞宗风;后参谷隐蕴聪,嗣其法,为临济第七世孙。后于润州(江苏)金山龙游寺,阐扬临济宗风。嘉祐五年示寂,世寿七十二,法腊五十三。见《建中靖国续灯录》卷四、《宋高僧传》卷十三、《五灯会元》卷十二、《释氏稽古略》卷四。

大明洪武辛亥重刊楞伽经集注凡例

雷庵宋庆元本为旧本，兹重刊为今本。

一、《楞伽》凡三译，其说备在旧本《阁笔记》及今本《题辞》，四卷流通特盛者，宋译也。雷庵之集注是经，遇文简义深处，则以魏唐二译附其下，欲看读者参考融会，则滞碍自当释然。然其间有不甚难通处，而亦证以一译者，今去之；有合备引而节之者，今备引之。

一、旧本所集诸家注，则唐遗名尊宿，周元翁于庐山古经藏中所得本，宋沙门宝臣《新说》，闽人杨彦国所纂，及诸经论《宗镜录》等。其"注"字，无其经、其论、其人云者，乃雷庵之述也。但《新说》本为唐译七卷而作，唐译既与宋译之文有异，则经之与说，岂无相违？然臣公学赡识高，词理修畅，深得《楞伽》旨趣，脉络贯通，无施不可。今本全用《新说》处，则曰"《新说》云"。其说与是经之文不同处，未免修词顺义，以就经文，则不显"《新说》云"，又或以"注云"。"杨云"及《新说》会而释之处，以非一家之说，故亦不显"注云"、"杨云"、"《新说》云"，而直以"云云"缀于经文之下。窃惟古人注释之意，本为使人易解善入，忘义了心，某云某云初不较于彼此也。

一、旧本或因经文一二字，与他本不同处，则曰注本作某字，杨本、苏本又作某字某字，今唯取义优理当者，余皆不录，庶使学者无多歧之惑。

一、凡注疏，或章分或句解，自有条理，若一句中又破碎之，未为尽善。今详旧本，或合而一之，节而异之，大意多本《新说》，初非胸臆之见，义例虽未能纯然，颇便于览诵，庶几经旨由斯而得矣。

一、经教句读大率不易，又何况于此经？故蒋颖叔[1]谓"尝苦《楞伽经》难读"，苏东坡云"读者或不能句"，今辄句读之者，诚欲便于初学，中间差谬安能无之，上机了达岂泥于此？

一、科字之法，见于儒书者，今本悉准而科之。或前已科，而后失科者，后当例前而呼。若梵语某字，当作某音呼者，尝读佛经之人，口耳素已习熟，更不加科，如阿跋多罗、阿罗、阿瓮、般涅槃、般若等是也。解脱二字，虽非梵语，唯释典有之，故亦不科。教家论解脱（上胡懈切，下徒活切），解脱（二字并如本音）有二音，有二义，兹不详录。凡如此等，安能悉举览者，宜以类推。

凡例终。

---

[1]蒋颖叔，心泰编著《佛法金汤编》卷十三云："之奇，字颖叔，仁宗朝举贤良方正科，试六论，官至翰林学士同知枢密院事，尝作《楞伽经序》，略曰'之奇尝苦《楞伽经》难读'。"

楞伽阿跋多罗宝经卷第一

宋天竺三藏求那跋陀罗　译

大宋胥台沙门释正受　集注

【集注】

楞伽者,此云不可往;阿,云无;跋多罗,云上宝,贵重义;经,贯摄义。是名不可往无上宝经。谓自觉圣究竟之境,非邪智可造,故曰不可往;随众色摩尼之珠,非世宝可比,故曰无上。谓不可往处,有此无上宝也。不可往是喻,无上宝亦喻也。此经盖以单譬立题。

《华严论》云:"世尊于南海摩罗耶山之顶,楞伽城中说法。其山高五百由旬,下瞰大海,无路可上,其城乃众宝所成,光映日月,无门可入,得神通者,堪能升往。表心地法门,无修无证者方能升也。下瞰大海,表心海本自澄净,因境风所转,识浪随动,惟心空境寂,则此识浪无复起矣!识浪既息,物无不鉴,犹如大海无风,日月星辰等象炳然显现。此经乃为根熟者,顿说种子业识为如来藏,异彼二乘灭识趣寂者故,亦为异彼般若修空菩萨空增胜者故。盖直明识体本性全真即成智用,非彼《深密》别立九识接引初根,渐令留惑长大菩提,不令其心植种于空,亦不令心犹如败种。《解深密经》乃是入惑之初门,《楞伽》、《维摩》直示惑之本。实《楞伽》即明八识为如来藏,《净名》即观身实相、观佛亦然,《净名》与《楞伽》同。《深密》经文,则与此二部少别当知。"[1]入胎出胎,少年老年,乃至资生住处,若色若空,若性若相,皆是自识,唯佛能知,一经之旨,概见于此。

---

[1]文字小异。见《新华严经论》卷第一,《大正藏》第36册,第723页上。

一切佛语心品第一[1]

【集注】

　　一切佛语心者，乃三世诸佛所说性自性第一义心也。品者，类也，别也，义类相从，故名为品。第一者，此经大部有十万偈，百万句，三千六万言，总有一百五十一品，今所传者，止有佛语心品，分之为四，故言第一也。

　　如是我闻。一时佛住南海滨楞伽山顶①，种种宝华以为庄严，与大比丘僧及大菩萨众②，俱从彼种种异佛刹来。

　　是诸菩萨摩诃萨③，无量三昧自在之力，神通游戏，大慧菩萨摩诃萨而为上首。一切诸佛手灌其顶，自心现境界，善解其义。种种众生、种种心色、无量度门随类普现。于五法、自性、识、二种无我究竟通达④。

　　尔时大慧菩萨与摩帝菩萨⑤，俱游一切诸佛刹土，承佛神力，从座[2]而起，偏袒右肩，右膝着地，合掌恭敬，以偈赞佛[3]：

　　世间离生灭，犹如虚空华，智不得有无，而兴大悲心。

　　一切法如幻，远离于心识，智不得有无，而兴大悲心。

　　远离于断常，世间恒如梦⑥，智不得有无，而兴大

---

[1] 第一，《南藏》、《嘉兴藏》、《龙藏》本作"之一"；《高丽藏》、《资福藏》、《碛砂藏》、《普宁藏》本于"第一"下，有"之一"二字。
[2] 座，《高丽藏》、《龙藏》本作"坐"。
[3] 佛，《嘉兴藏》、宫内本同，余本作"曰"。

悲心。

知^[1]人法无我,烦恼及尔焰^[2]⑦,常清净无相,而兴大悲心。

一切无涅槃,无有涅槃佛,无有佛涅槃⑧,远离觉所觉⑨。若有若无有,是二悉俱离。

牟尼寂静观,是则远离生⑩,是名为不取,今世后世净⑪。

尔时大慧菩萨偈赞佛已,自说姓名:

我名为大慧,通达于大乘⑫,今以百八义,仰谘尊中上。

世间解之士,闻彼所说偈,观察一切众,告诸佛子言⑬:

汝等诸佛子,今皆恣所问,我当为汝说,自觉之境界⑭。

【集注】

① 实叉云^[3]"婆伽婆住大海滨摩罗耶山顶楞伽城中,其城乃罗婆那夜叉王所据。盖佛于海龙王宫说法七日已,而从大海出,有无量亿梵释护世天龙等众,奉迎于佛。尔时世尊举目观见山顶之城,而作是言:'昔诸如来、应、正等觉,皆于此城说自所得圣智证法,非诸外道臆度邪见,及以二乘修行境界。我今亦当为罗婆那王,开示此法。'尔时,罗婆那夜叉王以佛神力,闻佛言音,即与眷属,乘华宫殿,往世尊所,右绕三匝,作众妓乐而供养之,说偈请佛,归其城中"^[4]云云。流支所译,大略相

---

[1] 知,《资福藏》、《碛砂藏》本作"如",《频伽藏》本作"智",皆误。

[2] 焰,《高丽藏》本作"炎"。下同略不重注。

[3] 实叉云,指唐实叉难陀译《大乘入楞伽经》所云。下文类同处,略不重注。

[4] 文字小异。见唐实叉难陀译《大乘入楞伽经·罗婆那王劝请品第一》。

似。唯此经止云"佛住南海滨楞伽山顶",而不言城者,盖跋陀之文,尚于简古也。故于下文,至"一切佛语心,为楞伽国摩罗耶山诸大菩萨,说如来所叹海浪藏识境界",则知其略去山名,但以城名混而言之然。"如是我闻一时佛"七字,古今诸师,皆以信、闻、时、主、处、众六成就义科。上四字、下三字,为二句读之。按《龙胜论》云:"世尊将入涅槃,时阿泥卢豆教阿难问佛未来要事者有四。阿难依教请问曰:'如来在世,亲自说法,人皆信受;如来灭后,一切经首当立何言?'世尊答曰:'当置"如是我闻一时",六字为句。'"[1]此其四问之一也。故今以"一时"二字联上句,"佛"字缀下文。

② 就接俗情故,声闻在前,菩萨在后。

③ 流支于此有"具足"二字。

④ 五法者,曰名、曰相、曰妄想、曰正智、曰如如。三自性者,曰妄想、曰缘起、曰成识,即八识二无我,即人法是也。马祖云"《楞伽》以佛语心为宗,无门为法门"[2],所以成之者在此。实叉至"及大比丘众"下,重译云:"其诸菩萨摩诃萨,悉已通达五法、三性、诸识、无我,善知境界自心现义,游戏无量自在三昧神通诸力,随众生心,现种种形,方便调伏,一切诸佛手灌其顶,皆从种种诸佛国土而来此会。大慧菩萨摩诃萨,为其上首。"

⑤ 摩帝,此云慧。

⑥ 实叉云:"世间恒如梦,远离于断常。"

⑦ 流支以"尔焰"为"智障"。实叉以"尔焰"为"所知",所知即智障。烦恼亦障也。尔焰是梵语,智障、所知是华言。焰,苏、杨二本作"炎",后类此。

⑧ 实叉云:"佛不住涅槃,涅槃不住佛。"

⑨ 《宗镜》云:"所觉是相,能觉是见,远离觉所觉,名自觉圣智。"

---

[1]该文为引义。见《大智度论》卷第二,《大正藏》第25册,第66页中。
[2]见《马祖道一禅师广录》,《新续藏》第69册,第2页中。

⑩ 流支云[1]："若如是观佛,寂静离生灭。"

⑪ 实叉云："是人今后世,离著无所取。"

⑫ 注云:自言有大乘机。

⑬ 此四句乃结集者之语,当为长行故。实叉云："时世间解,闻是语已,普观众会,而作是言。"

⑭ 实叉云："自证之境界。"

　　尔时大慧菩萨摩诃萨承佛所听,顶礼佛足,合掌恭敬,以偈问曰:

　　云何净其念? 云何念增长①?

　　云何见痴惑? 云何惑增长②?

　　何故刹土化,相及诸外道③?

　　云何无受次[2]? 何故名无受④?

　　何故名佛子? 解脱至何所? 谁缚谁解脱?

　　何等禅境界? 云何有三乘? 惟愿为解说。

　　缘起何所生? 云何作所作⑤?

　　云何俱异说⑥? 云何为增长⑦?

　　云何无色定⑧,及与[3]灭正受⑨?

　　云何为想灭⑩? 何因从定觉⑪?

　　云何所作生,进去及持身⑫?

　　云何现分别⑬? 云何生诸地⑭?

　　破三有者谁? 何处身云何⑮? 往生何所至⑯?

---

[1]流支云,指魏菩提流支译《入楞伽经》所说。下文类同处,略不重注。

[2]次,《高丽藏》、《频伽藏》本作"欲"。

[3]与,《高丽藏》本作"以"。

云何最胜子^⑰？何因得神通，及自在三昧？云何三昧心？最胜为我说。

云何名为藏^⑱？云何意及识？

云何生与灭？云何见已还^⑲？

云何为种性^[1]，非种及心量^⑳？

云何建立相，及与非我义？

云何无众生^㉑？云何世俗说^㉒？

云何为断见，及常见不生^㉓？

云何佛外道，其相不相违？

云何当来世，种种诸异部^㉔？

云何空何因^㉕？云何刹那坏^㉖？

云何胎藏生？云何世不动^㉗？

何因如幻梦，及揵闼婆城，世间热时焰，及与水月光^㉘？

何因说觉支，及与菩提分^㉙？

云何国土乱^㉚？云何作有见^㉛？

云何不生灭，世如虚空华？云何觉世间？云何说离字^㉜？

离妄想者谁？云何虚空譬^㉝？

如实有几种^㉞？几波罗蜜心^㉟？

何因度诸地？谁至无所受^㊱？

何等二无我？云何尔焰净？

诸智有几种？几戒众生性^㊲？

谁生诸宝性，摩尼真珠等？谁生诸语言，众生种种性？

---

[1]性,《高丽藏》、《资福藏》、《碛砂藏》、《南藏》、《龙藏》、《频伽藏》本作"姓"。

明处及伎术，谁之所显示㊳？

伽陀有几种，长颂及短句[1]㊴？成为有几种㊵？云何名为论？

云何生饮食，及生诸爱欲㊶？

云何名为王，转轮及小王？云何守护国？诸天有几种？

云何名为地，星宿及日月㊷？

解脱修行者，是各有几种？弟子有几种？云何阿阇梨㊸？

佛复有几种？复有几种生㊹？

魔及诸异学，彼各有几种？

自性及与心，彼复各几种㊺？

云何施设量㊻？惟愿最胜说。

云何空风云㊼？

云何念聪明㊽？

云何为林树？云何为蔓草？云何象马鹿？云何而捕取？

云何为卑陋？何因而卑陋？

云何六节[2]摄㊾？

云何一阐提㊿？

男女及不男，斯皆云何生？

云何修行退？云何修行生(51)？

禅师以何法，建立何等人(52)？

[1]句，《高丽藏》、《碛砂藏》、《频伽藏》本作“颂”。
[2]节，《高丽藏》、《频伽藏》本作“师”。

众生生诸趣,何相何像类? 云何为财富? 何因致财富㊾?

云何为释种? 何因有释种? 云何甘蔗种? 无上尊愿说㊿。

云何长苦仙? 彼云何教授?

如来云何于,一切时刹现,种种名色类,最胜子围绕㊿?

云何不食肉? 云何制断肉? 食肉诸种类,何因故食肉?

云何日月形,须弥及莲华,师子胜相刹,侧住覆世界,如因陀罗网㊿;或悉诸珍宝,箜篌细腰鼓,状种种诸华;或离日月光,如是等无量㊿?

云何为化佛? 云何报生佛? 云何如如佛? 云何智慧佛㊿?

云何于欲界,不成等正觉? 何故色究竟,离欲得菩提? 善逝般涅槃,谁当持正法㊿?

天师住久如? 正法几时住㊿?

悉檀及与见,各复有几种㊿?

毗尼比丘分,云何何因缘㊿?

彼诸最胜子,缘觉及声闻,何因百变易? 云何百无受? 云何世俗通? 云何出世间? 云何为七地? 惟愿为演说㊿。

僧伽有几种? 云何为坏僧㊿?

云何医方论? 是复何因缘㊿?

何故大牟尼,唱说如是言:迦叶拘留孙,拘那含是我㊿?

何故说断常,及与我无我? 何不一切时,演说真实义,而复为众生,分别说心量?

何因男女林^{⑥⑦},诃梨阿摩勒^{⑥⑧},鸡罗及铁围,金刚等诸山,无量宝庄严,仙闼^[1]婆充满^{⑥⑨}?

【集注】

① 注云:净如来藏心念,使法身净念显现增长。

② 注云:愚夫妄取有无,增长生死。

③ 此问如来于刹土中,化诸众生及诸外道,所化之化相。然"相"字虽属下句,而义属上句。如下文云"如来云何于,一切时刹现",则"于"字属上句,而义属下句。教中有文句,有义句。义句,则义局于句;文句,则句局于义。此二偈句,当在义句中收。

④ 上句,问灭受想定之次第;下句,问定体何因而名。

⑤《新说》云^[2]:"问因缘所起本自无生,若体不生,何有能生因及所作果?"

⑥ 此举外道妄计一、异、俱、不俱、有、无、非有非无、常、无常四句,叠上二句问之。

⑦ 实叉云:"云何诸有起?"

⑧ 四空定也。

⑨ 灭尽定也。

⑩ 灭受想定也。

⑪ 问:受想既灭,何因从定而觉? 若从定觉,灭义不成。

⑫ 流支云:"云何因生果,何因身去住?"○进,即去义;持,即住义。

⑬ 流支云:"何因观所见?"

⑭ 实叉作"入诸地"。

⑮ 注云:此问破三有处,及以何身破三有。

⑯ 实叉云:"生后住何处?"○注云:既破三有后,何处生?

---

[1]闼,《资福藏》、《碛砂藏》、《龙藏》本讹作"阇"。
[2]《新说》云,指宋宝臣《注大乘入楞伽经》所说。下文类同处,略不重注。

⑰ 流支作"诸佛子"。

⑱ 如来藏也。

⑲ 问：云何了知生灭诸法，不待断所见，而已还无见之见？故流支以"见已还"为"断所见"也。

⑳ 问五无间种性也。非种，即外道种；心量，即不定种也。性，苏、杨二本作"姓"。

㉑ 真谛也。

㉒ 俗谛也。

㉓ 注云：非有立有，名常见；非无立无，名断见。

㉔ 注云：问未来十八部之差别。

㉕ 流支作"名为空"。

㉖《新说》云："刹那名念，坏名无常。"又《俱舍论》云："时之极少，名刹那。"[1] 〇念起曰生，念灭曰坏。

㉗ 注云：问世间诸法体性生灭，何故不动？

㉘ 实叉云："云何诸世间，如幻亦如梦，乾城及阳焰，乃至水中月？"

㉙ 七觉支、八圣道分也。

㉚ 问：名、相、妄想法中，云何有国土乱？

㉛ 实叉云："何故见诸有？"

㉜ 实叉云："云何知世法？云何离文字？云何如空华，不生亦不灭？"

㉝ 实叉作"如虚空"。

㉞ 真如实际也。

㉟ 实叉云："诸度心有几？"

㊱ 问：何因得超诸地之次第？又谁能至无所受之境？无所受，即无所有处也。

㊲ 注云：众生性既别，教戒有几种？

---

[1] 见《俱舍论疏》卷第五，《大正藏》第41册，第550页中。

㊳ 流支云:“五明处伎术。”○五明,《大论》云:“五明者:一曰声明,释诂训字诠目流别;二曰工巧明,伎术机关、阴阳历数;三曰医方明,禁咒闲邪药石针艾;四曰因明,考定正邪研窍真伪;五曰内明,究畅五乘因果妙理。”[1]

㊴ 伽陀,此云颂。

㊵ 流支以“成”为“法”;实叉以“成”为“道”。

㊶ 饮食爱欲,因何而起?

㊷ 已上问名、相。

㊸ 此云轨范师。

㊹ 谓佛有法生、报生、化生,故以为问。

㊺ 实叉云:“自性几种异,心有几种别?”

㊻ 流支作“施假名”,实叉作“唯假设”。

㊼ 流支云:“何因有风云?”

㊽ 注云:总问何故名念,而复名聪明。

㊾ 流支、实叉皆以“六节”为“六时”。○注云:外道有六节师。○《新说》云:“西域两月为时,年分六节。”

㊿《德王品》云:“一阐,名信;提,名不具。不具信,故名一阐提。”[2]

(51) 流支、实叉皆作“修行进”。

(52) 流支云:“教何等人修,令住何等法?”

(53) 实叉云:“众生生诸趣,何形何色相?富饶大自在,此复何因得?”

(54)《本行经》云:“大茅草王得成王仙,被猎师所射,满血于地,生二甘蔗,日炙而开,一出童男,一出童女。占相师立男名善生,即灌顶甘蔗王;女名善贤,第一妃。”[3]瞿昙释种,即其裔也。

[1]《大智度论》中未见该引文。该引文见《翻译名义集》五,《大正藏》第54册,第1144页下。

[2][北凉]昙无谶译《大般涅槃经》卷第二十六,《光明遍照高贵德王菩萨品》第十之六,《大正藏》第12册,第519页上。

[3]该文为引义,出《翻译名义集》一,《大正藏》第54册,第1060页上。原文参《佛本行集经》卷第五,《大正藏》第3册,第674页上。

(55) 实叉云:"仙人长苦行,是谁之教授?何因佛世尊,一切刹中现,异名诸色类,佛子众围绕?"

(56) 因陀罗,此云帝,即帝网也。注本云:帝释有众宝风丝罗网,虽百千重,不相障碍。

(57) 自"日月形"至此,问世界形相差别无量。《华严经》云:"种子差别故,果实生不同;行业若干故,佛刹种种异。"[1]

(58) 实叉叠"如如、智慧",为"真如、智慧"佛。○《新说》云:"问佛名义也。随机赴感应化佛,酬其往因名报佛,体性无二真如佛,本觉显照智慧佛。"

(59)《新说》云:"问卢舍那佛成菩提界,及问涅槃后,谁持正法?"

(60) 流支、实叉皆以"天师"作"世尊"。○天师,即天人师。

(61) 悉是华言,檀是梵语。悉,遍也;檀,翻为施。佛以四法遍施众生,故名悉檀。余义见第二卷。见,谓世谛诸见。

(62) 毗尼,此云律。○注云:云何是毗尼,何因缘是比丘分?

(63) 实叉云:"悉檀有几种?诸见复有几?何故立毗尼,及以诸比丘?一切诸佛子,独觉及声闻,云何转所依?云何得无相?云何得世通?云何得出世?复以何因故,心住七地中?"

(64) 僧伽,此云和合众。流支、实叉皆以"坏僧"为"破僧",谓破和合僧也。

(65)《新说》云:"问世出世间,医方诸论也。"

(66)《新说》云:"余经有此言,故大慧问之。"○义见第三卷"以四等故"下。

(67) 谓众多如林也。

(68) 此二果皆可为药。诃梨,旧云呵梨勒,新云诃梨怛鸡,此云天王持来。阿摩勒,其实如胡桃。

---

[1] [东晋] 佛驮跋陀罗译《大方广佛华严经》卷第四,《卢舍那佛品》第二之三,《大正藏》第 9 册,第 415 页中。

⑥ 实叉云："仙人乾闼婆,一切悉充满,此皆何因缘? 愿佛为我说。"
○自此下,是世尊牒领大慧所问,语多错综,未易以次序分。

无上世间解,闻彼所说偈,大乘诸度门,诸佛心第一①。
善哉善哉问,大慧善谛听,我今当次第,如汝所问说②。

生及与不生,涅槃空刹那,趣至无自性③。

佛诸波罗蜜,佛子与声闻,缘觉诸外道,及与无色行,如
是种种事④。

须弥巨海山,洲渚刹土地,星宿及日月,外道天修罗。

解脱自在通,力禅三摩提,灭及如意足,觉支及道品⑤。

诸禅定无量,诸阴身往来⑥,正受灭尽定⑦,三昧起
心说⑧。

心意及与识,无我法有五,自性想所想,及与现二[1]
见⑨,乘及诸种性[2]⑩。

金银摩尼等,一阐提大种⑪,荒乱及一佛,智尔焰
得向⑫。

众生有无有⑬,象马诸禽兽,云何而捕取。

譬因成悉檀⑭,及与作所作。

丛林[3]迷惑通⑮,心量不现有⑯。

诸地不相至⑰,百变百无受。

医方工巧论,伎术诸明处⑱。

---

[1]现二,原作"二现",据《高丽藏》、《龙藏》本改。
[2]性,《资福藏》、《碛砂藏》、《南藏》、《龙藏》、《频伽藏》本作"姓"。
[3]丛林,《嘉兴藏》、宫内本同,余本作"郁林",下同。

【集注】

① 梵语乾栗陀耶[1]，此云坚固心，谓第一义心，非念虑心也。

② 实叉自"仙闼婆充满"下，云："尔时世尊闻其所请大乘微妙诸佛之心最上法门，即告之言：'善哉大慧，谛听谛听，如汝所问，当次第说。'即说偈言。"

③ 注云：大慧所问有为生法，无为不生法，涅槃、虚空、刹那法，皆想所见，初无自性也。〇实叉以"空"为"空相"，以"趣至"为"流转"。

④ 实叉叠云："波罗蜜佛子，声闻辟支佛，外道无色行。"〇谓上所问是人及人所行法。诸波罗蜜，三乘人所行法；无色行，外道人所行法。而人及人所行法，皆以趣至无自性结之，故云"如是种种事"。

⑤ 领上"何因说觉支，及与菩提分"，力、意足、觉等，即三十七助道品之数也。

⑥《新说》云：领上"众生生诸趣"。

⑦ 注云：领上"及与灭正受"。

⑧ 领上"云何三昧心"。

⑨ 实叉云："分别所分别，能所二种见。"

⑩ 注云：领上"云何有三乘，云何为种性"。

⑪ 下文有四大种义。

⑫ 注云：荒乱，领上"云何国土乱"；一佛，领上"迦叶等是我"；智尔焰，领上"云何尔焰净"；得向，领上"解脱修行者"。

⑬《新说》云：领上"及与我无我"。

⑭ 实叉云："云何因譬喻，相应成悉檀？"

⑮ 实叉云："众林与迷惑。"

⑯ 实叉云："唯心无境界。"

⑰ 注云：领上"何因度诸地"。

---

[1]栗，原作"粟"，据《翻译名义集》卷十五《唐梵字体篇》第五十五云"梵语Hṛdaya，翻为乾栗陀耶"订正。

⑱ 自此下至"毛孔眉毛几",是世尊以名相尘量征问大慧,故曰"何故不问此"。

诸山须弥地①,巨海日月量,下中上众生,身各几微尘?

一一刹几[1]尘②?弓弓数有几?肘步拘楼舍,半由延由延③?

兔毫窗尘虮[2],羊毛矿麦尘④。

钵他几矿麦?阿罗矿麦几?独笼那佉梨,勒叉及举利,乃至频婆罗,是各有几数⑤?

为有几阿㝹,名舍梨沙婆?几舍梨沙婆,名为一赖提?几赖提摩沙?几摩沙陀那[3]?复几陀那罗,为迦梨沙那?几迦梨沙那,为成一波罗?此等积聚相,几波罗弥楼⑥?

是等所应请,何须问余事?

声闻辟支佛,佛及最胜子,身各有几数⑦,何故不问此?

火焰几阿㝹?风阿㝹复几?根根几阿㝹?毛孔眉毛几⑧?

【集注】

① 实叉云:"须弥诸山地。"

②《新说》云:"三千大千世界为一化佛刹。"

③ 实叉作"由旬"。

④ 译梵云:七微尘,成一窗尘;七窗尘,成一兔毛头尘;七兔毛头尘,成一羊毛头尘;七羊毛头尘,成一牛毛头尘;七牛毛头尘,成一虮;七虮,

[1]几,《资福藏》、《碛砂藏》、《普宁藏》、《南藏》、《龙藏》本作"微"。
[2]虮,《高丽藏》、《资福藏》、《碛砂藏》、《普宁藏》本作"蚁"。
[3]几赖提摩沙,几摩沙陀那:《高丽藏》、《频伽藏》本作"几赖提摩沙,为摩沙陀那?几摩沙陀那,名为陀那罗"。

成一虮;七虮,成一芥;七芥,成一大麦;七大麦,成一指节;七指节,成半尺;两半尺,成一尺;二尺,成一肘;四肘,成一弓;五弓,成一杖;二十杖,名一息;八十息,名一俱卢舍;八俱卢舍,名一由旬。

⑤ 钵他,一升也。阿罗,一斗也。独笼,一斛也。那伕梨,十斛也。勒叉,一万也。举利,一亿也。频婆罗,一兆也。谓几矿麦之尘,成一升;又几矿麦之尘,为一斗,余皆类此。

⑥ 阿菟,亦尘也。舍梨沙婆,芥子也。赖提,草子也。摩沙,豆也。陀那,铢也。迦梨沙那,两也。婆罗,斤也。弥楼,须弥山也。谓以几斤之尘,能成此弥楼之山,实叉云"几斤成须弥"者是矣。

⑦ 何不问佛、声闻,身量各有几尘?

⑧ 实叉云:"火风各几尘? 一一根有几? 眉及诸毛孔,复各几尘成?"○此下复领大慧所问。

护财自在王①,转轮圣帝王,云何王守护? 云何为解脱? 广说及句说,如汝之所问。

众生种种欲,种种诸饮食? 云何男女林,金刚坚固山?

云何如幻梦,野鹿渴爱譬? 云何山天仙,揵[1] 闼婆庄严②?

解脱至何所? 谁缚谁解脱? 云何禅境界,变化及外道?

云何无因作? 云何有因作,有因无因作,及非有无因③?

云何现已灭④? 云何净诸觉? 云何诸觉转,及转诸所作⑤?

云何断诸想? 云何三昧起? 破三有者谁? 何处为何身⑥?

---

[1]揵,《高丽藏》、《频伽藏》本作"犍"。

云何无众生，而说有吾我？云何世俗说？惟愿广分别⑦。

所问相云何，及所问非我？云何为胎藏，及种种异身⑧？

云何断常见？云何心得定，言说及诸智，戒种性佛子？

云何成及论⑨？云何师弟子？种种诸众生，斯等复云何？

云何为饮食，聪明魔[1]施设⑩？云何树葛藤[2]⑪？最胜子所问。

云何种种刹，仙人长苦行？云何为族姓？从何师受学？云何为丑陋？云何人修行？欲界何不觉⑫，阿迦腻吒成⑬？

云何俗神通[3]？云何为比丘？云何为化佛？云何为报佛？云何如如佛[4]？平等智慧佛？云何为众僧？佛子如是问。

箜篌腰[5]鼓华，刹土离光明⑭，心地者有七⑮，所问皆如实？

此及余众多⑯，佛子所应问？

一一相相应，远离诸见过，悉檀离言说⑰。我今当显示，次第建立句，佛子善谛听。此上百八句，如诸佛所说⑱。

【集注】

① 注云：领上"云何名为王"。

[1] 魔，《高丽藏》、《资福藏》、《碛砂藏》、《南藏》、《龙藏》、《频伽藏》本作"广"。
[2] 藤，《高丽藏》、《龙藏》、《频伽藏》本作"縢"。
[3] 神通，宫内本讹作"成通"。
[4] 如如佛，《嘉兴藏》本同，余本作"为如如"。
[5] 腰，原作"要"，据《高丽藏》、《龙藏》本改。

② 实叉云："云何诸妙山,仙闼婆庄严?"

③ 注云:此四因,领上"云何俱异说"。

④ 注云:领上"见已还"。

⑤ 注云:领上"云何净其念,云何念增长"。

⑥ 注云:领上"何处身云何"。

⑦ 实叉叠云："云何无有我? 云何随俗说?"流支亦无"惟愿广分别"一句。

⑧ 注云:领上"种种名色类"。

⑨ 领上"成为有几种,云何名为论"。

⑩ 此一句领上三问,谓"念聪明、魔几种及施设量"也。

⑪ 领上"云何为林树,云何为蔓草"。

⑫ 领上"云何于欲界,不成等正觉"。谓此天耽着欲乐,不能觉悟也。

⑬ 领上"何故色究竟,离欲得菩提"。谓此天离欲而成道也。阿伽腻吒,即色究竟天。

⑭ 领上"箜篌、诸华、日月"等句。

⑮ 注云:领上"云何为七地"。

⑯ 实叉云："此及于余义。"

⑰ 悉檀四法,以离言说相故,能遍施众生。

⑱ 实叉自"心地者有七"下,十二句皆重译之。至第十句下,乃云"我当为汝说,佛子应谛听"。又于其下,补云"尔时,大慧菩萨摩诃萨白佛言:世尊! 何者是一百八句? 佛言:大慧所谓"。

不生句生句①。常句无常句②。

相句无相句。住异句非住异句③。

刹那句非刹那句。自性句离自性句。空句不空句。断句不断句。边句非边句。中句非中句。常句非常句④。

缘句非缘句。因句非因句。烦恼句非烦恼句。爱句非爱句。方便句非方便句。巧句非巧句⑤。

净句非净句。成句非成句。譬句非譬句。弟子句非弟子句。师句非师句。种性句非种性句。三乘句非三乘句。所有句非[1]所有句。愿句非愿句。三轮句非三轮句。相句非相句⑥。

有品句非有品句⑦。

俱句非俱句。缘自圣智现法乐句非现法乐句⑧。

刹土句非刹土句。阿瓮句非阿瓮句⑨。

水句非水句。弓句非弓句。实句非实句。数句非数句⑩。数句非数句⑪。

明句非明句。虚空句非虚空句。云句非云句。工巧伎[2]术明处句非工巧伎术[3]明处句。风句非风句。

地句非地句。心句非心句。施设句非施设句。自性句非自性句⑫。

阴句非阴句。众生句非众生句。慧句非慧句。涅槃句非涅槃句。尔焰句非尔焰句。外道句非外道句。荒乱句非荒乱句。幻句非幻句。梦句非梦句。焰句非焰句⑬。像句非像句⑭。轮句非轮句⑮。揵闼婆句非揵闼婆句。

天句非天句。饮食句非饮食句。淫欲句非淫欲句。见句非见句。波罗蜜句非波罗蜜句。戒句非戒句。日月星宿句非日月星宿句。谛句非谛句。果句非果句。

---

[1]非,《嘉兴藏》本同,余本作"无"。
[2]伎,《普宁藏》本作"技"。
[3]非工巧伎术,《嘉兴藏》本同,余本作"非"。

灭起句非灭起句⑯。

治句非治句⑰。

相句非相句⑱。

支句非支句⑲。

巧明处句非巧明处句。禅句非禅句。迷句非迷句。现句非现句。护句非护句。族句非族句⑳。仙句非仙句。王句非王句。摄受句非摄受句。宝句非宝句[1]。

记句非记句。一阐提句非一阐提句。女男不男句非女男不男句。味句非味句。事句非事句。身句非身句。觉句非觉句。动句非动句。根句非根句。有为句非有为句。无为句非无为句。因果句非因果句。色究竟句非色究竟句。节句非节句。丛树葛藤句[2]非丛树葛藤句㉑。

杂句非杂句㉒。

说句非说句㉓。

毗尼句非毗尼句。比丘句非比丘句。处句非处句㉔。

字句非字句㉕。

大慧，是百八句先佛所说，汝及诸菩萨摩诃萨应当修学㉖。

【集注】

① 实叉云："生句非生句。"

②《新说》云："自下如来约心真如门答也。言众生于真实无生上，

---

[1] 宝句非宝句，《高丽藏》、《资福藏》、《碛砂藏》、《频伽藏》本作"实句非实句"。

[2] 丛树葛藤句，《高丽藏》、《资福藏》、《碛砂藏》、《龙藏》、《频伽藏》本作"欝树藤句"，下句同。

妄起生见,本自非生,故云'生句非生句'。若有生法,可言有常,以生无故,则无有常,故云'常句无常句'。此二句既尔,余诸句类,皆以下句遣上句,妄见若无,真实自现。"〇下句凡字属遣义者,实叉皆作"非",如"无"、如"离"、如"不"等字也。

③《新说》云:"为成生句,相从而来,本无今有名生,法非凝然名异,法有暂用名住。"〇住异二句,上问中无,盖问虽略,答必详而有序耳。下文中尚多此类,读者毋惑。

④ 实叉云:"恒句非恒句。"〇古注云:凡有三常,一外道计四大性常;二业习气相续,得果不断故常;三如来藏体真常住故常。此三常,皆愚夫虚妄见,故言非常句也。

⑤ 实叉云:"善巧句非善巧句。"

⑥ 实叉云:"标相句非标相句。"

⑦ 实叉云:"有句非有句,无句非无句。"

⑧ 实叉云:"自证圣智句非自证圣智句,现法乐句非现法乐句。"

⑨ 实叉云:"尘句非尘句。"

⑩ 注云:牒上微尘数。旧注云:此物之数也。

⑪ 此数上声。

⑫ 实叉云:"体性句非体性句。"

⑬ 阳焰。

⑭ 影像。

⑮ 火轮。

⑯ 实叉云:"灭句非灭句,起句非起句。"

⑰ 实叉云:"医方句非医方句。"

⑱ 所答凡有三相句:前则名相之相,次则标相之相,此则占相之相也。世尊既以医道冠于上文,是必以卜术缀于下句矣。〇《新说》:以前为体相,此为法相。

⑲ 实叉云:"支分句非支分句。"

⑳ 种族。

㉑ 实叉云："树藤句非树藤句。"

㉒ 实叉云："种种句非种种句。"

㉓ 实叉于此下有"决定句非决定句"七字。

㉔ 流支、实叉皆以"处句"为"住持句"。

㉕ 实叉云："文字句非文字句。"○《新说》云："上约心真如门，总答一百八句。皆言非者，如马鸣云：'当知真如自性，非有相、非无相、非非有相、非非无相、非有无俱相，非一相、非异相、非非一相、非非异相、非一异俱相。从本以来，一切染法，及一切众生以有妄心念念分别，以不相应故，即是真心常恒不变、净法满足，亦无有相可取，以离念境界唯证相应故。'"[1]

㉖ 《新说》云："此是结劝诸菩萨等，应当如是学菩萨道，修菩萨行。举先佛者，皆发明诚信故。"

尔时大慧菩萨摩诃萨复白佛言：世尊，诸识有几种生、住、灭？

佛告大慧：诸识有二种生、住、灭，非思量所知。诸识有二种生，谓流注生及相生①；有二种住，谓流注住及相住；有二种灭，谓流注灭及相灭②。

大慧[2]，诸识有三种相，谓转相、业相、真相[3]③。

大慧，略说有三种识，广说有八相。何等为三？谓真识、现识及分别事识④。

大慧，譬如明镜持诸色像，现识处现亦复如是⑤。

大慧，现识及分别事识，此二坏不坏相展转因⑥。

大慧，不思议熏及不思议变，是现识因⑦。

---

[1] 该文为引义。参梁真谛译《大乘起信论》，《大正藏》第32册，第576页中。

[2] 大慧，《嘉兴藏》本同，余本无。

[3] 真相，《普宁藏》本讹作"生相"，下三处同，略不重注。

大慧，取种种尘及无始妄想熏，是分别事识因⑧。

大慧，若覆彼真识种种不实诸虚妄[1]灭，则一切根识灭，是[2]名相灭⑨。

大慧，相续灭者⑩，相续所因灭，则相续灭⑪；所从灭及所缘灭，则相续灭⑫。

大慧，所以者何？是其所依故。依者，谓无始妄想熏；缘者，谓自心见等识境妄想⑬。

大慧，譬如泥团、微尘非异非不异，金、庄严具亦复如是⑭。

大慧，若泥团、微尘异者，非彼所成，而实彼成，是故不异；若不异者，则泥团、微尘应无分别。

如是大慧，转识、藏识真相若异者，藏识非因⑮；若不异者，转识灭，藏识亦应灭，而自真相实不灭⑯。

是故大慧，非自真相识灭，但业相灭。若自真相识灭[3]者，藏识则灭⑰。

大慧，藏识灭者，不异外道断见论议。

大慧，彼诸外道作如是论，谓摄受境界灭，识流注亦灭。若识[4]流注灭者，无始流注应断⑱。

大慧，外道说流注生因，非眼识色明集会而生，更有异因。大慧，彼因者，说言：若胜妙、若士夫、若自在、若时、若微尘⑲。

---

[1]妄，原作"空"，据《高丽藏》《龙藏》本改。
[2]是，《嘉兴藏》本同，余本作"大慧是"。
[3]识灭，《嘉兴藏》本同，余本作"灭"。
[4]识，《频伽藏》本讹作"灭"。

【集注】

① 杨云[1]："谓心念缘生,如水流注,及睹一切色相而生。"

② 古注云:流注者,唯目第八识三相微隐,种现不断,名为流注。由无明缘初起业识,故说为生;相续长劫,故名为住;到金刚定等觉一念断本无明,名流注灭。相生住灭者,谓余七识心境粗显,故名为相;虽七缘八,望六为细,具有四惑,亦云粗故。依彼现识自种诸境缘合生七,说为相生;长劫熏习,名为相住;从末向本渐伏及断,至七地满,名为相灭。○三相微隐者,即业相、转相、现相也,如《起信论》所明。

③ 转,则五识该六识之相;业,则六识该七识之相;真,则七识该八识之相。此三相,为生住灭法之枢纽,诸识之媒伐,唯智可明,故云"非思量所知"。

④《宗镜》以"真"为本觉,"现"为八识,余七俱为分别事识。又曰:"真谓本觉者,即八识之性,经中有明九识,于八识外立九识名,即是真识。若约性收,亦不离八识,以性遍一切处故。"[2]杨公亦以真识为实相,现识为八识,分别事识为六识。《名义》云:"天亲《十地论》其所宗者,有南北异计:南宗以赖耶为净识,北宗以赖耶为无明。故《妙玄》[3]云'今明无明之心,不自、不他、不共、不无因,四句皆不可思议',此约自行破计南北不存。"[4]无著《摄大乘论》亦有二译之殊:梁谛师所译者立九识,计八识生起诸法十二因缘;唐奘师所译但立八识,谓第九只是八识异名。故有梁唐之异,南北之殊。《宗镜》又云:"此阿赖耶识,即是真心不守自性,随染净缘不合而合,能含藏一切真俗境界,故名藏识,如明镜不与影像合而含影像,此约有和合义边说。若不和合义者,即体常不变,故号真如。因合不合,分其二义,本一真心,湛然不动。若有不信阿赖耶识即是如来藏,别求真如理者,如离像觅镜,即是恶慧,以未了不变随缘、

---

[1] 杨云,指宋杨彦国《楞伽经纂》所说。下文类同处,略不重注。

[2] 见《宗镜录》卷第五十七,《大正藏》第48册,第742页下。

[3]《妙玄》,指《妙法莲华经玄义》,天台智者大师造。

[4] 该文为引义。参《翻译名义集》六,《大正藏》第54册,第1159页中。

随缘不变之义,而生二执。"[1]《宗镜》所论深切著明,固可释后人之疑。然真常净识与此经真识初无少异,但所宗者不能详辨此识是赖耶之体,虽有所分,更无别体。须知此经止于八相中略说三种识,不同他经立九识也,八相亦识耳。

⑤《宗镜》云:"如是七识于阿赖耶识中,尽相应起,如众影像,俱现镜中。"[2]

⑥ 实叉云:"现识与分别事识,此二识无异,相互为因。"○注云:此明七六与五生灭变相。五识坏不坏相者,眼等识一念得尘即灭,名坏色;习气转入六识,名不坏。七识坏不坏相者,七识缘六识,造善恶业,念念生灭,名坏;业习依如来藏,得未来生死,名不坏。

⑦ 贤首云:"谓无明能熏真如,不可熏处而能熏,故名不思议熏。……谓真如心受无明熏,不可变异而变异,故名不思议变。"[3]

⑧ 实叉云:"现识以不思议熏变为因;分别事识以分别境界,及无始戏论习气为因。"

⑨ 杨云:"覆,有反复之义。谓回光返照,还于真识,则一切根尘泯为法界,所有性相,复何睹哉!"

⑩ 谓无始虚妄习气既灭,则一切根量识相自然不灭而灭也。

⑪ 依因妄想,故有相续;因灭,则相续安附?

⑫ 所从之识、所缘之尘既灭,则相续复何所附?

⑬ 注云:此是外尘。○实叉云:"所依因者,谓无始戏论虚妄习气;所缘者,谓自心所见分别境界。"

⑭ 谓泥团异于微尘,则泥团因微尘而成,故不可言异;谓泥团不异于微尘,则泥团名与微尘异,故不可言不异。又如良工,以金作瓶盘钗钏之具,异与不异如之。故下文云云。

⑮ 注云:转识,五六七识;藏识——八识。○转识因藏识而有,若异

[1]见《宗镜录》卷第四十七,《大正藏》第48册,第694页下。
[2]见《宗镜录》卷第五十六,《大正藏》第48册,第740页中。
[3][唐]释法藏《大乘起信论义记》卷下,《大正藏》第44册,第269页中。

则不因藏识而有,既因藏识而有,则不异矣。

⑯ 藏识真相既实不灭,则与转识异矣。此明非异、非不异也。

⑰ 苏、杨二本真相下无"识"字。○明转识之业相灭,藏识真相实不灭也。

⑱ 若识流注灭者,谓诸识灭,则无始藏识亦应灭,灭则同外道断见。盖牒上藏识实不灭也。流注,即相续义。前之云根识俱灭者,以转而成智为灭,非以断灭为灭。

⑲ 实叉云:"彼诸外道说相续识从作者生,不说眼识依色、光明和合而生,唯说作者为生因故。作者是何? 彼计胜性、丈夫、自在、时及微尘为能作者。"○《新说》云:"胜性,亦云胜妙,是生梵天之天主也。丈夫,即神我之别名。自在,谓大自在天,及计时节、微尘等为能作者。"○士夫,亦云丈夫。○杨云:"不灭真相,即达磨所传之一心也。明灵虚彻,亘古亘今。究其本源,无有闲杂。妄想和合,乃有诸识。诸识所现,乃有诸相。诸相不常,乃有生、住、灭。觉此则涅槃乐,迷此则生死河。达道之人,觉彼所现幻尘不实,皆由无始妄想所熏,回光返照,还于真识。如水归坎,流浪自停;如火归空,光芒顿灭。便可逍遥自在,心境俱忘,永谢诸尘,端然实相。盖为熏习尚在,未免攀缘终日;依他不自知觉,间有强生知见,立本心。不知阴界藏身,徒然以佛觅佛。一则依他境界,一则以心缘心。二病未除,妄相相续。故如来必欲从缘俱息,依因并捐,转业兼离,真相永净。是道也,非从他得,只是家珍,目前历历孤明,认著依前埋没,不须取舍,本自圆成,但离妄缘,即是实际。佛语心品,明此而已。"

复次大慧,有七种性自性,所谓集性自性、性自性、相性自性、大种性自性、因性自性、缘性自性、成性自性①。

复次大慧,有七种第一义,所谓心境界、慧境界、智境界、见境界、超二见境界、超子地境界、如来自到境界②。

大慧,此是过去、未来、现在诸如来、应供、等正觉性自性第一义心。以性自性第一义心,成就如来世间、出世间、出世间上上法。圣慧眼入自共相建立,如所建立,不与外道论恶见共③。

大慧,云何外道论恶见共？所谓自境界妄[1]想见,不觉识自心所现,分齐不通。大慧,愚痴凡夫性,无性自性第一义,作二见论④。

复次大慧,妄想三有苦灭,无知、爱、业缘灭,自心所现幻境随见[2],今当说⑤。

大慧,若有沙门、婆罗门⑥,欲令无种、有种因果现,及事时住,缘阴、界、入生住,或言生已灭。

大慧,彼若相续、若事、若生、若有；若涅槃、若道、若业、若果、若谛,破坏断灭论⑦。所以者何？以此现前不可得,及见始非分故⑧。

大慧,譬如破瓶,不作瓶事；亦如焦种,不作牙[3]事⑨。

如是大慧,若阴界入性已灭、今灭、当灭,自心妄想见,无因故,彼无次第生⑩。

大慧,若复说无种、有种、识三缘合生者,龟应生毛,沙应出油,汝宗则坏,违决定义。有种、无种说有如是过,所作事业悉空无义⑪。

大慧,彼诸外道说有三缘合生者,所作方便因果自相,过去未来现在有种、无种相,从本已来成事相承,觉想[4]地

---

[1]妄,《龙藏》本讹作"女"。
[2]见,《石经》本作"现"。
[3]牙,《普宁藏》、《嘉兴藏》、《龙藏》本作"芽"。
[4]想,《石经》本讹作"相"。

转,自见过习气,作如是说⑫。

如是大慧,愚痴凡夫恶见所害[1],邪曲迷醉,无智妄称一切智说。

大慧,若复诸余沙门、婆罗门⑬,见离自性浮云、火轮、揵闼婆城,无生幻、焰、水月及梦⑭,内外心现妄想,无始虚伪不离自心⑮。

妄想因缘灭尽,离妄想说所说、观所观,受用建立身之藏识⑯。于识境界摄受及摄受者不相应⑰。无所有境界离生、住、灭,自心起随入分别⑱。

大慧,彼菩萨不久当得生死涅槃平等,大悲巧方便,无开发方便。大慧,彼于[2]一切众生界皆悉如幻,不勤因缘,远离内外境界,心外无所见。次第随入无相处,次第随入从地至地三昧境界。解三界如幻,分别观察,当得如幻三昧。度自心现无所有⑲,得住般若波罗蜜,舍离彼生所作方便。金刚喻三摩提,随入如来身,随入如如化,神通自在,慈悲方便,具足庄严。等入一切佛刹、外道入处⑳,离心意意识。是菩萨渐次转身,得如来身㉑。

大慧,是故欲得如来随入身[3]者,当远离阴界入心因缘所作方便,生住灭妄想虚伪,唯心直进,观察无始虚伪过,妄想习气因,三有思惟无所有,佛地无生,到自觉圣趣㉒,自心自在,到无开发行㉓。如随众色摩尼,随入众生微细之心,

---

[1]害,《资福藏》、《碛砂藏》本讹作"筜"。《普宁藏》、《南藏》、《嘉兴藏》、《龙藏》本作"噬"。

[2]彼于,《嘉兴藏》本同,余本作"彼"。

[3]身,《普宁藏》本讹作"息"。

而以化身随心量度㉔,诸地渐次相续建立㉕。

是故大慧,自悉檀善应当修学㉖。

【集注】

① 谓熏习所聚,成集自性;既成集自性,则法法自尔,故成性自性;既成性自性,则性随质显,故成相自性;既成相自性,则相假形分,故成大种自性;既成大种自性,则大依妄立,故成因自性;既成因自性,则因待缘生,故成缘自性;既成缘自性,则因缘相即,故成成自性也。盖性以不迁为义,故皆以自性缀之。○实叉所译七种性,除性自性,皆无上之"性"字。○注云:上七种,成上妄识生灭身。

② 心境界者,谓心本无境界,以凝然不动故,诸虚妄不能入也。心既凝然则能发慧,慧力既胜则成智用,既成智用则正见现前,正见现前则超有无二见,以至复能超过子地及等觉地,到如来自到境界也。子地,即九地。○注云:上七种,成上真识不生灭法身。

③ 实叉云:"以圣慧眼入自共相种种安立[1],不与外道恶见共。"

④ 杨云:"外道恶见,于自境界但起妄想之见。"○流支、实叉皆以"识"为"知"。○谓凡夫于自心现分齐不通,罔知非性、非无性,而于自性第一义作有无见论。

⑤ 计无明烦恼、善恶因缘诸法灭得涅槃者,是自心现幻妄境界,随外道妄见,我今当说。

⑥ 杨云:"自此已下,至'妄称一切智说',皆外道见。"

⑦ 杨云:"外道断见,于若相续等句,一切破坏而断灭之。"

⑧ 杨云:"以不见根本,故曰果始非分。"

⑨ 杨云:"外道断见,于法悉如破瓶、焦种者。"

⑩ 实叉云:"大慧,有诸沙门、婆罗门,妄计非有及有,于因果外显现诸物,依时而住。或计蕴界处依缘生住,有已即灭。大慧,彼于若相续、

[1]种种安立,唐译原文作"种种安立,其所安立"。

若作用、若生、若灭、若诸有;若涅槃、若道、若业、若果、若谛,是破坏断灭论。何以故? 不得现法故,不见根本故。大慧,譬如瓶破不作瓶事,又如焦种不能生芽。此亦如是,若蕴界处法已现当灭,应知此则无相续生,以无因故,但是自心虚妄所见。"

⑪《新说》云:"此重复次于前文,破转计也。谓彼转计所生,与无种、有种三缘和合而生者,'龟应生毛,沙应出油',然龟本无毛,沙本无油,合亦不生,三缘体空,如何牛果?'汝宗则坏,违决定义'者,喻斥不成,故言宗坏,以违汝决定能生之义。又于一相中妄计三缘,违我大乘决定之义。'所作事业悉空无益'者,事即是果,业乃是因,言因果事业,并唯妄说,都无实义。"○实叉以"无义"为"无益"。

⑫ 注云:牒上外道见,以三缘所作方便,生阴界入因果自相,成三世法。○杨云:"非自觉,而随境有觉,曰觉想。"○谓外道从本以来,以有种、无种相,生成三世因果有无事业也。此之事业与觉想相依,则转自恶见,不知为熏习之过,作如是说故。实叉云:"依住觉想地者,所有教理及自恶见熏习余气,作如是说。"

⑬ 自此下,皆论正见与外道异。

⑭ 注云:见无自性,如浮云等;知无生,如幻等。

⑮ 杨云:"所以能离彼自性者,以觉知所现妄伪,悉不离自心故。"

⑯ 谓妄想因缘灭尽,则此妄想,于所说、所观,身、资生具及藏识境界,脱然离之也。

⑰ 注云:观我所空故,妄心不与前境相应。○杨云:"谓之不相应,则其情灭矣。"

⑱ 杨云:"识境不相应,则无所有;至无所有,则一切生灭离,所谓真心任遍知也。"

⑲ 流支云:"入自心寂静境界故。"

⑳ 流支云:"入一切佛国土故,入一切众生所乐处故。"

㉑ 实叉云:"此菩萨摩诃萨不久当得生死涅槃二种平等,大悲方便无功用行,观众生如幻如影从缘无起,知一切境界离心无得,行无相道,

渐升诸地住三昧境,了达三界皆唯自心,得如幻定绝众影像,成就智慧证无生法,入金刚喻三昧,当得佛身恒住如如,起诸变化力、通、自在。大慧!方便以为严饰,游众佛国,离诸外道及心意识,转依次第成如来身。"○《新说》云:"此菩萨即上正见沙门婆罗门也。行无相道者,谓万行齐修,三轮体寂也。渐升诸地者,谓初登欢喜地,乃至第七远行地也。证无生法者,谓得无功用道,登第八不动地也。入金刚喻三昧者,谓初地菩萨创得无分别智,断异生性障;二地至十地菩萨如实修行,渐断诸障,增胜功德;第十一地等觉菩萨金刚喻定,顿断俱生二障种子也。转依次第成如来身者,即等觉后念解脱道,断二障习气,即得如来无上菩提,及大涅槃二转依果也。一谓转染得净,二谓转迷得悟。"○《婆沙论》云:"心即意识,如火名焰,亦名为炽,亦名烧薪。只是一心,有三差别。"[1]《百法论疏》云:"第八名心,第七名意,前六名识。"[2]

㉒ 言欲得佛身,应当远离阴界入等知[3]诸法,唯心直进无疑,观察无始虚伪,及思惟三昧,无有一法可当情,则证佛地无生,到自觉圣趣。

㉓ 即无功用行。

㉔ 注云:以应化身随众生心量大小,为说度门。

㉕ 注云:明受化人得诸地相续。

㉖ 以所宗圣趣为善,勉之令学。○《新说》云:"谓此一心法门,是凡圣之本,迷之堕世间生死,悟之证出世菩提。故先圣曰:世间不越三科,出世不过二果。二果者,即如上释成如来身,二转依果也。三科者,即此五蕴、十二处、十八界诸妄心法也。"

尔时大慧菩萨复白佛言:世尊所说心意意识、五法、自性相,一切诸佛菩萨所行,自心见[4]等所缘境界不和合,显

---

[1]查《毗婆沙论》中未见该引文,该文见《翻译名义集》六,《大正藏》第54册,第1152页中。
[2]见唐窥基《大乘百法明门论解》卷上,《大正藏》第44册,第47页上。
[3]知,疑为"之"。
[4]见,《石经》本讹作"现"。

示一切说成真实相，一切佛语心。为楞伽国摩罗耶[1]山海中住处诸大菩萨，说如来所叹海浪藏识境界法身①。

尔时世尊告大慧菩萨言：四因缘故，眼识转②。何等为四？谓自心现摄受不觉，无始虚伪过色[2]习气计著，识性自性，欲见种种色相③。

大慧，是名四种因缘，水流处藏识转识浪生④。

大慧，如眼识，一切诸根、微尘、毛孔俱生，随次境界生亦复如是。譬如明镜现众色像。大慧[3]，犹如猛风吹大海水⑤，外境界风飘荡心海，识浪不断。

因所作相异不异，合业生相深入计著，不能了知色等自性故，五识身转。大慧，即彼五识身俱，因差别分段相知，当知是意识因⑥。

彼身转，彼不作是念："我展转相因，自心现妄想计著转。"而彼各各坏相俱转，分别境界，分段差别⑦，谓彼转。

如修行者入禅三昧，微细习气转而不觉知，而作是念："识灭，然后入禅正受。"实不识灭而入正受，以习气种子不灭，故不灭；以境界转，摄受不具，故灭⑧。

大慧，如是微细[4]藏识究竟边际，除诸如来及住地菩萨，诸声闻、缘觉、外道修行所得三昧智慧之力，一切不能测量[5]决了⑨。

余地相智慧巧便分别，决断句义，最胜无边善根成熟，

---

[1]耶，《资福藏》、《碛砂藏》、《南藏》、《龙藏》、《石经》本无。
[2]色，原作"也"，据《高丽藏》、《龙藏》本改。
[3]大慧，原无，据《高丽藏》、《龙藏》本补。
[4]微细，《石经》本作"细微"。
[5]测量，《石经》本作"思量"。

离自心现妄想虚伪⑩。

宴坐山林，下中上修，能见自心妄想流注，无量刹土诸佛灌顶，得自在力神通三昧，诸善知识佛子眷属。彼心意意识，自心所现自性境界，虚妄之想，生死有海，业爱无知，如是等因，悉已[1]超度⑪。

是故大慧，诸修行者，应当亲近最胜知识⑫。

尔时世尊欲重宣此义，而说偈言：

譬如巨海浪，斯由猛风起，洪波鼓冥壑，无有断绝时。

藏识海常住[2]，境界风所动，种种诸识浪，腾跃而转生。

青赤种种色，珂乳及石蜜，淡味众华果⑬，日月与光明，非异非不异⑭。

海水起[3]波浪⑮，七识亦如是，心俱和合生。

譬如海水变⑯，种种波浪转⑰，七识亦如是，心俱和合生，谓彼藏识处⑱，种种诸识转。

谓以彼意识，思惟诸相义，不坏相有八，无相亦无相⑲。

譬如海波浪，是则无差别，诸识心如是，异亦不可得⑳。

心名采集业，意名广采集，诸识识所识，现等境说五㉑。

尔时大慧菩萨以偈问曰[4]：

青赤诸色像，众生发诸识，如浪种种法，云[5]何惟愿说㉒。

---

[1]已，《嘉兴藏》本同，余本作"以"。
[2]住，《普宁藏》本作"注"。
[3]起，《频伽藏》本讹作"提"。
[4]曰，《石经》本作"言"。
[5]云，《龙藏》本讹作"六"。

尔时世尊以偈答曰：

青赤诸杂色，波浪悉无有，采集业说心，开悟诸凡夫㉓。

彼业悉无有，自心所摄离，所摄无所摄，与彼波浪同㉔。

受用建立身，是众生现识，于彼现诸业，譬如水波浪㉕。

尔时大慧菩萨复说偈言：

大海波浪性，鼓跃可分别，藏与业如是，何故不觉知㉖？

尔时世尊以偈答曰：

凡夫无智慧，藏识如巨海，业相犹波浪，依彼譬类通㉗。

尔时大慧菩萨复说偈言：

日出光等照，下中上众生，如来照世间，为愚说真实，已分部诸法，何故不说实㉘？

尔时世尊以偈答曰：

若说真实者，彼心无真实。譬如海波浪，镜中像及梦，一切俱时现，心境界亦然㉙。

境界不具故，次第业转生。识者识所识，意者意谓然，五则以显现，无有定次第㉚。

譬如工画师，及与画弟子，布彩图众形，我说亦如是。

彩色本无文，非笔亦非素，为悦众生故，绮错绘[1]众像㉛。

言说别施行，真[2]实离名字，分别应初业，修行示真实，

真实自悟处，觉相所觉离，此为佛子说，愚者广分别，

---

[1]绘，《高丽藏》本作"绩"。
[2]真，原作"直"，据《高丽藏》、《龙藏》本改。

种种皆如幻，虽现无真实，如是种种说，随事别施设。

所说非所应，于彼为非说②。

彼彼诸病人，良医随处方，如来为众生，随心应量说③。

妄想非境界，声闻亦非分，哀愍者所说，自觉之境界④。

复次大慧，若菩萨摩诃萨欲知自心现量[1]，摄受及摄受者妄想境界，当离群聚、习俗、睡眠⑤，初中后夜常自觉悟修行方便，当离恶见经论言说⑥，及诸声闻缘觉乘相，当通达自心现妄想之相⑦。

【集注】

① 实叉云："此是一切诸佛菩萨，入自心境离所行相、称真实义诸佛教心。惟愿如来为此山中诸菩萨众，随顺过去诸佛，演说藏识海浪法身境界。"○《新说》云："大慧虽通请，说心意意识、五法、自性相，意欲如来且成前问，是故结请但云'顺诸佛说藏识海浪法身境界'也。言'称真实义诸佛教心'者，拣非虚妄心识也。凡言心者，略示名体，通有四种，梵音各别，翻译亦殊。一纥利陀耶，此云肉团心，是色身中五藏心也。二缘虑心，此是八识，俱能缘虑自分境故，此八各有心数，亦云心所，于中或无记、或通善染之殊，诸经论中目心所法，总名心也，谓善心、恶心等。三质多耶，此云集起心，唯是根本第八识也，积集诸法种子起现行故。四乾栗陀耶，此云贞实心，亦云坚实心，此是真实心也。然第八识无别自体，但是真心，以不觉故，与诸妄想而有和合不和合义。和合义者，能含染净，目为藏识；不和合者，体常不变，目为真如，即此'离所行相、称真实义诸佛教心'。虽然四种体同，迷悟真妄义别，如取真金，须明识瓦砾及以伪宝，但尽除之，纵不识金，金体自现。"○称真实义诸佛教心，即成真实相，一切佛语心也。

---

[1]量，《资福藏》、《碛砂藏》、《普宁藏》、《南藏》、《龙藏》本无。

② 注云：眼识取尘，转入六识，耳鼻舌身亦复如是。

③ 实叉云："所谓不觉自心现而执取故，无始时来取著于色虚妄习气故，识本性如是故，乐见种种诸色相故。"○《新说》云："佛言有四因缘，眼识转转生也：一谓不觉外尘是自心现而执取故；二谓无始以来取著于色，妄想熏习不断故；三谓识以了别为自性故；四谓乐欲见诸色相故。"

④ 言藏识如水流注，转为七识，犹彼海水变为波浪，则诸识之浪汹涌而生。眼识既尔，余识亦然。下文谓"非自觉圣智趣藏识转"者，是转识成智为如来藏，此即转智成识为末那也。

⑤ 实叉以"俱生"为"顿生"，"随次生"为"渐生"。○《新说》云："如眼识既尔，余诸识亦如是。于一切诸根、微尘、毛孔、眼等，诸转识或顿生，譬如明镜现众色像无有前后，或渐生，犹如猛风吹大海水，前波起后波随。言微尘、毛孔者，即色尘、身根也。"

⑥ 实叉云："因所作相非一非异，业与生相相系深缚，不能了知色等自性，五识身转。大慧，与五识俱，或因了别差别境相，有意识生。"○《新说》云："此明诸识展转互为因也。言'因所作相非一非异'者，因即第八如来藏识也，所作相谓七转识从第八所生也。非一者，诸识行相不同也；非异者，同皆缘起无自性也。言'业与生相，相系深缚'者，谓第八识变起根身器界，名为生相，六七二识无明覆故，由此执为实我、实法，第六意识引起前五，造引满业，感诸异报生死不绝，故云'业与生相，相系深缚'。是皆不了色等诸尘自心妄现，故五识身转也。大慧，眼等五识与五尘俱时，或因了别色等差别境相而意识生也。是故当知根身、尘境一切诸法，皆是众生自心妄识互为因果之所现也。故伽陀云：'诸法于藏识，识于法亦尔，更互为因相，亦互为果相。'"

⑦ 实叉云："然彼诸识不作是念：'我等同时展转为因。'而于自心所现境界，分别执著俱时而起，无差别相，各了自境。"○《新说》云："彼诸识等各了自境者，此明八识俱能了别自分境故，不知唯是自心妄现也。谓色是眼识境，乃至赖耶见分是第七识境，根身、种子、器界是藏识境。

然此八识,离如来藏无别自体,以众生不知故,执为八识之名;诸佛证得故,能成四智之用。若昧之,则八识起执藏之号,七识得染污之名,六识起遍计之情,五识徇根尘之相。若了之,则赖耶成圆镜之体,持功德之门;末那为平等之原,一自他之性;第六起观察之妙,转正法之轮;五识兴所作之功,垂应化之迹。斯则一心匪动,识智自分,不转其体,但转其名;不分其理,而分其事。"

⑧ 实叉云:"诸修行者入于三昧,以习力微起而不觉知,但作是念:'我灭诸识入于三昧。'实不识灭而入三昧,以彼不灭习气种故,但不取诸境名为识灭。"○《新说》云:"上明诸识展转为因,各了自境妄想流注,欲转诸识成智用者,以根本藏识微细难知,故举二乘修劣三昧,不知诸识习气种子依藏识不灭,自谓我灭诸识入于三昧,而实未也。但伏六识,不取尘境,彼将为灭。"○以定力之胜故,诸识不具摄受。

⑨ 实叉云:"如是藏识行相微细,唯除诸佛及住地菩萨,其余一切二乘、外道定慧之力皆不能知。"○此下,指地前菩萨如实行者。

⑩ 实叉云:"唯有修行如实行者,以智慧力了诸地相,善达句义,无边佛所广集善根,不妄分别自心所见能知之耳。"○此下,指诸修行人。

⑪ 实叉自"流注"下作"得诸三昧自在力通,诸佛灌顶,菩萨围绕,知心意意识所行境界,超爱业无明生死大海"。

⑫《新说》云:"下中上修,言人分量也。分别流注,即上二种生住灭也。余义如文。亲近善知识者,如马鸣曰:'诸佛法者有因有缘,因缘具足乃得成办,如木中火性,是火正因,若无人知,不假方便,能自烧木,无有是处;众生亦尔,虽有正因熏习之力,不遇诸佛菩萨知识,示教利喜、慈悲摄护以之为缘,能自断烦恼入涅槃者,则无是处。'"

⑬ 青赤等种种之色,能起眼识;珂佩等种种之声,能起耳识;檀乳等种种之香,能起鼻识;甘淡等种种之味,能起舌识;美乐等种种之具,能起身识;华果等种种之法,能起意识。是为境界之风。华果者,《宗镜》云:"现在之华,未来之果,种种法尘,随为彼识所缘境界也。"[1]

---

[1] 见《宗镜录》卷第五十六,《大正藏》第48册,第741页上。

⑭ 非异者,谓光明无日月轮则不生;非不异者,谓光明与日月轮应无有异。下"海水"同意。

⑮ 状诸识之起因。

⑯ 实叉作"动"。

⑰ 状诸识之竞驰。

⑱ 指前水流处。

⑲ 实叉云:"八识无别相,无能相、所相。"○《宗镜》云:"如是六识从无始来,三际不动,四相不迁,真实常住,自性清净不坏之相,具足圆满,无所阙少。而如是等一切功德同法界故,无有二相。无二相故,唯是一相。唯一相故,亦是无相。皆以无相故,无相亦无相。"[1]

⑳ 无差别也。

㉑ 实叉云:"心能积集业,意能广积集,了别故名识,对现境说五。"○《新说》云:"诸识本寂,妄尘无体,由不觉故前五识转揽现尘境,第六分别起惑造业,第七传送执我我所能广积集,同为能熏第八藏识,受熏持种,积集不亡,展转为因,流转不息。"故如上所云。

㉒《新说》云:"上云青赤等尘发生诸识,如海波浪皆非一异,又云心积集等,行相有殊,故致斯问。"

㉓ 此明"色即是空,空即是色"以觉诸凡夫也。

㉔ 此重明青赤波浪等句义也。

㉕ 此重明采集业,感报依正不同,皆是众生自心妄现。

㉖ 此约法喻而难。

㉗ 凡夫无智,不能觉知藏识如海而常住,业相似浪而转生,故举喻引类,令彼通解。

㉘ 问如来应世以平等度生,如日之出高低普照,虽已分别说三乘诸差别法,何故不说真实之义?

㉙ 此偈初二句法说,谓非器不堪闻,实非不平等。次三句,举三喻

[1] 见《宗镜录》卷第五十六,《大正藏》第48册,第741页中。

况彼心无实。后一句,以法合喻,故云亦然。

㉚ 此偈明外境缘不同具,内识即次第转生。以第六识分别诸法尘,故云"识者识所识"。意缘阿赖耶,起我我所执,故云"意者意谓然"。五识随尘显现,无有次第可定。

㉛ 此偈言画色本无形,随形即画像,以况如来本无法,随机即说法,岂得止说一种法也?

㉜ 此偈正明如来应机说异也。初三句,总标说意;次四句,谓对利根说一乘真实法;次五句,谓对余钝根说种种如幻法,一一如文。后二句,谓所说法不应机者,翻为妄语,故云"非说"。

㉝ 实叉以"处方"为"授药"。〇此偈又以良医随病处方不同,况如来应量说法有异故,不得如日平等照物,以结前问。

㉞ 实叉以"妄想"为"外道","哀愍"为"依怙"。〇哀愍者,即如来也。如来说自觉境界,非外道声闻境界也。已上释大慧与世尊问答偈意多本《新说》。

㉟ 实叉云:"若欲了知能取所取分别境界,皆是自心之所现者,当离愦闹昏滞睡眠。"

㊱ 实叉以"恶见"为"外道"。

㊲ 《新说》云:"能取所取,亦云能缘所缘,谓即心识见相二分也。欲了知者,应离浮沉诸恶觉观,真实修行也。"

复次大慧,菩萨摩诃萨建立智慧相住已,于上圣智三相当勤修学①。何等为圣智三相当勤修学?所谓无所有相,一切诸佛自愿处相,自觉圣智究竟之相。修行得此已,能舍跛驴心智慧[1]相,得最胜子第八之地,则于彼上三相修生②。

---

[1]智慧,《嘉兴藏》本同,余本作"慧智"。

大慧，无所有相者，谓声闻、缘觉及外道相，彼修习生。大慧，自愿处相者，谓诸先佛自愿处修生。大慧，自觉圣智究竟相者，一切法相无所计著，得如幻三昧身，诸佛地处进趣行生③。

大慧，是名圣智三相。若成就此圣智三相者，能到自觉圣智究竟境界[1]。是故大慧，圣智三相当勤修学。

【集注】

① 建立智慧相住已，即上云"通达自心现妄想之相"。

② 杨云："谓第七地观三界生死不定心，名跛驴，以不能行故。"〇谓未得无功用慧，故以跛驴况之。

③ 实叉云："大慧，无影像相者，谓由惯习一切二乘外道相故，而得生起一切。诸佛愿持相者，谓由诸佛自本愿力所加持故，而得生起自证圣智。所趣相者，谓由不取一切法相，成就如幻三昧身，趣佛地智故而得生起。"〇二乘外道所习浅陋，如来常种种诃叱，于此亦取之者，欲其回心，舍邪途、入正辙也。

尔时大慧菩萨摩诃萨，知大菩萨众心之所念，名圣智事分别自性经，承一切佛威神之力，而白佛言：

世尊，惟愿为说圣智事分别自性经，百八句分别所依①。如来、应供、等正觉依此分别，说菩萨摩诃萨入自相共相妄想自性。以分别说妄想自性故，则能善知周遍观察人法无我，净除妄想，照明诸地[2]，超越一切声闻、缘觉及诸外道

---

[1]究竟境界，《嘉兴藏》、宫内本同，余本作"境界"。

[2]诸地，原作"自性"，据《高丽藏》、《龙藏》本改。

诸禅定乐;观察如来不可思议所行境界,毕定舍离五法、自性;诸佛如来法身智慧善自庄严,起[1]幻境界②,升一切佛刹、兜率天宫,乃至色究竟天宫,逮得如来常住法身③。

佛告大慧:有一种外道,作无所有妄想计著,觉知因尽[2],兔无角想。如兔无角,一切法[3]亦复如是④。

大慧,复有余外道,见种、求那、极微、陀罗骠,形处横法各各差别,见已计著无兔角[4]横法,作牛有角想⑤。

大慧,彼堕二见,不解心量,自心境界妄想增长⑥。身、受用建立妄想根[5]量⑦。

大慧,一切法性亦复如是,离有无,不应作想⑧。

大慧,若复离有无而作兔无角想,是名邪想。彼因待观,故兔无角,不应作想⑨。乃至微尘,分别事性悉不可得⑩。大慧,圣境界离,不应作牛有角想⑪。

尔时大慧菩萨摩诃萨白佛言:世尊,得无妄想者,见不生想已,随比思量观察不生妄想言无耶⑫?

佛告大慧:非观察不生妄想言无。所以者何?妄想者,因彼生故⑬,依彼角生妄想。以依角生妄想,是故言依因故,离异不异故,非观察不生妄想言无角⑭。

大慧,若复妄想异角者,则不因角生。若不异者,则因彼故⑮,乃至微尘分析[6]推求,悉不可得。不异角故,彼亦

---

[1]起,《高丽藏》、《普宁藏》、《龙藏》、《频伽藏》本作"超"。
[2]尽,《碛砂藏》、《资福藏》、《普宁藏》、《南藏》本讹作"画"。
[3]一切法,宫内本作"一切法性"。
[4]兔角,原作"角兔",据《高丽藏》、《龙藏》本改。
[5]根,《嘉兴藏》本同,余本作"限"。
[6]析,《普宁藏》本讹作"所"。

非性。二俱无性者，何法、何故而言无耶[16]？

大慧，若无故无角，观有故言兔无角者，不应作想[17]。

大慧，不正因故，而说有无二俱不成[18]。

大慧，复有余外道见，计著色空事形处横法，不能善知虚空分齐，言色离虚空，起分齐见妄想[19]。

大慧，虚空是色，随入色种。大慧，色是虚空，持所持处所建立性[20]。色空事分别当知[21]。

大慧，四大种生时，自相各别，亦不住虚空，非彼无虚空[22]。

如是大慧，观牛有角，故兔无角。大慧，又[1]牛角者，析[2]为微尘，又分别微尘刹那不住[23]，彼何所观故而言无耶？若言观余物者，彼法亦然[24]。

尔时世尊告大慧菩萨摩诃萨言：当离兔角、牛角，虚空、形色异见妄想。汝等诸菩萨摩诃萨，当思惟自心现妄想，随入为一切刹土最胜子，以自心现方便而教授之。

尔时世尊欲重宣此义，而说偈言：

色等及心无，色等长养心[25]，身受用安立，识藏现众生[26]。

心意及与识，自性法有五，无我二种净，广说者所说[27]。

长短有无等，展转互相生，以无故成有，以有故成无。

微尘分别事，不起色妄想，心量安立处，恶见所不乐[28]。

觉想非境界，声闻亦复然，救世之所说，自觉之境界[29]。

---

[1]又，《频伽藏》本作"有"，当误。

[2]析，《普宁藏》本讹作"所"。

【集注】

① 如来为说八识转相已,大慧继以圣智事分别妄计自共相差别所依之法为请。

② 实叉云:"入如幻境。"

③《新说》云:"自相共相者,五阴不同名自相,共成人身名共相,界处等亦尔,乃至一切诸法各各又有自相共相也。五阴是妄想自性。兜率陀者,此云知足,彼天内宫是一生补处菩萨所居也。色究竟天,是行满报佛成正觉处。余文悉明远离过习,显示众德,成就如来法身之义。以有是利,故请佛为说如上法门。"[1]

④ 外道计无而生断见,见一切法随因而尽,想兔无角,诸法亦无。

⑤ 外道计有,而生常见。种,即大种;求那、陀罗骠,皆尘也。故实叉云:"见大种、求那尘等诸物,形量分位各差别已,执兔无角,于此而生牛有角想。"此明叙彼二外道计,以不了故,互执异见,生决定解。自下如来约牛兔角,破执名相起妄想见。

⑥ 实叉云:"彼堕二见,不了唯心,但于自心增长分别。"○此破起见因。

⑦ 实叉云:"身及资生器世间等,一切皆唯分别所现。"○此示唯妄现。

⑧ 实叉云:"应知兔角离于有无,诸法悉然,勿生分别。"○此总结应离妄也。

⑨ 实叉云:"云何兔角离于有无? 互因待故。"○此别征破彼堕无见也。谓云:何兔角离于有无? 破云:互因待故。彼兔角无,因牛角有故;若无牛角,彼何所因,而言无耶?

⑩ 实叉云:"分析牛角乃至微尘,求其体相终不可得。"○此别破彼堕有见也。谓若执于牛有角者,分析牛角至于极微,何有实体而计有耶?

⑪ 实叉云:"圣智所行,远离彼见,是故于此不应分别。"○圣智所行

---

[1] 文字小异。

离彼见者,谓如实见者,悉离有见常见之有,亦离邪见断见之无,是故结劝应离分别。

⑫ 大慧意谓:角有无想破而不立,彼得无妄想见,不生妄想已,则随其比度思量,岂不以观察不生妄想为无,而言无耶?

⑬ 因彼角有无而生。

⑭ 因有角、无角而生妄想,是有所依或无所依,但角与妄想离异不异,非观察不生而言无角。离,即非也。

⑮ 若妄想分别定异兔角者,则非角因;若定不异者,又是因彼而起,言俱无自性也。

⑯ 注云:分析牛角乃至极微求不可得,则不异兔角,彼牛角亦无性。若牛角、兔角二俱无实者,对何法言有?何故得说兔角为无?

⑰ 若无牛角,则无兔角。观牛角有故,言兔角无,此所以"有"为"无"因,不得作无想。

⑱ 谓有无互相为因,初无有正,既二因不正,有无两果理自不成也。

⑲ 实叉云:"复有外道,见色形状虚空分齐而生执著,言色异虚空起于分别。"

⑳《新说》云:"空即是色,随入色种中,故色外无空也;色即是空,能持所持建立性故,非色灭空也。"

㉑ 流支云:"依色分别虚空,依虚空分别色故。"○实叉云:"色空分齐,应如是知。"

㉒《新说》云:"会昔权说,重明色空不二也。谓昔破外道执有我故,说有造色从大种生,自相各别,而密显造色性即空故,更无别色而住于空,故云不住,非彼无虚空。"

㉓ 实叉云:"又析彼尘,其相不现。"

㉔ 余物,即虚空色相也。○《新说》云:"此又引上牛兔二角以合色空,类观诸法差别妄见,一一对破,应知亦尔。"○杨云:"人见廓然大空,以是为空,而不知色之所聚;人见其色具诸名相,以是为色,而不知为空所持,是皆于无性之中,而妄有建立者然也。此以明外道因牛角之有,而

遂言兔角之无,不知析彼牛角为微尘,又复归于无矣。谓牛角既析而归空,又何所观故,而言兔角之无也?四大种虽不住空,而非无空,亦如牛角之有,而复归于无。"

㉕ 色尘等与虚妄心本无所有,而虚妄心因色尘等滋生之也。

㉖ 流支云:"内识众生见,身资生住处。"

㉗ 流支云:"如来如是说。"

㉘ 谓外道不信乐唯心故。

㉙ 实叉以"觉想"为"外道"。○流支以"救世"为"如来"。○《新说》云:"此约外道执牛兔角决定有无,及色空异,以破五法中名、相、妄想竟。"

尔时大慧菩萨为净除[1]自心现流故,复请如来,白佛言:世尊,云何净除一切众生自心现流,为顿、为渐耶①?

佛告大慧:渐净非顿。如庵罗果渐熟非顿②,如来净除一切众生自心现流,亦复如是,渐净非顿。

譬如陶家造作诸器,渐成非顿,如来净除一切众生自心现流,亦复如是,渐净非顿。

譬如大地渐生万物,非顿生也,如来净除一切众生自心现流,亦复如是,渐净非顿。

譬如人学音乐、书画、种种技[2]术,渐成非顿,如来净除一切众生自心现流,亦复如是,渐净非顿③。

譬如明镜顿现一切无相色像,如来净除一切众生自心现流,亦复如是,顿现无相、无有所有清净境界。

---

[1]除,《高丽藏》、《资福藏》、《碛砂藏》、《普宁藏》本无。
[2]技,《龙藏》、宫内本作"伎"。

如日月轮顿照显示一切色像,如来为离自心现习气过患众生④,亦复如是,顿为显示不思议智最胜境界。

譬如藏识顿分别知自心现,及身安立受用境界,彼诸依佛亦复如是,顿熟众生所处境界,以修行者安处于彼色究竟天⑤。

譬如法佛所作依佛⑥光明照曜,自觉圣趣亦复如是,彼于法相有性、无性恶见妄想,照令除灭⑦。

大慧,法依佛说一切法入自相、共相,自心现习气因,相续妄想自性计著因,种种不实如幻[1],种种计著不可得⑧。

复次大慧,计著缘起自性,生妄想自性相。大慧,如工[2]幻师,依草木瓦[3]石作种种幻,起一切众生若干形色,起种种妄想,彼诸妄想亦无真实⑨。

如是大慧,依缘起自性起妄想自性,种种妄想心,种种相[4]行事妄想相,计著习气妄想[5],是为妄想自性相生。大慧,是名依佛说法⑩。

大慧,法佛者,离心自性相⑪,自觉圣所缘境界建立施作⑫。

大慧,化佛者,说施、戒、忍、精进、禅定及心智慧,离阴界入,解脱、识相分别观察建立,超外道见、无色见⑬。

大慧,又法佛[6]者,离攀缘,攀[7]缘离,一切所作根量

---

[1]不实如幻,《高丽藏》《资福藏》《碛砂藏》《普宁藏》本作"无实幻",《龙藏》《频伽藏》本作"无实如幻"。

[2]工,《龙藏》本讹作"二"。

[3]瓦,《龙藏》本讹作"尾"。

[4]相,《高丽藏》《资福藏》《碛砂藏》《频伽藏》本作"想"。

[5]妄想,《嘉兴藏》本同,余本作"妄想,大慧"。

[6]法佛,《碛砂藏》《龙藏》本作"佛法"。

[7]攀,《高丽藏》《频伽藏》本作"所"。

相灭,非诸凡夫、声闻、缘觉、外道计著我相所著境界,自觉圣究竟差别相建立。是故大慧,自觉圣究竟[1]差别相当勤修学,自心现见应当除灭。

【集注】

①《新说》云:"此就净众生心习现流,五法中次明正智义。谓能净者,自觉圣智也;所净者,自心现流也。"

② 庵罗果,见前阿摩勒注。

③ 上则净除自心现流,故从渐;下则显示众生不思议智,故从顿。

④ 流支云:"为令众生远离自心烦恼见熏习气过患。"

⑤ 流支云:"譬如阿梨耶识分别现境,自身、资生、器世间等一时而知,非是前后。大慧,报佛如来亦复如是,一时成熟诸众生界,置究竟天净妙宫殿修行清净之处。"

⑥ 实叉云:"譬如法佛顿现报佛。"

⑦《新说》云:"明四渐、四顿者,谓净众生自心现流,其机大者顿之,其机小者渐之。渐者言其权,顿者言其实,权以趋实,实以导权。所以圣人开悟众生,或顿或渐,权实偏圆,未始不相须者,庶使含识随宜得入也。"

⑧《新说》云:"此明三佛建立说法,释成顿渐所显义也。"○前引依佛为证,次从法佛中表出依佛,此则正显依佛自法佛而起说法,如现尊特身说《杂华》[2]。盖三身一体,疑者谓报身不能说法,尚不知报身说法,又安知刹说、众生说耶?苏杨二本皆作"报佛",独注本作"法依佛",流支亦云"法佛报佛说一切法自相同相故",实叉云"法性所流佛说一切法自相共相",得其旨哉!依佛,即报佛也。说一切自共相法,是自心本识

---

[1] 究竟,《高丽藏》、《龙藏》本无。
[2]《杂华》,《华严经》之异名。万行譬如华,以万行庄严佛果,谓之《华严》。百行交杂,谓之《杂华》。

现习气因相,及前转识妄计所执因相,种种不实如幻,而众生不了种种执著,取以为实,岂不惧哉?

⑨《新说》云:"明缘起不实,如幻师依草木起众生色像,譬如来藏性随缘起种种诸法。"

⑩ 实叉云:"由取著境界习气力故,于缘起性中有妄计性种种相现,是名妄计性生。大慧,是名法性所流佛说法相。"

⑪ 即下文"离攀缘"等。

⑫ 即下文"自觉圣究竟差别相建立"。

⑬ 外道以无色为涅槃。

复次大慧,有二种声闻乘通分别相,谓得自觉圣差别相,及性妄想自性计著相①。

云何得自觉圣差别相声闻?谓无常、苦、空、无我境界真谛,离欲寂灭,息阴界入自共相,外不坏相如实知,心得寂止。心寂止已,禅定解脱三昧道果,正受解脱,不离习气、不思议变易死,得自觉圣乐住声闻。是名得自觉圣差别相声闻②。

大慧,得自觉圣差别乐住菩萨摩诃萨,非灭门乐、正受乐,顾悯众生及本愿,不作证。大慧,是名声闻得自觉圣差别相乐。菩萨摩诃萨,于彼得自觉圣差别相乐不应修学③。

大慧,云何性妄想自性计著相声闻④?所谓大种青黄赤白,坚湿暖动,非作生,自相共相先胜善说,见已,于彼起自性妄想⑤。菩萨摩诃萨于彼应知应舍,随入法无我相[1],灭人无我相见,渐次诸地相续建立⑥。是名诸声闻性妄想自性

[1]相,《嘉兴藏》、宫内本同,余本作"想"。

计著相⑦。

【集注】

①谓上勉菩萨修自觉圣究竟差别相已,然于声闻乘二种通分别相中,亦有自觉圣差别相,如来虑其混殽,故缀而明之。

②实叉云:"云何自证圣智殊胜相?谓明见苦、空、无常、无我诸谛境界,离欲寂灭故。于蕴界处,若自若共外不坏相,如实了知故,心住一境。住一境已,获禅解脱三昧道果而得出离。住自证圣智境界乐,未离习气及不思议变易死。是名声闻乘自证圣智境界相。"○《唯识论》云:"一分段生死,谓诸有漏善不善业,由烦恼障缘助势力,所感三界粗异熟果,身命短长随因缘力有定剂限,故名分段;二不思议变易生死,谓诸无漏有分别业,由所知障缘助势力,所感殊胜细异熟果,由悲愿力改转身命无定剂限,故名变易。无漏定愿正所资感妙用难测,名不思议。"[1]

③谓前声闻得此自觉圣差别相,息阴界入趣寂灭乐,不能如菩萨摩诃萨住八地无生正受乐,能顾悯众生,以大悲本愿力故,而不取证入涅槃也。前之"是名"等,结得差别相之声闻;此之"是名"等,结声闻得差别相之乐,诫诸菩萨于此乐中不应修学,以彼声闻所得之乐非究竟故。

④实叉云:"云何分别执著自性相?"

⑤流支云:"堪量相应《阿含》,先胜见善说故,依彼法虚妄执著以为实有。"○此谓声闻知彼四大及造色,自共相种种诸法,非如外道计作者生,然守如来止啼权说,于彼四大种性计自性有,故言起自性妄想。

⑥菩萨于自性妄想应知应舍,了我法空,渐入智地,到如来境。

⑦此一种计著相声闻颇盛,故以诸声闻性结之。

尔时大慧菩萨摩诃萨白佛言:世尊,世尊所说常不思

议[1]自觉圣趣境界，及第一义境界。世尊，非诸外道所说常不思议因缘耶①？

佛告大慧：非诸外道因缘得常不思议②。所以者何？诸外道常不思议不因自相成③。若常不思议不因自相成者，何因显现常不思议？

复次大慧，不思议若因自相成者，彼则应常。由作者因相故，常不思议不成④。

大慧，我第一义常不思议，第一义因相成，离性非性。得自觉相[2]故有相，第一义智因故有因，离性非性故⑤。譬如无作虚空，涅槃灭尽故常⑥。

如是大慧，不同外道常不思议论。如是大慧，此常不思议，诸如来自觉圣智所得。如是[3]故，常不思议自觉圣智所得，应当[4]修学。

复次大慧，外道常不思议，无常性异相因故⑦，非自作因相力故常⑧。

复次大慧，诸外道常不思议，于所作性非性无常见已，思量计常⑨。

大慧，我亦以如是因缘，所作者性非性无常见已，自觉圣境界说彼常无因[5]⑩。

大慧，若复诸外道因相成常不思议，因自相性非性，同于兔角。此常不思议但言说妄想⑪，诸外道辈有如是过。所

---

[1]常不思议，《嘉兴藏》本同，余本作"常及不思议"。
[2]相，《频伽藏》本作"性"。
[3]如是，《高丽藏》、《资福藏》、《碛砂藏》、《南藏》、《频伽藏》本作"是"。
[4]应当，《嘉兴藏》、宫内本同，余本作"应得"。
[5]因，《碛砂藏》、《南藏》、《龙藏》本作"因故"。

以者何？谓但言说妄想，同于兔角，自因相非分⑫。

大慧，我常不思议，因自觉得相故，离所作性非性故常⑬，非外性非性无常，思量计常⑭。

大慧，若复外性非性无常，思量计常、不思议常，而彼不知常不思议自因之相，去得自觉圣智境界相远⑮，彼不应说⑯。

【集注】

① 大慧所问，因世尊谓菩萨自觉圣差别究竟相乐，不与声闻所得者同，故以常句之常及不思议智请曰：如来所说常不思议，得非与外道所说者同耶？

② 如来所说常不思议，以自觉圣相为相，第一义智因为因；外道所说常不思议，计神我为因，以无常为常，故言非也。

③ 谓彼常不思议，不因自觉圣相第一义智而成。

④ 由以神我为因相，故常不思议因相不成。

⑤ 至此因相有无俱离。

⑥ 注云：如三无为法离有无相故常，以譬第一义因相离有无故常。

⑦ 实叉云："以无常异相因故常。"

⑧ 此自作因常，非彼异相因常也。

⑨ 外道见色性无常，妄计神我而为常。

⑩ 如来引外道计色性无常为常因，即就自觉圣智破彼常因为非常因也。义见下文"无因"下。

⑪ 如来前云"我常不思议第一义因相成，离性非性"；今于"诸外道因相成"下，亦云"常不思议，因自相性非性"者，何也？盖性者，有也；非性者，无也。如来之因相成离有无，故得自觉圣相第一义智。然此智相，亦俱离有无，则因相实有。外道之因相成，不离有无，计神我无常为常，则因相非有，故同兔角，但有言说妄想，初无实体耳。

⑫ 结上言说妄想，初无实体，况无自因相。

⑬ 此明如来自因相之常体也。

⑭ 外，即外道。

⑮ 流支云："以内身圣智，证境界相故。"○彼既不知常不思议自因之相，则去自觉圣智境界相远矣。

⑯ 注云：外道不应说有常不思议。

复次大慧，诸声闻畏生死妄想苦而求涅槃，不知生死、涅槃差别一切性妄想非性①。未来诸根境界休息，作涅槃想，非自觉圣智趣藏识转②。是故凡愚说有三乘，说心量趣无所有。是故大慧，彼不知过去、未来、现在诸如来自心现境界，计著外心现境界[1]，生死轮常转③。

【集注】

① 实叉云："一切皆是妄分别有，无所有故。"

② 实叉云："妄计未来诸根灭以为涅槃，不知证自智境界，转所依藏识为大涅槃。"

③ 实叉云："彼愚痴人说有三乘，不说唯心无有境界。大慧，彼人不知去、来、现在诸佛所说自心境界，取心外境，常于生死轮转不绝。"○杨云："自心现，则觉知所现唯自心；外心现，则计著客尘。不自觉计著客尘，兹所以'生死轮常转'也。"

复次大慧，一切法不生，是过去、未来、现在诸如来所说。所以者何？谓自心现性非性，离有非有生故。大慧，一切性不生，一切法如兔马等角，是[2]愚痴凡夫不觉[3]妄想

---

[1] 计著外心现境界，底本脱漏，据《高丽藏》、《龙藏》本补上。

[2] 是，《嘉兴藏》本同，余本无。

[3] 觉，《高丽藏》、《龙藏》本作"实"。

自性妄想故。大慧，一切法不生，自觉圣智趣境界者，一切性自性相不生，非彼愚夫妄想二境界①。

自性身财建立趣自性相，大慧，藏识摄、所摄相转。愚夫堕生住灭二见，希望一切性生，有非有妄想生，非圣贤[1]也。大慧，于彼应当修学②。

【集注】

① 外心现一切诸法不生，是三世如来所说。所以者何？谓自心现性非性，离有、非有生二种见故。不生，此就智者知诸法无生，起佛种性。如兔马等角本来不生，凡愚不觉，妄取生灭。唯如来自觉圣智趣境界，一切法自体性相不生，非愚夫有无分别境界。

② 言自性五识身、财建立诸趣自性相，以藏识摄七识身所得法，故有生死相转，而诸愚夫堕生住灭二见中一切性生，为取有无故，因有无故分别妄想复生，非圣贤也。于彼一切法不生，勉当修学。

复次大慧，有五无间种性①。

云何为五？谓声闻乘无间种性、缘觉乘无间种性、如来乘无间种性、不定[2]种性、各别种性。

云何知声闻乘无间种性？若闻说得阴界入自共相断知时，举身毛孔熙怡欣悦，及乐修相智，不修缘起发悟之相，是名声闻乘无间种性②。声闻无间见第八地③，起烦恼断，习[3]烦恼不断④。不度不思议变易死，度分段死⑤。正师子吼："我生已尽，梵行已立，不受后有。"如实知修习人无我，

---

[1]圣贤，《高丽藏》、《资福藏》、《碛砂藏》、《普宁藏》、《南藏》、《频伽藏》本"贤圣"。

[2]不定，宫内本作"无定"。

[3]习，《嘉兴藏》、《石经》、宫内本同，余本作"习气"。

乃至得般涅槃觉[6]。

大慧，各别无间者[7]，我、人、众生、寿命、长养、士夫[8]，彼诸众生作如是觉，求般涅槃。复有异外[1]道说，悉由作者见一切性已，言此是般涅槃。作如是觉，法无我见非分，彼无解脱[9]。

大慧，此诸声闻乘无间、外道种性，不出出觉，为转彼恶见故，应当修学[10]。

大慧，缘觉乘无间种性者，若闻说各别缘无间，举身毛竖，悲泣流泪，不相近缘，所有不著。种种自身，种种神通，若离若合种种变化，闻说是时，其心随入。若知彼缘觉乘无间种性已，随顺为说缘觉之乘。是名缘觉乘无间种性相[11]。

大慧，彼如来乘无间种性有四种，谓自性法无间种性、离自性[2]法无间种性、得自觉圣无间种性、外刹殊胜无间种性[12]。

大慧，若闻此四事，一一[3]说时，及说自心现身财建立不思议境界时，心不惊怖[4]者，是名如来乘无间种性相[13]。

大慧，不定种性者，谓说彼三种时，随说而入，随彼而成[14]。

大慧，此是初治地者，谓种性建立，为超入无所有地故，作是建立[15]。彼自觉藏者，自烦恼习净，见法无我，得三昧乐住声闻，当得如来最胜之身[16]。

---

[1]外，《石经》本脱。
[2]性，《嘉兴藏》、宫内本同，余本作"相"。
[3]一一，《资福藏》、《嘉兴藏》本作"事事"，《石经》本作"事"。
[4]怖，原作"怖"，据《高丽藏》、《龙藏》本改。

尔时世尊欲重宣此义,而[1]说偈言:

须陀槃那果,往来及不还,逮得阿罗汉,是等心惑乱⑰。

三乘与一乘,非乘我所说,愚夫少智慧,诸圣远离寂⑱。

第一义法门,远离于二教,住于无所有,何建立三乘⑲?

诸禅无量等,无色三摩提,受想悉寂灭,亦无有心量⑳。

【集注】

① 前章以声闻起佛乘种性,今明种性相也。无间者,谓佛及众生同一法性,初无有间,以机缘有异,故分之为五。种性者,《宗镜》云"相似曰种,体同曰性"[2]。

② 断知时,知苦、断集、证灭、修道时也。相,即悲喜异相;智,即我生已尽等四智也。

③ 注云:证八地无生以为涅槃。

④ 注云:四住,为起烦恼;无明,为习烦恼。

⑤ 义见"不离习气不思议变易死"下注。

⑥ 此明声闻但断三界现行烦恼,未断习使及所知障,未度不思议变易死,诸魔外中,决定唱言:我得四智究竟觉,乃至得般涅槃觉也。

⑦ 注云:此外道计我人众生各各差别。

⑧ 见前注。

⑨ 实叉云:"彼无解脱,以未能见法无我故。"

⑩ 实叉云:"此是声闻乘及外道种性,于未出中生出离想,应勤修习,舍此恶见。"〇声闻取自共相法,外道计有神我性,皆不出妄觉,故勤修习转彼恶见,而趣如来种性故。

⑪ 言若知因缘各别不和合,而不近诸缘,不著所有,或时闻说现种

---

[1]而,《高丽藏》本无。

[2]该文为引义,参《宗镜录》卷第七,《大正藏》第 48 册,第 455 页上。原文为"体同曰性,相似名种"。

种身,或离一身为多身,或合多身为一身,及于神通变化,心有所得,是为缘觉乘种性。然有二种不同:一遇佛演说十二因缘法,依以受行,名为缘觉,即如上说;二出无佛世,睹缘自悟,名为独觉。

⑫ 妙体圆明,曰自性;法无间不守自性,曰离自性;法无间匪从外得,曰得自觉圣;无间平等法界,曰外刹殊胜无间。

⑬ 前文云"顿为显示不思议智最胜境界"。

⑭ 杨云:"未到如来乘无间,故言三种而已。"○此不定人,随说信入,顺学而成,其性可移,故言不定。

⑮《新说》云:"初治地人,即不定种性者,三乘俱可入也。为说是种性,令彼明悟了权趣实,超入第八无所有地,任运至如来地,故作是建立。"

⑯ 实叉云:"彼住三昧乐声闻,若能证知自所依识,见法无我,净烦恼习,毕竟当得如来之身。"

⑰ 须陀槃那,或云须陀洹,此翻入流,又预流,初果也。往来,二果。不还,三果。阿罗汉,四果。以是等四果圣人,心憎爱为惑乱。

⑱ 如来为愚夫少智声闻趣寂,说三乘非乘,而立一乘,一对三设,三既不存,一亦非有,故实叉云"为愚夫少智,乐寂诸圣说"。远离寂,离欲寂灭也。

⑲ 第一义门,尚远离权实二教,诸法悉无所有,况建立三乘乎?

⑳ 诸禅无量等,谓四静虑、四无量心也。无色三摩提,即无色界四空处定也。受想悉寂灭,谓声闻灭尽定也。言如来说诸禅三昧等,诸法亦无有实,为妄想心量愚夫作如是说,故云"亦无有心量"。上明正智竟。下约菩萨阐提,知生死涅槃无二,以明如义。

大慧,彼一阐提非一阐提,世间解脱谁转①?

大慧,一阐提有二种:一者舍一切善根,及于无始众生发愿。

云何舍一切善根？谓谤菩萨藏及作恶言："此非随顺修多罗、毗尼解脱之说。"舍一切善根故，不般涅槃[2]。

二者菩萨本自愿方便故，非不般涅槃一切众生而般涅槃。大慧，彼般涅槃，是名不般涅槃法相，此亦到一阐提趣[3]。

大慧白佛言：世尊，此中云何毕竟不般涅槃？佛告大慧：菩萨一阐提者，知一切法本来般涅槃已，毕竟不般涅槃，而非舍一切善根一阐提也。大慧，舍一切善根一阐提者，复以如来神力故，或时善根生。所以者何？谓如来不舍一切众生故。以是故，菩萨一阐提不般涅槃[4]。

【集注】

① 解脱之道，非菩萨住一阐提以自愿方便力故，则不能复生彼断善根一阐提善根之性。然非彼断善一阐提，则不能成就住一阐提菩萨自愿方便，故曰"世间解脱谁转"。

② 注云：此阐提，以断一切善根故，不得涅槃。

③ 以菩萨愿力，欲令一切众生得般涅槃已，然后涅槃，故实叉云"愿一切众生悉入涅槃，若一众生未涅槃者，我终不入"。言一阐提以谤菩萨藏故，不得涅槃，菩萨知生死即涅槃，亦更不得涅槃，以不得涅槃名同，故云"此亦到一阐提趣"，是名不般涅槃法相也。

④ 言舍善根一阐提，以如来神力故，或时善根生得涅槃。是故菩萨知生死即涅槃，故言不般涅槃也。已上明如如竟。

复次大慧，菩萨摩诃萨当善三自性[1]。

云何三自性？谓妄想自性、缘起自[1]性、成自性[2]。

[1]自，《高丽藏》本讹作"目"。

大慧,妄想自性从相生③。

大慧白佛言：世尊,云何妄想自性从相生? 佛告大慧：缘起自性事相相行,显现事相相④,计著有二种妄想自性,如来应供等正觉之所建立⑤,谓名相计著相,及事相计著相。

名相计著相者,谓内外法计著;事相计著相者,谓即彼如是内外自共相计著,是名二种妄想[1]自性相。

若依若缘生,是名缘起⑥。

云何成自性? 谓离名、相、事相妄想,圣智所得及自觉圣智趣所行[2]境界,是名成自性如来藏心⑦。

尔时世尊欲重宣此义,而说偈言：

名相觉想,自性二相;正智如如,是则成相⑧。

大慧,是名观察五法自性相经,自觉圣智趣所行境界⑨,汝等诸菩萨摩诃萨应当修学。

【集注】

① 注云：上虽分别三自性为五法,未知何者是三自性? 故下正明三自性体也。

② 即名、相、妄想、正智、如如五法中之三自性也。

③ 相,即名相,是缘起自性也。谓妄想自性,从缘起名相生。

④ 谓依缘起事相之相心行计著,显现事相之相也。

⑤ 谓如来所说计著此事相相,则起二种妄想自性。○实叉以"建立"为"演说"。

⑥ 实叉云："从所依所缘起,是缘起性。"

---

[1] 想,《石经》本作"相",当误。
[2] 行,《碛砂藏》、《南藏》、《龙藏》本作"生",当误。

⑦ 杨云："惟自觉圣，乃可言成自性；惟成自性，乃可言如来藏心。"

⑧ 实叉云："名相分别，二自性相；正智如如，是圆成性。"○二相，即缘起、妄想二自性相也。

⑨ 结答上所问"惟愿为说分别自性经及圣智事"。

复次大慧，菩萨摩诃萨善观二种无我相①。云何二种无我相？谓人无我及法无我②。

云何人无我？谓离我我所阴界入聚，无知、业、爱生，眼色等摄受计著生[1]识，一切诸根自心现器身[2]藏，自妄想相施设显示③。

如河流、如种子、如灯、如风、如云，刹那展转坏，躁动如猿猴④。

乐不净处如飞蝇⑤。

无厌足如风火⑥。

无始虚伪习气因，如汲水轮，生死趣有轮⑦。

种种身色，如幻[3]术神咒，机发像起⑧。

善彼相知[4]，是名人无我智⑨。

云何法无我智？谓觉阴界入妄想相自性⑩，如阴界入离我我所，阴界入积聚，因业爱绳缚，展转相缘生，无动摇⑪。诸法亦尔，离自共相。不实妄想相、妄想力，是凡夫生，非圣贤也。心意识[5]、五法、自性离故⑫。

---

[1]生，原作"也"，据《高丽藏》《龙藏》本改。
[2]器身，《高丽藏》《碛砂藏》《资福藏》《普宁藏》《南藏》《龙藏》本作"器身等"。
[3]如幻，《嘉兴藏》本同，余本作"幻"。
[4]知，《石经》本作"智"。
[5]识，《石经》本作"意识"。

大慧,菩萨摩诃萨当善分别一切法无我。

善法无我菩萨摩诃萨,不久当得初地菩萨无所有观地相,观察开觉欢喜⑬。

次第渐进,超九地相,得[1]法云地。于彼建立无量宝庄严大宝莲华王像、大宝宫殿,幻自性境界修习生,于彼而坐⑭。同一像类诸最胜子眷属围绕⑮。

从一切佛刹来佛手灌顶,如转轮圣王太子灌顶⑯。

超佛子地,到自觉圣智[2]法趣,当得如来自在法身,见法无我故。是名法无我相。汝等诸菩萨摩诃萨应当修学。

【集注】

① 注云:既能修学五法三自性已,更当观察人法二无我相。

② 得人无我,知众生无性;得法无我,知诸法无性。

③ 实叉云:"又自心所见身器世间,皆是藏心之所显示。"○《新说》云:"云何人无我?谓离我。云何离我?谓于我所阴界入中分别观察,但是无明业爱等生,于眼识等诸根,妄取自心现妄想境界,皆是藏心妄想施设,彼无有我也。此即就阴界入中,以示无我。"

④《新说》云:"自下约喻,举五观门以明无我。此举无常门也。夫我谓常义,今既无常,故无有我。文标六喻,上五喻幻身,下一喻妄心。如水奔流,种牙变易,灯借众缘,飘风不住,浮云起灭,以上诸喻刹那变坏,此身亦尔,岂有常耶?又妄心躁动等若猿猴,既不能令身心常住,我义焉在?"

⑤ 举不净门明其无我,我谓净义,故知无我。

⑥ 举苦门以破我,既无有乐,故知无我。

⑦ 举不自在门以示无我,即业因所推,岂有实我?

---

[1]得,《资福藏》、《碛砂藏》、《普宁藏》、《南藏》、《龙藏》、宫内本作"明得","明"字衍。
[2]圣智,《嘉兴藏》本同,余本作"圣"。

⑧ 此举空门以破我,谓观阴界入种种身色,譬如咒术机关变现云为,实非我也。

⑨ 实叉云:"若能于此善知其相,是名人无我智。"

⑩ 观阴界入法,知是妄想相自性无实故。

⑪ 实叉云:"互为缘起,无能作者。"

⑫ 不实妄想之相,妄想分别之力,是凡夫所生,圣贤于五法、自性离故,故曰非也。

⑬ 以见法无我,得初地无所有观,以无所有观故,善能观察真如之境,能观察真如之境,则能开觉证如实之相,由此欣悦,次第进超诸地。故实叉云:"得此智已,知无境界,了诸地相,即入初地,心生欢喜。"

⑭ 实叉云:"住是地已,有大宝莲华王众宝庄严,于其华上有宝宫殿,状如莲华,菩萨往修幻性法门之所成就,而坐其上。"

⑮ 谓昔同修菩萨以为眷属也。

⑯ 一切诸佛从十方来,各以智水灌菩萨摩诃萨顶,授法王之位,如转轮王授太子王位时,以金瓶盛四大海水灌太子顶,授转轮王位。

尔时大慧菩萨摩诃萨复白佛言:世尊,建立、诽谤相惟愿说之①,令我及诸菩萨摩诃萨,离建立、诽谤二边恶见,疾得阿耨多罗三藐三菩提。觉已,离常建立、断诽谤见,不谤正法②。

尔时世尊受大慧菩萨请已,而说偈言:

建立及诽谤,无有彼心量③;身受用建立,及心不能知④。愚痴无智慧,建立及诽谤⑤。

尔时世尊于此偈义,复重显示,告大慧言:有四种非有有[1]建立。云何为四?谓非有相建立、非有见建立、非有

---

[1] 有有,《资福藏》、《碛砂藏》、《南藏》、《龙藏》本作"有"。

因建立、非有性建立,是名四种建立⑥。又诽谤者,谓于彼所立无所得,观察非分而起诽谤。是名建立、诽谤相⑦。

复次大慧,云何非有相建立相?谓阴界入非有自共相而起计著,此如是,此不异,是名非有相建立相。此非有相建立妄想,无始虚伪过,种种习气计著生⑧。

大慧,非有见建立相者,若彼如是阴界入,我、人、众生、寿命、长养、士夫见建立,是名非有见建立相⑨。

大慧,非有因建立相者,谓初识无因生,后不实如幻,本不生;眼、色、明[1]、界、念前生,生已实已还坏,是名非有因建立相⑩。

大慧,非有性建立相者,谓虚空、灭、般涅槃非作,计著[2]性建立,此离性非性,一切法如兔马等角,如垂发现,离有非有,是名非有性建立相[3]⑪。

建立及诽谤,愚夫妄想,不善观察自心现量,非圣贤[4]也。是故离建立诽谤恶见,应当修学。

【集注】

① 注云:因上观二无我,能离有无常二见,故请建立诽谤相也。非有说有,名建立;非无说无,名诽谤。

② 注云:觉知有无恶见过已,能离建立常见、诽谤断见,令于正法不生毁谤。盖正法离有无,若说有无,即是谤正法也。

③ 建立、诽谤初无有实,故曰无有彼心量。

---

[1]明,《高丽藏》、《碛砂藏》本作“眼”。
[2]著,《高丽藏》、《资福藏》、《碛砂藏》、《普宁藏》、《频伽藏》本脱。
[3]是名非有性建立相,《高丽藏》、《龙藏》本置于“非贤圣也”下。
[4]圣贤,《嘉兴藏》、《石经》本同,余本作“贤圣”。

④ 身虽受用建立，而心不知其然。故实叉云："所起但是心，离心不可得。"

⑤ 愚夫执有、执无为实也。

⑥《新说》云："此列四名，谓非有相、见、因、性之中而横立也。"

⑦ 实叉云："谓于诸恶见所建立法求不可得，不善观察，遂生诽谤，此是建立、诽谤相。"

⑧《新说》云："言阴界入无自共相，而妄计此如是，自相也；此不异，共相也。从无始过恶熏习所生故也。"

⑨《新说》云："谓于阴界入中，妄建立我、人、众生等以为能见者。"

⑩ 谓识初则无因而生，后则不实如幻，故曰本不生。眼色明界念虽生，生已实已还坏，亦本不生之意也。

⑪《新说》云："言外道于三无为无作法，而建立有性。佛言此离性非性，类明一切诸法离于有无，犹如毛轮、垂发，由翳目而生兔马等角，本自无有。"

复次大慧，菩萨摩诃萨善知[1]心意意识、五法、自性、二无我相，趣究竟。为安众生故，作种种类像，如妄想自性处，依于缘起①。

譬如众色如意宝珠，普现一切诸佛刹土，一切如来大众集会，悉于其中听受佛[2]法。所谓一切法如幻、如梦、光影、水月，于一切法离生灭断常，及离声闻缘觉之法，得百千三昧，乃至百千亿那由他三昧。得三昧已，游诸佛刹，供养诸佛，生诸天宫，宣扬三宝。示现佛身，声闻菩萨大众围绕，以自心现量度脱众生，分别演说外性无性②，悉令远离有无

---

[1] 善知，《石经》本同。
[2] 佛，《嘉兴藏》本同，余本作"经"。

等见③。

尔时世尊欲重宣此义,而说偈言:

心量世间,佛子观察,种类之身,离所作行,得力神通,自在成就④。

【集注】

① 菩萨既善知心意识、自性、无我,趣于究竟,为安诸众生故,随其善根种类,化身诱之,如妄想依缘起而生。下举喻正明所化之刹,所说之法也。

② 实叉云:"说外境界皆唯是心。"

③《新说》云:"如摩尼珠不作心而随色变,以譬如来不作意,能随众生善根心水大小而变。亦如摩尼随物而变,以譬如来随众生善根现取佛土,大众集会于中说法,其所说诸法不实如幻梦等。菩萨既知诸法如幻,而离生灭断常等见,亦离二乘自共相见,得诸地无量亿三昧,现成正觉,复说自心现量法,令众离有无等见。"

④ 以善观察世间心量如幻三昧之力,成如来,现种类身,得无作行等一切成就也。

尔时大慧菩萨摩诃萨复请佛言:惟愿世尊为我等说一切法空、无生、无二、离自性相①。我等及余诸菩萨众,觉悟是空、无生、无二、离自性相已,离有无妄想,疾得阿耨多罗三藐三菩提。

尔时世尊告大慧菩萨摩诃萨言:谛听谛听,善思念之,今当为汝广分别说。大慧白佛言:善哉世尊,唯然受教。

佛告大慧:空空者,即是妄想自性处②。大慧,妄想自性计著者,说空、无生、无二、离自性相。大慧,彼略说七种空,谓相空、性自性空、行空、无行空、一切法离言说空、第一义圣智大空、彼彼空③。

云何相空?谓一切性自共相空,观展转积聚故,分别无性,自共相不生,自他俱性无性,故相不住,是故说一切性相空。是名相空④。

云何性自性空?谓自己性自性不生,是名一切法性自性空,是故说性自性空⑤。

云何行空?谓阴离我我所,因所成、所作业方便生,是名行空⑥。

大慧[1],即此如是行空,展转缘起,自性无性,是名无行空⑦。

云何一切法离言说空?谓妄想自性无言说,故一切法离言说,是名一切法离言说空⑧。

云何一切法第一义圣智大空?谓得自觉圣智,一切见过习气空,是名一切法第一义圣智大空。

云何彼彼空?谓于彼无彼空,是名彼彼空⑨。大慧,譬如鹿子母舍,无象马牛羊等,非无比丘众,而说彼空。非舍舍性空,亦非比丘比丘性空,非余处无象马⑩。是名一切法自相,彼于彼无彼,是名彼彼空⑪。

是名七种空。彼彼空者,是空最粗,汝当远离⑫。

大慧,不自生,非不生,除住三昧,是名无生⑬。

离自性,即是无生⑭。离自性,刹那相续流注及异性现,一切性离自性,是故一切性离自性⑮。

---

[1]大慧,宫内本作"大惠"。

云何无二？谓一切法如阴[1]热，如长短，如黑白⑯。大慧，一切法无二，非于涅槃彼生死，非于生死彼涅槃，异相因有性故，是名无二。如[2]涅槃、生死，一切法亦如是⑰。

是[3]故空、无生、无二、离自性相，应当修学。

尔时世尊欲重宣此义，而说偈言：

我常说空法，远离于断常，生死如幻梦，而彼业不坏⑱。

虚空及涅槃，灭二亦如是，愚夫作妄想，诸[4]圣离有无[5]⑲。

【集注】

①《新说》云："因上说一切法如幻如梦，即是说法空，故大慧举此空法以请如来。所言空者，明前五法非有；无生，以显八识不生；无二，即二我两亡；离性，即三性空寂。"

② 流支云："即是妄想法体句。"实叉云："即是妄计性句义。"

③ 诸教辩空自有增减，此经虽略，其义不殊。

④ 观诸法相空，展转因缘积聚故，分别无性，则自相共相不生，自他俱无体故，相依何住？

⑤ 自己之性，自性不生，则一切法自性不生，不生则空矣。

⑥ 阴行从诸缘所起，以离我我所故空。

⑦ 前以离我我所为行空，此以行空性无性，故为无行空。

⑧ 一切法从妄想所起，无自性，故离言说。

⑨ 于彼无此，于此无彼，展转俱空故也。

---

[1]阴，《高丽藏》本作"冷"。

[2]如，《碛砂藏》本讹作"始"。

[3]是，《碛砂藏》本脱。

[4]诸，《石经》本作"谓"。

[5]有无，《龙藏》本作"无有"。

⑩ 实叉云："非谓堂无堂自性,非谓比丘无比丘自性,非谓余处无象马牛羊。"○《新说》云："鹿子人名也,其母即毗舍佉优婆夷,深重三宝,造立精舍安止比丘,于中不畜象马等。象马无,故言空;舍及比丘有,不名空。若余处有象马,亦不说象马空。"

⑪ 实叉云："一切诸法自共相,彼彼求不可得,是故说名彼彼空。"

⑫《新说》云："言是空最粗,非是真空,故劝远离。"○西土外道所宗,在彼彼空处,或计为神我,或执为断常。第一义圣智大空,非彼所闻也。

⑬ 注云:除住八地如幻三昧,是名真无生。

⑭ 实叉云："无自性者,以无生故。"

⑮ 实叉云："一切法无自性,以刹那不住故,见后变异故,是中无自性。"○杨云："刹那之顷流及他性,以是而现一切性皆离自性。"

⑯ 流支以"阴热"作"日光影",实叉作"如光影"。此则以云气蒙蔽为阴,光明煇赫为热,言"阴热"。长短黑白虽殊,而日体无异,以况涅槃生死之无二也。

⑰ 实叉云："非于生死外有涅槃,非于涅槃外有生死,生死涅槃无相违相。如生死涅槃,一切法亦如是,是名无二相。"○《新说》云："谓了妄想性空,即生死成涅槃;若迷真实性有,即涅槃成生死。如生死涅槃既无二,类通一切法亦尔。"○相因有性,故非无二;涅槃生死,既异于相因有性,则自然平等无二矣。

⑱《宗镜》云："以性空故,不坏业道,因果历然。"[1]

⑲《新说》云："举上三无为空,不得对涅槃说生死,亦不得对生死说涅槃,愚夫妄想故说为二,圣人体达故离有无。"

尔时世尊复告大慧菩萨摩诃萨言:大慧,空、无生、无二、离自性相,普入诸佛一切修多罗,凡所有经悉说此义①。

[1]见《宗镜录》卷第八,《大正藏》第48册,第456页上。

诸修多罗悉随众生希望[1]心故，为分别说，显示其义，而非真实在于言说。如鹿渴想，诳惑群鹿，鹿于彼相计著水性，而彼无水[2]②。

如是一切修多罗所说诸法，为令愚夫发欢喜故，非实圣智在于言说。是故当依于义，莫著言说。

【集注】

①《新说》云："言空等义，普入诸经，无有一法不含[3]斯理。"

②《新说》云："此谓会权归实也。而诸经有不说空无生者，以众生希望不一故，如来随众生心作种种异说，而实在乎心悟，不在文言。譬如群鹿为渴所逼，见春时焰而作水想，迷乱驰趣，而彼阳焰实非是水。"

---

[1]希望，《高丽藏》本作"悕望"。

[2]无水，《高丽藏》本作"水无"。

[3]含，原作"舍"，据宝臣《新说》改。

楞伽阿跋多罗宝经卷第二

一切佛语心品第二[1]

尔时大慧菩萨摩诃萨白佛言：世尊，世尊修多罗说如来藏自性清净，转三[2]十二相，入于一切众生身中①，如大价宝，垢衣所缠。如来之藏常住不变亦复如是，而阴界入垢衣所缠，贪欲、恚、痴不实妄想尘劳所污，一切诸佛之所演说。云何世尊同外道说我，言有如来藏耶？世尊，外道亦说有常作者，离于求那，周遍不灭。世尊，彼说有我②。

佛告大慧：我说如来藏，不同外道所说之我。大慧，有时说[3]空、无相、无愿、如、实际、法性、法身、涅槃、离自性、不生不灭、本来寂静、自性涅槃如是等句，说如来藏已。如来、应供、等正觉为断愚夫畏无我句故，说离妄想无所有境界如来藏门。大慧，未来、现在菩萨摩诃萨不应作我见计著③。

譬如陶家，于一[4]泥聚，以人工、水、木、轮、绳方便，作种种器④。如来亦复如是，于法无我离一切妄想相，以种种

---

[1]第二，《碛砂藏》、宫内本同，余本作"之二"。
[2]三，《石经》本脱。
[3]说，底本、《资福藏》、《碛砂藏》本脱，据《高丽藏》、《龙藏》本补。
[4]一，《普宁藏》本误作"二"。

智慧善巧方便,或说如来藏,或说无我。以是因缘故,说如来藏,不同外道所说之我。是名说如来藏。开引计我诸外道故,说如来藏,令离不实我见妄想,入三解脱门境界⑤,希望疾得阿耨多罗三藐三菩提⑥。

是故如来、应供、等正觉,作如是说如来之藏。若不如是,则同外道[1]。是故大慧,为离外道见故,当依无我如来之藏⑦。

尔时世尊欲重宣此义,而说偈言:

人相续阴⑧,缘与微尘,胜自在作,心量妄想⑨。

【集注】

①诸本皆叠有"世尊"二字,独实叉无之。考经之意,上二字,是大慧所称,下二字,是举世尊所说之法为问。如第四卷"大慧菩萨复白佛言:世尊,如世尊说修多罗"云云。○流支、实叉并以"转"为"具",以"入"为"在"。○《宗镜》云:"经云众生身中,有佛三十二相,八十种好,坐宝莲华,与佛无殊,但为烦恼所覆,故未能得用。"[2]又云:"诸佛一似大圆镜,我身犹如摩尼珠,诸佛法身入我体,我身常入诸佛躯。"[3]

②《新说》云:"此难如来,若说有如来藏义,是违上一切修多罗皆应说空,即同外道说有神我。然彼计我,其义有三:一者体常,名为作者;二者虽在五阴,而离于求那;三者遍历诸趣,实非生灭。今说藏义,岂非同于外道我耶?"○流支以"离于求那作,不依诸缘"[4],余义见上卷。

③佛说如来藏,或名为空、无相、无愿,乃至自性涅槃,斯则体一,应物名异,不同外道所说神我。次断愚夫畏无我故,如来方便为说无所有

[1]外道,《高丽藏》、《频伽藏》本作"外道所说之我"。
[2]见《宗镜录》卷第十九,《大正藏》第48册,第520页上。
[3]见《宗镜录》卷第二十,《大正藏》第48册,第526页中。
[4]该文为引义。流支本原文为"外道亦说有常作者,不依诸缘,自然而有,周遍不灭"。

境界为如来藏门，勉诸菩萨不应同外道作我相计著。

④ 义见下"泥瓶"注。

⑤ 杨云："《华严》谓菩萨观缘起，而知自性空，得空解脱；观十二有支自性灭，得无相解脱；入空无愿求，唯为教化众生故，得无愿解脱。故曰三解脱。"

⑥ 以离不实我见妄想，即入三解脱门，疾得阿耨多罗三藐三菩提。言希望者，如《法华信解品》云："我本无心有所希求，今此宝藏自然而至。"[1]此皆顿证境界也。

⑦ 此明欲离妄见，证无上菩提，应知无我如来藏义。

⑧ 流支云："人我及于阴。"

⑨《新说》云："外道所计由神我故令阴相续，又计微尘等与生法为缘，或计一切悉是胜妙自在天所作，此但心量妄想。"

尔时大慧菩萨摩诃萨观未来众生，复请世尊：惟愿为说修行无间，如诸菩萨摩诃萨修行者大方便①。

佛告大慧：菩萨摩诃萨成就四法，得修行者大方便。云何为四？谓善分别自心现，观外性非性，离生住灭见，得自觉圣智善乐。是名菩萨摩诃萨成就四法，得修行者大方便。

云何菩萨摩诃萨善分别自心现？谓如是观三界唯心分齐②，离我我所，无动摇，离去来，无始虚伪习气所熏，三界种种色行系缚，身财建立妄想随入现，是名菩萨摩诃萨善分别自心现③。

云何菩萨摩诃萨善观外性非性？谓焰梦等一切性④，无

---

[1]见后秦鸠摩罗什译《妙法莲华经》卷第二《信解品》第四，《大正藏》第9册，第17页中。

始虚伪妄想习因,观一切性自性。菩萨摩诃萨作如是善观外性非性,是名菩萨摩诃萨善观外性非性⑤。

云何菩萨摩诃萨善离生住灭见?谓如幻梦一切性,自他俱性不生,随入自心分齐故⑥。见外性非性,见识不生及缘不积聚⑦;见妄想缘生,于三界内外一切法不可得;见离自性,生见悉灭⑧。知如幻等诸法自性,得无生法忍。得无生法忍已,离生住灭见。是名菩萨摩诃萨[1]善分别离生住灭见⑨。

云何菩萨摩诃萨得自觉圣智善乐?谓得无生法忍,住第八菩萨地,得离心意意识、五法、自性、二无我相,得意生身⑩。

世尊,意生身者,何因缘?

佛告大慧:意生身[2]者,譬如意去,迅疾无碍,故名意生。譬如意去,石壁无碍,于彼异方无量由延,因先所见忆念不忘,自心流注不绝,于身无障碍生。大慧,如是意生身,得一时俱。

菩萨摩诃萨意生身如幻三昧,力、自在、神通妙相庄严,圣种类身一时俱生。犹如意生,无有障碍,随所忆念本愿境界,为成就[3]众生,得自觉圣智善乐⑪。

如是菩萨摩诃萨得无生法忍,住第八菩萨地,转舍心意意识、五法、自性、二无我相身,及得意生身,得自觉圣智[4]

---

[1]萨,《资福藏》本作"诃"。

[2]意生身,《高丽藏》《资福藏》《普宁藏》本脱"身"字。

[3]成就,《高丽藏》《频伽藏》本作"成熟"。

[4]智,底本作"知",误,据《高丽藏》《龙藏》本改。

善乐。是名菩萨摩诃萨成就四法,得修行者大方便,当如
是学⑫。

【集注】

① 观未来众生有顿机成熟者,故请世尊为说修行即证无间法门,如
诸菩萨修行得大方便,匪同小乘从渐而入顿也。

② 注云:观三界唯妄想心所起分齐。

③ 杨云:"谓以色行建立身财,随入自心而现妄想。"

④ 谓善观一切诸法外性如焰梦等,以无自性,故曰非性。○流支
云:"以无外法故,诸识不起。"

⑤ 以了唯心故,善观外性非性。

⑥ 实叉云:"随自心量之所现故。"

⑦ 杨云:"非特见外性以为非性,而此所见之识亦不生,而缘亦
不聚。"

⑧ 流支云:"无实体故,远离生诸法,不正见故。"○实叉云:"知无体
实,远离生见。"

⑨ 注云:知无生故,无生住灭。

⑩ 注云:得八地无生法忍,能离心意意识、二无我等对治法门。○
杨云:"已上八地,一切悉离,若其余地,未足语此。"

⑪ 实叉云:"譬如心意,于无量百千由旬之外,忆先所见种种诸物,
念念相续,疾诣于彼,非是其身及山河石壁所能为碍。意生身者亦复如
是,如幻三昧,力、通、自在诸相庄严,忆本成就众生愿故,犹如意去生于
一切诸圣众中云云。"

⑫ 流支、实叉于此四法,文皆不全。

尔时大慧菩萨摩诃萨,复请世尊:惟愿为说一切诸法
缘因之相,以觉缘因相故①,我及诸菩萨离一切性有无妄见,

无妄想见渐次、俱生②。

佛告大慧：一切法二种缘相，谓外及内。

外缘者，谓泥团、柱、轮、绳、水、木、人工诸方便缘，有瓶生。如泥瓶、缕叠、草席、种牙[1]、酪酥等方便缘生，亦复如是。是名外缘，前后转生③。

云何内缘？谓无明、爱、业等法，得缘名。从彼生阴界入法，得缘所起名。彼无差别，而愚夫妄想。是名内缘法④。

大慧，彼因者有六种，谓当有因、相续因、相因、作因、显示因、待因。

当有因者，作因已，内外法生⑤。

相续因者，作攀缘已，内外法生阴种子等⑥。

相因者，作无间相，相续生⑦。

作因者，作增上事，如转轮王⑧。

显示因者，妄想事生已，相现作所作，如灯照色等⑨。

待因者，灭时作相续断，不妄想性生⑩。

大慧，彼自妄想相愚夫，不渐次生，不俱生⑪。所以者何？若复俱生者，作所作无分别，不得因相故。若渐次生者，不得相我[2]故，渐次生不生[3]，如不生子，无父名⑫。

大慧，渐次生相续方便不然，但妄想耳！因、攀缘、次第、增上缘等，生所生故⑬。

大慧，渐次生[4]不生，妄想自性计著相故。渐次、俱不

---

[1]牙，《碛砂藏》、宫内本同，余本作"芽"。
[2]相我，《高丽藏》、《频伽藏》本作"我相"。
[3]生不生，《普宁藏》本作"生亦不生"，宫内本作"不生不生"。
[4]生，《高丽藏》本脱。

生,自心现受用故,自相共相外性非性。大慧,渐次、俱不生,除自心现不觉妄想故相生。是故因缘作事方便相,当离渐次、俱见[1]⑭。

尔时世尊欲重宣此义,而说偈言:

一切都无生,亦无因缘灭,于彼生灭中,而起因缘想。

非遮灭复生,相续因缘起,唯为断凡愚,痴惑妄想缘⑮。

有无缘起法,是悉无有生,习气所迷转,从是三有现⑯,真实无生缘,亦复无有灭。

观一切有为,犹如虚空华,摄受及所摄,舍离惑乱见。

非已生当生,亦复无因缘,一切无所有,斯皆是言说。

【集注】

① 流支以"觉"为"善知",实叉作"了达"。

② 流支云:"离于有无不正等见。"○实叉云:"离有无见,不妄执诸法渐生顿生。"

③ 柱,陶轮之柱也。绳,束器口之物也。木,所执之杖也。缕氎,毡毳之属,以毛缕葺叠而成。○《新说》云:"言泥团为因,水杖等为缘,而成于瓶为果。如泥瓶因果既尔,例余缕氎等四亦复如是,皆以缕、草、种、酪为其因,氎、席、芽、酥为果,缘义可知。是名缘生之法,必先因后果,展转而生。谓亲起者为因,疏助者为缘也。"

④ 从无明等立缘之名,从缘而生阴界入法,立缘所起之名。虽有次序,了无差别。此皆愚夫妄想所分别耳。

⑤ 实叉云:"谓内外法作因生果。"○以念起作因,为当有因也。

⑥ 实叉云:"谓内外法作所缘,生果蕴种子等。"

---

[1]见,《龙藏》本作"现"。

⑦ 实叉云："作无间相,生相续果。"○注云:因果相续不断,故名无间。

⑧ 实叉云："谓作增上而生于果。"

⑨ 实叉云："谓分别生能显境相,如灯照物。"○《新说》云:"能所因果,互相发明。"

⑩ 实叉云："谓灭时相属断,无妄想生。"○言诸法灭时还作,作时还灭,妄想相续虽断,不妄想性复生,递互相待,故口待因也。

⑪ 实叉云："此是愚夫自所分别,非渐次生,亦非顿生。"

⑫ 流支云："若一切法一时生者,因果不可差别,以不见因果身相故。若次第生者,未得身相,不得言次第生。"○实叉云:"如未生子,云何名父?"

⑬ 流支云："愚痴凡夫自心观察,次第相续不相应故,作如是言:因缘、次第缘、缘缘、增上缘等,能生诸法。"○谓渐次相续等,非妄想不能使然。内取外色等尘,曰攀缘;内外法转生,曰次第缘;心是境之增上缘;境是心之所缘缘。言等者,缘缘也。

⑭ 实叉云："次第生者,皆是妄情执著相故。渐次与顿皆悉不生,但自心现身资等故,外自共相皆无性故,唯除识起自分别见。大慧,是故应离因缘所作和合相中渐顿生见。"

⑮ 实叉云："非遮诸缘会,如是灭复生,但止于凡愚,妄情之所著。"○遮,即遣也、止也。

⑯ 欲有、色有、无色有也。

尔时大慧菩萨摩诃萨复白佛言:世尊,惟愿为说言说妄想相心经①。世尊,我及余菩萨摩诃萨,若善知言说妄想相心经[1],则能通达言说、所说二种义②,疾得阿耨多罗三

----

[1]经,《碛砂藏》、宫内本无。

藐三菩提,以言说、所说二种趣,净一切众生③。

佛告大慧:谛听谛听,善思念之,当为汝说。

大慧白佛言:善哉世尊,唯然受教。

佛告大慧:有四种言说妄想相,谓相言说、梦言说、过妄想计著言说、无始妄想言说。

相言说者,从自妄想色相计著生。

梦言说者,先所经境界随忆念生,从觉已,境界无性生④。

过妄想计著言说者,先怨所作业,随忆念生⑤。

无始妄想言说者,无始虚伪计著过自种习气生⑥。

是名四种言说妄想相。

尔时大慧菩萨摩诃萨,复以此义劝请世尊:惟愿更说言说妄想所现境界。世尊,何处、何故、云何、何因,众生妄想言说生⑦?

佛告大慧:头、胸、喉、鼻、唇、舌、齗、齿和合出音声。

大慧白佛言:世尊,言说、妄想,为异为不异?

佛告大慧:言说、妄想非异非不异。所以者何?谓彼因生相故⑧。大慧,若言说、妄想异者,妄想不应是因⑨;若不异者,语不显义,而有显示⑩。是故非异非不异。

大慧复白佛言:世尊,为言说即是第一义?为所说者是第一义?

佛告大慧:非言说是第一义,亦非所说是第一义。所以者何?谓第一义圣乐,言说所入是第一义,非言说是第一义⑪。第一义者,圣智自觉所得,非言说妄想觉境界。是故言说妄想不显示第一义。言说者,生灭动摇展转因缘起。若展转因缘起者,彼不显示第一义。大慧,自他相无性故,言说相不显示第一义。复次大慧,随入自心现量故,种种相外性非性,言说妄想不显示第一义。是故大慧,当离言说诸妄想相⑫。

尔时世尊欲重宣此义而说偈言:

诸性无自性⑬,亦复无言说,甚深空空义,愚夫不能了。

一切性自性,言说法如影⑭,自觉圣智子⑮,实际我所说。

【集注】

① 流支、实叉并作"心法门"。

② 实叉以"言说"为"能说"。

③ 注云:因上言"一切无所有,斯皆是言说",故大慧举言说妄想相以请问。○以通达能所二说所得旨趣,净众生一切妄心。

④ 实叉云:"谓梦先所经境界,觉已忆念,依不实境生。"

⑤ 实叉云:"谓忆念怨雠先所作业生。"○过,即过恶。

⑥ 实叉云:"以无始戏论,妄执习气生。"

⑦ 流支云:"惟愿为我重说四种虚妄执著言语之相,众生言语何处出?云何出?何因出?"○实叉云:"愿更为说言语分别所行之相,何处、何因、云何而起?"

⑧ 注云:谓彼言说因妄想生故也。

⑨ 注云:若言说与妄想异者,不应因妄想起言说。

⑩ 若言说与妄想不异者,则言说不能显义,既能显示其义,非不异也。

⑪ 圣乐处,虽由言说而入,不可即言说为第一义也。

⑫ 实叉云："第一义者无自他相，言语有相不能显示；第一义者但唯自心，种种外相悉皆无有，言语分别不能显示。是故大慧，应当远离言语分别。"

⑬ 实叉以"诸性"为"诸法"。

⑭ 言说及诸法，皆不实如影。

⑮ 即最胜子

尔时大慧菩萨摩诃萨复白佛言：世尊，惟愿为说离一异俱不俱、有无非有非无、常无常[1]，一切外道所不行，自觉圣智所行①，离妄想自相共相，入于第一真实之义，诸地相续渐次上上增进清净之相，随入如来地相。无开发本愿②，譬如众色摩尼境界无边相行，自心现趣部分之相一切诸法③。我及余菩萨摩诃萨，离如是等妄想自性自共相见，疾得阿耨多罗三藐三菩提，令一切众生一切安乐具足充满④。

佛告大慧：善哉善哉，汝能问我如是之义，多所安乐，多所饶益，哀愍一切诸天世人。佛告大慧：谛听谛听，善思念之，吾当为汝分别解说。

大慧白佛言：善哉世尊，唯然受教。

佛告大慧：不知心量愚痴凡夫，取内外性，依于一、异、俱、不俱，有、无，非有非无，常、无常，自性习因计著妄想⑤。

譬如群鹿⑥为渴所逼，见春时焰而作水想，迷乱驰趣，不知非水。如是愚夫无始虚伪妄想所熏习[2]，三毒烧心，乐

---

[1]《高丽藏》、《资福藏》、《碛砂藏》、《龙藏》、《频伽藏》本此句语序为"唯愿为说离有无、一异俱不俱、非有非无、常无常"。

[2]习，《高丽藏》本无。

色境界,见[1]生住灭,取内外性,堕于一异俱不俱、有无非有非无、常无常想,妄见摄受⑦。

如揵闼婆城,凡愚无智而起城想,无始习气计著相[2]现,彼非有城、非无城。如是外道无始虚伪习气计著,依于一异俱不俱、有无非有非无、常无常见,不能了知[3]自心现量。

譬如有人梦见男女、象[4]马、车步、城邑、园林、山河、浴池种种庄严,自身入中,觉已忆念。大慧,于意云何?如是士夫,于前所梦忆念不舍,为黠慧不?大慧白佛言:不也,世尊。佛告大慧:如是凡夫恶见所噬,外道智慧不知如梦自心现性[5],依于一异俱不俱、有无非有非无、常无常见。

譬如画像不高不下,而彼凡愚作高下想。如是未来外道恶见习气充满,依于一异俱不俱、有无非有非无、常无常见,自坏坏他。余离有无无生之论,亦说言无⑧。谤因果见,拔善根本,坏清净因。胜求者,当远离去。作如是说⑨,彼堕自他俱见、有无妄想已,堕建立诽谤,以是恶见,当堕地狱。

譬如翳目,见有垂发,谓众人言:“汝等观此。”而是垂发,毕竟非性非无性,见不见故⑩。如是外道妄见希望,依于一异俱不俱、有无非有非无、常无常见,诽谤正法,自陷陷他。

---

[1]见,《资福藏》本无。
[2]相,《嘉兴藏》、宫内本同,余本作“想”。
[3]知,原作“智”,据《高丽藏》、《龙藏》本改。
[4]象,《高丽藏》、《频伽藏》本作“为”。
[5]性,《高丽藏》、《频伽藏》本作“量”。

譬如火轮非轮,愚夫轮想,非有智者。如是外道恶见希望,依于一异俱不俱、有无非有非无、常无常想,一切性生。

譬如水泡似摩尼珠,愚小无智作摩尼想,计著追逐。而彼水泡非摩尼非非摩尼,取不取故。如是外道恶见妄想习气所熏,于无所有说有生,缘有者言灭⑪。

复次大慧,有三种量、五分论,各建立已,得圣智自觉,离二自性事,而作有性妄想计著⑫。

大慧,心意意识身心转变,自心现摄所摄诸妄想断⑬,如来地自觉圣智,修行者不[1]于彼作性非性想。若复修行者,如是境界性非性摄取相[2]生者,彼即取长养及取我人。

大慧,若说彼性自性自[3]共相,一切皆是化佛所说,非法佛说。又诸言说,悉由愚夫希望见生,不为别建立趣自性法,得圣智自觉三昧乐住者分别显示⑭。

譬如水中有树影现,彼非影、非非影,非树形、非非树形。如是外道见习所熏,妄想计著,依于一异俱不俱、有无非有非无、常无常想,而不能知自心现量。

譬如明镜,随缘显现一切色像而无妄想,彼非像、非非像,而见像非像,妄想愚夫而作像想。如是外道恶见,自心像现妄想计著,依于一异俱不俱、有无非有非无、常无常见。

譬如风水和合出声,彼非性、非非性。如是外道恶见妄想,依于一异俱不俱、有无非有非无、常无常见。

譬如大地无草木处,热焰川流,洪浪云涌[4]⑮,彼非性、

---

[1]不,《高丽藏》、《频伽藏》本作"不应"。
[2]相,《嘉兴藏》、宫内本同,余本作"想"。
[3]自,《高丽藏》、《频伽藏》本脱。
[4]涌,《高丽藏》、《碛砂藏》、《频伽藏》本作"踊",《龙藏》本作"拥"。

非非性,贪无贪故⑯。如是愚夫无始虚伪习气所熏,妄想计著,依生住灭、一异俱不俱、有无非有非无、常无常,缘自住事门,亦复如彼热焰波浪⑰。

譬如有人咒术机发,以非众生数⑱,毗舍阇鬼方便合成,动摇云为⑲。凡愚妄想,计著往来。如是外道恶见希望,依于一异俱不俱、有无非有非无、常无常见,戏论计著,不实建立。

大慧,是故欲得自觉圣智事,当离生住灭、一异俱不俱、有无非有非无、常无常等恶见妄想⑳。

尔时世尊欲重宣此义,而说偈言:

幻梦水树影,垂发热时焰,如是观三有,究竟得解脱。

譬如鹿渴想,动转迷乱心,鹿想谓为水,而实无水事。

如是识种子,动转见境界,愚夫妄想生,如为翳所翳。

于无始生死,计著摄受性,如逆楔出楔[1],舍离贪摄受㉑。

如幻咒机发,浮云梦电光,观是得解脱,永[2]断三相续㉒。

于彼无有作,犹如焰虚空㉓,如是知诸法,则为无所知㉔。

言教唯假名,彼亦无有相,于彼起妄想,阴行如垂发。

如画垂发幻,梦揵闼婆城,火[3]轮热时焰,无而现众生。

---

[1]楔,《高丽藏》本作"搦"。

[2]永,《龙藏》本讹作"水"。

[3]火,《龙藏》本讹作"人"。

常无常一异，俱不俱亦然，无始过相续，愚夫痴妄想。

明镜水净眼，摩尼妙宝珠，于中现众色，而实无所有㉕。

一切性显现，如画热时焰，种种众色现，如梦无所有㉖。

复次大慧，如来说法离如是四句，谓一异俱不俱、有无非有非无、常无常，离于有无、建立诽谤。分别结集真谛、缘起、道灭解脱，如来说法以是为首。非性、非自在、非无因、非微尘、非时、非自性相续而为说法㉗。

复次大慧，为净烦恼尔焰障故，譬如商主，次第建立百八句无所有，善分别诸乘及诸地相㉘。

【集注】

① 《新说》云："大慧因上言'第一义者，是自证圣智所得，非言说分别境界'，即举自证圣智所得第一义以请问。然第一义体离一异、有无、断常、俱不俱等四句见，故大慧请离四句法也。"

② 实叉云："以无功用本愿力故。"

③ 流支云："如如意宝，无量境界修行之相，自然行故，于一切法自心现，见差别相故。"实叉亦以"部分"作"差别"，不同《华严》所说部分心城也。

④ 《新说》云："言非独离外道见，亦离二乘执阴界入自共相见，令诸菩萨及诸众生，速证如来无上种智。"

⑤ 实叉云："凡夫无智，不知心量，妄习为因，执著外物，分别一异俱不俱、有无非有无、常无常等一切自性。"○《新说》云："上虽言离有无等，未知何者是有无，今正出有无法体，言凡夫愚痴，不知是自心量妄习为因之所变现，执著外法为有为无，起四句等见，此是妄计有无体也。下十二喻，况比有无、一异等法皆不真实，是应远离。"

⑥ 流支实叉并作"兽"。

⑦《新说》云:"鹿逐时焰,况愚乐欲境。"

⑧ 流支云:"而彼外道自坏坏他,说如是言:'诸法不生不灭,有无寂静。'彼人名为不正见者。"○实叉以"余"作"于",谓于余佛法,离有无无生之论,彼亦说为断见也。

⑨ 流支、实叉并以"胜求"作"欲求胜法"。

⑩ 流支云:"见虚空中有于毛轮,为他说言,如是青黄赤白汝何不观? 大慧,而彼毛轮本自无体。何以故? 有见不见故。"○实叉亦以"垂发"为"毛轮"。

⑪ 实叉云:"说非有为生,坏于缘有。"

⑫《新说》云:"言三种量者,一现量,二比量,三圣言量。量者,是楷定义,譬夫升斗量物也。现量者,现即显现,谓分明证境,不带名言,无筹度心,亲得法体,离妄分别,而非错谬。比量者,比即比类,谓以因由、譬喻比类量度而得知故。圣言量者,谓以如来圣教为准绳故。《宗镜》云:'以圣言为定量,邪伪难移;用至教为指南,依凭有据。'五分论者,一宗、二因、三喻、四合、五结。宗因喻三,亦云三支比量,合结但成之。且如外道,妄计执声为常,于声明中立量云:声是有法,定常为宗。因云:所作性故。同喻如虚空。然而虚空非所非性,则因上不转,引喻不齐,立声为常不成。若佛法中,声是无常,故立量云:声是有法,定无常为宗。因云:所作性故。同喻如瓶盆。如《首楞严》云'音声杂语言,但依名句味'[1],岂常也哉? 外道种种计执,自谓过人,若不类彼立量破之,何由去执?"[2]○如来建立三种量、五分论,拣辨邪正已,令离缘起、妄想二种自性事,得自觉圣智,而愚夫犹计作有性,起妄想分别。

⑬ 实叉于此有"住"字。

⑭ 实叉云:"若于境界起有无执,则著我、人、众生、寿者。大慧,一切诸法自相共相,是化佛说,非法佛说。化佛说法,但顺愚夫所起之见,

---

[1][唐]般剌蜜谛译《大佛顶首楞严经》卷第六,《大正藏》第19册,第130页上。
[2]文字小异。

不为显示自证圣智三昧乐境。"

⑮ 实叉云:"日光照触,焰水波动。"

⑯《宗镜》云:"若于贪起邪想,迷贪生执著,则于贪被系缚;若于贪趣正思,了贪无自性,则于贪得解脱。"[1]

⑰ 实叉云:"于圣智自证法性门中,见生住灭、一异、有无俱不俱性。"○谓外道缘于圣智自住境界,反为热焰不实波浪。

⑱ 流支云:"机关木人,无众生体。"

⑲ 毗舍阇,此云啖精气,梁言颠鬼。

⑳《新说》云:"如来结劝,于所证中,应离如上凡夫外道生灭、一异等恶见分别也。然天竺邪见大约有三:一佛法外外道,二附佛法外道,三学佛法成外道。谓执佛教门而生烦恼,不得悟入,失方便门,堕于邪执,称内邪见。是知法无定相,回转随心,执则成非,达之无咎。如四句法,通塞由人,在法名四句,悟入名四门,妄计名四执,毁之名四谤。四句不动,得失空生,一法无差,升沉自异。但有丝毫见处不忘,皆成外道。故知见在即凡,情亡即佛。"[2]

㉑ 众生为计著摄受,如楔楔之不能出离,如来怜悯,以不实诸喻为楔迷而楔之,令其出离,不被恶见妄想及摄受之性所障。

㉒ 义见第三卷三相续文下,《楞严》亦有三种相续。

㉓ 实叉云:"如空中阳焰。"

㉔《新说》云:"言知诸法无体,则无可知。"

㉕ 明镜与水及净眼宝珠,乃十二喻中之四喻,如来举而颂之,以表圆成之性随缘不变。如《首楞严经》云"譬如虚空,体非群相,而不拒彼诸相发挥"[3],与此意同。净眼,谓无翳也。

㉖ 此明诸法虽现,皆无实事。

㉗ 如来说法以真谛解脱等为首,非若外道以胜性、自在、无因等为

---

[1]《宗镜录》卷第二十九,《大正藏》第48册,第587页中。
[2] 该文为引义。
[3] [唐] 般剌蜜谛译《大佛顶首楞严经》卷第四,《大正藏》第19册,第120页下。

相续说也。

㉘ 如来建立一百八句,及分别诸乘地相,引导众生令净除二障、断灭诸惑,犹如商主引道众商直至宝所,于其崄阻之处,设诸方便悉令过之。

复次大慧,有四种禅。云何为四?谓愚夫所行禅、观察义禅、攀缘如禅、如来禅。

云何愚夫所行禅?谓声闻、缘觉、外道修行者,观人无我性,自相、共相骨璅,无常、苦、不净相,计著为首,如是相不异观,前后转进,相[1]不除灭,是名愚夫所行禅①。

云何观察义禅?谓人无我自相共相②,外道自他俱无性已,观法无我彼地相义,渐次增进③,是名观察义禅。

云何攀缘如禅④?谓妄想二无我妄想,如实处不生妄想,是名攀缘如禅⑤。

云何如来禅?谓入如来地,得[2]自觉圣智相三种乐住⑥,成办众生不思议事,是名如来禅。

尔时世尊欲重宣此义,而说偈言:

愚夫[3]所行禅,观察相义禅,攀缘如实禅,如来清净禅⑦。

譬如日月形,钵头摩深险,如虚空火尽[4],修行者观察⑧。

如是种种相,外道道通禅,亦复堕声闻,及缘觉境界⑨。

---

[1]相,《高丽藏》《碛砂藏》《龙藏》《频伽藏》本作"想",当误。

[2]得,《高丽藏》《资福藏》《碛砂藏》《石经》《频伽藏》本作"行"。

[3]愚夫,本作"凡夫"。

[4]尽,《高丽藏》《资福藏》《龙藏》本作"烬"。

舍离彼一切,则是无所有⑩,一切刹诸佛,以不思议手,一时摩其顶,随顺入如相⑪。

【集注】

① 注云:二乘观人空,又观阴界入自共相,作无常苦不净观,如是相不异,如是观自共相等,观无常等行,虽有胜进,然不离相,是名愚夫所行禅。

② 实叉于"谓"下有"知"字。

③ 实叉云:"于法无我诸地相义,随顺观察。"

④ 流支、实叉于"如"上并有"真"字。

⑤ 注云:何者是妄想?谓此二无我是妄想。何故二无我是妄想?为对除二种妄想我见故,说二种无我,以所治既不实,能治亦是妄,故言二无我妄想。若如实知如理平等,不起二无我妄想,是名攀缘如禅。

⑥ 流支云:"入内身圣智相三空三种乐行故。"○实叉云:"住自证圣智三种乐。"注云:禅定菩提涅槃也。

⑦ 已上颂前四种禅,下皆外道禅也。

⑧《新说》云:"此明外道、二乘修禅之相。言外道计著神我,于禅观时,见如日月形状,明净明耀,或见红莲在深险之下。二乘以自共相为实有,灰身灭智同于虚空,如薪尽火灭,以为究竟涅槃。"○钵头摩,此云红莲华。

⑨ 如上诸相,是外道之道所通之禅,及二乘禅境界也。

⑩ 实叉云:"住于无所缘。"○《新说》云:"上句观察义禅,下句是攀缘如实禅。"

⑪ 言入如来清净禅也。

尔时大慧菩萨摩诃萨复白佛言:世尊,般涅槃者,说何等法谓为涅槃^①？

佛告大慧：一切自性习气，藏意意识[1]见习转变，名为涅槃[2]。诸佛及我涅槃自性空事境界^②。

复次大慧，涅槃者，圣智自觉境界，离断常妄想性非性。云何非常？谓自相共相妄想断，故非常。云何非断？谓一切圣去来现在得自觉，故非断。大慧，涅槃不坏不死。若涅槃死者，复应受生相续；若坏者，应堕有为相。是故涅槃离坏离死，是故修行者之所归依^③。

复次大慧，涅槃非舍[3]非得，非断非常，非一义非种种义，是名涅槃^④。

复次大慧，声闻缘觉涅槃者，觉自相共相，不习近境界^⑤，不颠倒见，妄想不生。彼等于彼，作涅槃觉^⑥。

【集注】

①《新说》云："外道以见神我为涅槃，二乘以身智灭如薪尽火灭为涅槃，故问如来说何等法为涅槃。"

② 转自性习气等为自觉圣智，名涅槃。以自性空故，即如理如事，是三世诸佛之涅槃。事境界者，如《华严》事事无碍法界也。此经之文大率多略。

③《新说》云："以更不受生相续，故涅槃不死；以非有为生住灭法，故涅槃不坏；以无坏无死，故为修行者之所归依。"

④ 实叉云："无舍无得故，非断非常故，不一不异故，说名涅槃。"

○《新说》云："涅槃无烦恼可舍，无菩提可得，故非断常一异，唯证相应，

---

[1]意识，《高丽藏》、《资福藏》、《普宁藏》、《频伽藏》本作"识"。

[2]槃，《碛砂藏》本讹作"般"。

[3]舍，《资福藏》、《碛砂藏》、《普宁藏》、《南藏》、《龙藏》本作"断"。

是名如来涅槃。"

⑤ 实叉云:"舍离愦闹。"

⑥《新说》云:"二乘觉知阴界入中无冥谛神我,舍离愦闹,烦恼障灭不生颠倒,不起未来生死分别,彼于其中生涅槃想。故《法华经》云:'但尽生死[1],名为解脱,其实未得一切解脱。'"

复次大慧,二种自性相。云何为二?谓言说自性相计著,事自性相计著。言说自性相计著者,从无始言说虚伪习气计著生。事自性相计著者,从不觉自心现分齐生[2]。

复次大慧,如来以二种神力建立①,菩萨摩诃萨顶礼诸佛,听受问义。云何二种神力建立?谓三昧正受,为现一切身面言说神力,及手灌顶神力②。

大慧,菩萨摩诃萨初菩萨地,住佛神力,所谓入菩萨大乘照明三昧。入是三昧已,十方世界一切诸佛,以神通力为现一切身面言说③,如金刚藏菩萨摩诃萨,及余如是相功德成就菩萨摩诃萨④。大慧,是名初菩萨地。

菩萨摩诃萨得菩萨三昧正受神力,于百千劫积集[3]善根之所成就,次第诸地对治所治相,通达究竟。

至法云地,住大莲华微妙宫殿,坐大莲华宝师子座,同类菩萨摩诃萨眷属围绕,众宝璎珞庄严其身,如黄金、薝[4]

---

[1]文字小异。见后秦鸠摩罗什译《妙法莲华经》卷第二《譬喻品》第三,原文为"但离虚妄,名为解脱,其实未得,一切解脱"。

[2]齐生,《资福藏》本作"生齐"。

[3]集,《嘉兴藏》本作"习"。

[4]薝,《高丽藏》、《碛砂藏》、《资福藏》本作"瞻",《龙藏》、《嘉兴藏》本作"詹"。

卜、日月光明。诸最胜手[1]从十方来,就大莲华宫殿座上而灌其顶,譬如自在转轮圣王,及天帝释太子灌顶。是名菩萨手灌顶神力。

大慧,是名菩萨摩诃萨二种神力。若菩萨摩诃萨住二种神力,面见诸佛如来;若不如是,则不能见。

复次大慧,菩萨摩诃萨凡所分别三昧,神足、诸法[2]之行,是等一切,悉住如来二种神力⑤。

大慧,若菩萨摩诃萨离佛神力能辩说者,一切凡夫亦应能说。所以者何?谓不住神力故。大慧,山石树木及诸乐器,城郭宫殿,以如来入城威神力故,皆自然出音乐之声,何况有心者?聋盲瘖痖无量众苦,皆得解脱。如来有如是等无量神力,利安众生⑥。

大慧菩萨复白佛言:世尊,以何因缘,如来、应供、等正觉,菩萨摩诃萨住三昧正受时,及胜进地灌顶时,加其神力?

佛告大慧:为离魔业烦恼故,及不堕声闻地禅故,为得如来自觉地故,及增进所得法故。是故如来、应供、等正觉,咸以神力建立诸菩萨摩诃萨。若不以神力建者,则堕外道恶见妄[3]想及诸声闻,众魔希望,不得阿耨多罗三藐三菩提。以是故,诸佛如来咸以神力摄受诸菩萨摩诃萨⑦。

尔时世尊欲重宣此义,而说偈言:

神力人中尊,大愿悉清净,三摩提灌顶,初地及十地⑧。

---

[1]手,《普宁藏》、《南藏》、《嘉兴藏》、《龙藏》本作"子"。

[2]诸法,《高丽藏》、《资福藏》、《碛砂藏》、《龙藏》本作"说法"。

[3]妄,原作"忘",据《高丽藏》、《龙藏》本改。

【集注】

① 实叉作"加持"。

② 因上凡夫计著起二种自性相,故如来以二种神力建立。

③ 实叉云:"十方诸佛普现其前。"

④ 如华严会中,金刚藏菩萨住初地时,蒙如来神力加持,余菩萨亦尔。

⑤ 实叉云:"诸菩萨摩诃萨入于三昧,现通说法,如是一切皆由诸佛二种持力。"

⑥ 前明十地以善法无我故,不久得初地菩萨无所有观地相,次第进超九地,至法云地。以此如来二种神力建立,谓"若菩萨摩诃萨住二种神力,面见诸佛如来,若不如是则不能见",又曰"若菩萨摩诃萨离佛神力能辩说者,一切凡夫亦应能说"。前则顿证之功,此则加被之力,故于百千劫积集善根之所成就。

⑦ 言初地不加,必堕外道恶见,及声闻魔境;十地不加,不能速得菩提。

⑧ 实叉云:"世尊清净愿,有大加持力,初地十地中,三昧及灌顶。"

尔时大慧菩萨摩诃萨复白佛言:世尊,佛说缘起,即是[1]说因缘,不自说道①。世尊,外道亦说因缘,谓胜、自在、时、微尘生,如是诸性生②。然世尊所谓[2]因缘生诸性言说,有间悉檀? 无间悉檀③?

世尊,外道亦说有、无有生④。世尊亦说无有生,生已灭。如世尊所说,无明缘行,乃至老死,此是世尊无因说,非有因说。世尊建立作如是说,"此有故彼有",非建立

---

[1]即是,《高丽藏》、《资福藏》、《碛砂藏》、《普宁藏》、《频伽藏》本作"如是"。

[2]谓,《石经》作"说"。

渐生⑤。

观外道说胜,非如来也⑥。所以者何? 世尊,外道说因不从缘生,而有所生。世尊说观因有事,观事有因,如是因缘杂乱,如是展转无穷⑦。

佛告大慧: 我非无因说,及因缘杂乱说。"此有故彼有"者,摄所摄非性,觉自心现量。大慧,若摄所摄计著,不觉自心现量,外境界性非性,彼有如是过,非我说缘起。我常说言,因缘和合而生诸法,非无因生⑧。

大慧复白佛言: 世尊,非言说有性,有一切性耶? 世尊,若无性者,言说不生,是故[1]言说有性,有一切性⑨。

佛告大慧: 无性而作言说,谓兔角、龟毛等,世间现言说。大慧,非性、非非性,但言说耳。如汝所说言说有[2]性,有一切性者,汝论则坏⑩。

大慧,非一切刹土有言说。言说者,是作[3]耳⑪。或有佛刹瞻视[4] 显法,或有作相,或有扬眉,或有动睛,或笑[5],或欠[6],或謦欬[7],或念刹土,或动摇⑫。

大慧,如瞻视及香积世界⑬,普贤如来国土,但以瞻视,令诸菩萨得无生法忍,及诸[8]胜三昧。是故非言说有性,有一切性⑭。大慧,见此世界蚊蚋虫蚁,是等众生无有言说

---

[1]是故,《高丽藏》、《资福藏》、《碛砂藏》、《普宁藏》、《南藏》、《龙藏》本作"世尊是故"。

[2]有,《高丽藏》、《资福藏》、《碛砂藏》、《南藏》、《频伽藏》本作"自"。

[3]作,《高丽藏》、《频伽藏》本作"作相"。

[4]瞻视,宫内本作"瞪视",下同。

[5]笑,《石经》、宫内本作"叹"。

[6]欠,宫内本作"笑"。

[7]欬,《高丽藏》、《资福藏》、《龙藏》本作"咳"。

[8]诸,《高丽藏》本作"殊"。

而各办事[1]⑮。

尔时世尊欲重宣此义,而说偈言:

如虚空兔角,及与槃大子⑯,无而有言说,如是性妄想⑰。

因缘和合法,凡愚起妄想,不能如实知,轮回三有宅。

【集注】

① 流支云:"如来亦说依于因缘而生诸法,而不说有自建立法。"

② 义见第一卷"若微尘"下注。

③ 实叉云:"今佛世尊,但以异名说作缘起,非义有别。"○有间悉檀、无间悉檀者,若曰然世尊所谓因缘生诸性言说,与外道所说,为有别义?为无别义?悉檀,华梵兼称云遍施,此言佛之法施也。

④ 注云:有者,从有因生;无有者,从无因生。

⑤ 谓十二因缘,以无明有故行有,行有故识、名色、六入、触、受、爱、取、有、生乃至死等,皆无前后,非建立渐次而生,则疑其无因也。

⑥ 流支云:"若尔,外道说法胜,而如来不如。"

⑦ 《新说》云:"谓外道说胜妙、微尘等因,不从他缘生,而能生他,因常为因不为果,是外道说胜也。如佛所说'观行是无明果,观识即是因',如是一法即是因、即是果故,因缘杂乱,无明生诸行,诸行生老死,老死生无明,如是展转无穷,是如来说不如外道也。"[2]

⑧ 实叉云:"大慧,我了诸法唯心所现,无能取所取,说'此有故彼有',非是无因及因缘过失。大慧,若不了诸法唯心所现,计有能取及以所取,执著外境若有若无,彼有是过,非我所说。"

⑨ 以如来所说诸法,由因缘而生,非无因生。故大慧问曰:非言说有自性,而有一切性耶?意谓若无诸法之性,则言说不生;以言说有性故,则有一切性也。自此下至"汝论则坏",明诸法无性。

---

[1]办事,《石经》本作"辨事"。

[2]文字小异。参《注大乘入楞伽经》卷第四,《大正藏》第39册,第462页上。

⑩ 实叉云："大慧，虽无诸法，亦有言说，岂不现见龟毛、兔角、石女儿等，世人于中皆起言说？彼非有非非有，而有言说耳。大慧，如汝所说'有言说故有诸法'者，此论则坏。"○自此下，至"而各办事"，明言说亦无性。

⑪ 实叉作："言说者，假安立耳。"

⑫ 流支云："有佛国土直视不瞬，口无言语，名为说法；有佛国土直尔示相，名为说法；有佛国土但动眉相，名为说法；有佛国土唯动眼相，名为说法；有佛国土笑名说法；有佛国土欠名说法；有佛国土欬名说法；有佛国土念名说法；有佛国土身名说法。"

⑬ 流支云："如无瞬世界，及众香世界。"

⑭ 实叉云："非由言说而有诸法。"

⑮ 谓扬眉、动目、瞻视、微笑、欠、伸、謦、欬、忆念、动摇，以如是等而显于法。又举香积世界，以众香为佛事，令诸菩萨得无生法忍。又云"见此世界蚊蚋虫蚁，是等无有言说而各办自事"，此佛祖所传之密旨也。孰能亲证于言说之表哉！

⑯ 流支、实叉并作"石女儿"。

⑰ 注云：计有言说性，有一切性者，是妄想。

尔时大慧菩萨摩诃萨复白佛言：世尊，常声者，何事说①？

佛告大慧：为惑乱。以彼惑乱，诸圣亦现，而非颠倒②。

大慧，如春时焰、火轮、垂发、揵闼婆城、幻、梦、镜像，世间颠倒，非明智也，然非不现③。

大慧，彼惑乱者，有种种现，非惑乱作无常。所以者何？谓离性非性故。大慧，云何离性非性惑乱？谓一切愚夫种种境界故④。

如彼恒河，饿鬼见不见故，无惑乱性；于余现故，非无性。如是惑乱，诸圣离颠倒不颠倒。是故惑乱常，谓相相不坏故。大慧，非惑乱种种相妄想相坏，是故惑乱常⑤。

大慧，云何惑乱真实？若复因缘，诸圣于此惑乱不起颠倒觉、非不颠倒觉⑥。大慧，除诸圣，于此惑乱有少分想，非圣智事相[1]。大慧，凡有者，愚夫妄说，非圣言说⑦。

彼惑乱者，倒、不倒妄想，起二[2]种种性⑧，谓圣种性及愚夫种性。

圣种性者，三种分别，谓声闻乘[3]、缘觉乘、佛乘。

云何愚夫妄想，起声闻乘[4]种性？谓自共相计著，起声闻乘种性，是名妄想起声闻乘种性。

大慧，即彼惑乱妄想，起缘觉乘种性，谓即彼惑乱自共相，不亲[5]计著，起缘觉乘种性⑨。

云何智者即彼惑乱[6]，起佛乘种性？谓觉自心现量，外性非性不妄想相，起佛乘种性。是名即彼惑乱，起佛乘种性⑩。

又种种事性，凡夫惑想，起愚夫种性⑪。

彼非有事、非无事，是名种性义⑫。

大慧，即彼惑乱不妄想，诸圣心、意、意识过习气自性法转变性，是名为如，是故说如离心。我说此句显示离想，即说离一切想⑬。

---

[1]相，《高丽藏》、《碛砂藏》、《龙藏》、《频伽藏》作"想"。
[2]二，《龙藏》本讹作"一"。
[3]乘，《高丽藏》、《频伽藏》、《资福藏》本无。
[4]乘，《石经》本无。
[5]亲，《高丽藏》、《频伽藏》本作"观"。
[6]乱，《高丽藏》、《频伽藏》本作"乱想"。《资福藏》、《普宁藏》、《石经》本作"想"。

大慧白佛言：世尊，惑乱为有、为无[14]？

佛告大慧：如幻，无计著相。若惑乱有计著相者，计著性不可灭，缘起应如外道说因缘生法[15]。

大慧白佛言：世尊，若惑乱如幻者，复当与余惑作因。

佛告大慧：非幻惑因，不起过故。大慧，幻不起过，无有妄想[16]。

大慧，幻者从他明处生，非自妄想过习气处生[17]，是故不起过。

大慧，此是愚夫心惑计著，非圣贤也。

尔时世尊欲重宣此义，而说偈言：

圣不见惑乱，中间亦无实，中间若真实，惑乱即真实。

舍离一切惑，若有相[1]生者，是亦为惑乱，不净犹如翳[18]。

【集注】

① 实叉云："所说常声，依何处说？"○《新说》云："因上佛谓言说、所说皆无自性，故大慧举余修多罗佛自说十二因缘，有佛无佛性相常住，故问所说'常声'依何处说。"

② 常声者，为惑乱而说也。以彼惑乱者，谓愚夫见因缘妄法，执为实有，起生灭见故。诸圣亦现者，谓即彼不实之法为常，而不离惑乱，但不起颠倒见耳。

③《新说》云："此七喻者，明境是一，而见有异也。"

④ 实叉云："妄法现时无量差别，然非无常。何以故？离有无故。云何离有无？一切愚夫种种解故。"○"非惑乱作无常"者，谓妄法现时，

---

[1]相，《石经》本作"想"。

离性非性故。然众生闻此,必惑乱于离性非性处,故如来曰:云何离性非性惑乱?谓一切愚夫执著有无种种境界故。

⑤ 实叉云:"如恒河水,有见不见。饿鬼不见,不可言有;余所见故,不可言无。圣于妄法离颠倒见。大慧,妄法是常,相不异故。非诸妄法有差别相,以分别故而有别异,是故妄法其体是常。"○不见者,谓饿鬼见水是火故也。以譬愚夫无虚妄处见有虚妄,即是见他圣所不见者,是故诸圣于虚妄法离倒、不倒见。以彼惑乱为常者,谓法相之相,各各起无所从,与真如不异,故曰不坏。

⑥ 实叉云:"云何而得妄法真实?谓诸圣者于妄法中,不起颠倒、非颠倒觉。"

⑦ 除诸圣外,于此惑乱有少分想即乖法体,非圣智事相故。实叉云:"有少想者,当知则是愚夫戏论,非圣言说。"

⑧ 实叉云:"若分别妄法是倒非倒,彼则成就二种种性。"

⑨ 实叉云:"复有愚夫分别妄法,成缘觉乘种性,谓即执著自共相时,离于愦闹不亲。"流支作"不乐"。

⑩ 实叉云:"何谓智人分别妄法,而得成就佛乘种性?所谓了达一切唯是自心分别所见,无有外法。"○《新说》云:"智者观此妄法实相,了彼能见所见从自心起故,无有外法有无妄想,起佛乘种性。"

⑪ 实叉云:"有诸愚夫分别妄法种种事物,决定如是,决定不异,此则成就生死乘性。"○《新说》云:"此释第二愚夫种性。"

⑫ 流支云:"彼迷惑法非是实事、非不实事。"

⑬ 实叉云:"即彼妄法,诸圣智者,心意识诸恶习气自性法转依故,即说此妄名为真如,是故真如离于心识。我今明了显示此句,离分别者,悉离一切诸分别故。"○《新说》云:"此重释成佛乘种性,如文可知。问曰:上云妄法是常,以分别故而有别异,谓即真如,愚夫分别名为妄法;此云即彼妄法习气转依,即说此妄名为真如,既妄法即真如,无复妄法,与谁论即耶?答曰:如为不识水人,指冰是水,指水是冰,但有名字,宁有二物论相即耶?亦如一珠,向月生水,向日生火,不向则无水火,一物

未尝二,而有水火之殊耳!一心法门亦复如是,在凡夫即真如名妄法,在圣人即妄法名真如,圣凡情尽,真妄见亡者,孰得而名乎?"

⑭ 举上三乘、凡夫同观惑乱妄法,以问如来为有为无。

⑮ 实叉云:"如幻无执著相故,若执著相体是有者,应不可转,则诸缘起应如外道说作者生。"

⑯ 实叉云:"非诸幻事为妄惑因,以幻不生诸过恶故,以诸幻事无分别故。"

⑰ 流支云:"一切幻法依于人功咒术而生,非自心分别烦恼而生。"

⑱ 圣于惑乱,而不见有惑乱者,谓中间无真实故。若有真实,则彼惑乱亦应真实。然舍离一切惑乱,若有不惑乱真实之相生者,是亦为惑乱故,如眼有翳,未能清明。

复次大慧,非幻无有相似,见一切法如幻①。

大慧白佛言:世尊,为种种幻相计著,言一切法如幻?为异相计著②?

若种种幻相计著,言一切性如幻者,世尊,有性不如幻者。所以者何?谓色种种相非因。世尊,无有因色种种相现如幻③。世尊,是故无种种幻相计著相似性如幻④。

佛告大慧:非种种幻相计著相似,一切法如幻。大慧,然不实一切法速灭如电,是则如幻⑤。大慧,譬如电光,刹那顷现,现已即灭,非愚夫现⑥。如是一切性自妄想自共相,观察无性非现,色相计著⑦。

尔时世尊欲重宣此义,而说偈言:

非幻无有譬,说法性如幻⑧,不实速如电,是故说如幻⑨。

【集注】

① 注云：言诸妄法离幻更无相似，故说一切法如幻。

②《新说》云："既言离幻更无相似，为计著种种幻相言如幻耶？为异此计著颠倒相言如幻耶？"

③ 谓若计著种种幻相，言一切性如幻者，则必有不如幻性，而种种色相非因，以无有因令种种相现如幻。

④ 实叉云："是故世尊，不可说言依于执著种种幻相，言一切法与幻相似。"

⑤ 实叉云："佛言：大慧，不依执著种种幻相，言一切法如幻。大慧，以一切法不实速灭如电，故说如幻。"

⑥ 一切诸法如电之起灭，初无有实，而愚夫执为实有，不能观察无性非现，故云非愚夫现。

⑦ 注云：一切法无性故，不现；妄想故，作色相计著。

⑧ 颂非幻无有相似，见一切法如幻。

⑨ 颂上答文。

大慧复白佛言：如世尊所说，一切性无生及如幻，将无世尊前后所说自相违耶？说无生性如幻①。

佛告大慧：非我说无生性如幻，前后相违过。所以者何？谓生无生，觉自心现量。有非有，外性非性，无生现②。

大慧，非我前后说相违过[1]。然坏外道因生故，我说一切性无生。大慧，外道痴聚，欲令有无有生，非自妄想种种计著缘。大慧，我非有无有生，是故我以无生说而说③。

大慧，说性者，为摄受生死故，坏无见、断见故，为我弟子摄受种种业受生处故，以声性[2]说摄受生死④。

---

[1]过，《石经》本脱。
[2]以声性，《高丽藏》作"以性声"，《资福藏》本作"以生声性"。

大慧,说幻性自性相,为离性自性相故。堕愚夫恶见相希望,不知自心现量,坏因所作生,缘自性相计著,说幻梦自性相一切法。不令愚夫恶见希望,计著自及他,一切法如实处见作不正论⑤。

大慧,如实处见一切法者,谓超[1]自心现量⑥。

尔时世尊欲重宣此义,而说偈言:

无生作非性,有性摄生死,观察如幻等,于相不妄想⑦。

【集注】

① 大慧以如来前后说法性,说无生、说如幻,意谓幻与无生是无,诸法之性是有,故曰自相违耶。

② 实叉云:"我了于生即是无生,唯是自心之所见故。若有若无一切外法,见其无性,本不生故。"

③ 实叉云:"外道群聚共兴恶见,言从有无生一切法,非自执著分别为缘。大慧,我说诸法非有无生,故名无生。"

④ 实叉云:"说诸法者,为令弟子知依诸业摄受生死,遮其无有断灭见故。"〇声者,法也。前说一切诸法之性者,为摄受生死,破外道空见断见故,又欲令诸弟子离此二见,以法性之说摄受生死。

⑤ 实叉云:"说诸法相犹如幻者,令离诸法自性相故。为诸凡愚堕恶见欲,不知诸法唯心所现,为令远离执著因缘生起之相,说一切法如幻如梦。彼诸愚夫执著恶见,欺诳自他,不能明见一切诸法如实住处。"〇《新说》云:"如实住处者,谓无所住,故名如实住。此是自觉圣智、无师智、自然智之所证处,不由他悟。若有所住,则为非住。"〇以执著自他诸法,于如实见反为不正之论,故如来不令愚夫起此恶见。

⑥ 实叉云:"见一切法如实处者,谓能了达唯心所见。"〇《新说》云:

[1]超,《高丽藏》、《频伽藏》作"起"。

"从无住本立一切法,非了唯自心者,岂能明见乎? 是故如来所说诸法无生、如幻,无有相违。"

⑦ 谓一切法无生,所作非性,为遮断见说。业性摄生死,观诸法如幻,故于相不起分别。

复次大慧,当说名、句、形身相。善观名、句、形身菩萨摩诃萨,随入义、句、形身①,疾得阿耨多罗三藐三菩提。如是觉已,觉一切众生②。

大慧,名身者,谓若依事立名,是名名身。句身者,谓句有义身,自性决定究竟,是名句身。形身者,谓显示名句,是名形身③。

又形身者[1],谓长短高下④。又句身者,谓径迹,如象马人兽等所行径迹,得句身名⑤。

大慧,名及形者,谓以名说无色四阴,故说名;自相现,故说形⑥。

是名名、句、形身,说名、句、形身相分齐,应当修学。

尔时世尊欲重宣此义,而说偈言:

名身与句身,及形身差别,凡夫愚计著,如象溺深泥⑦。

【集注】

① 实叉云:"我当说名、句、文身相,诸菩萨摩诃萨善观此相,了达其义。"

②《新说》云:"因上如来为众生故,慈悲方便作种种异说,欲令众生了名句中实义,莫著言说,故说名句文身。"○觉,开悟也,即先觉觉后

---

[1]者,《频伽藏》本讹作"名"。

觉也。

③ 实叉云："名身者,谓依事立名,名即是身,是名名身。句身者,谓能显义,决定究竟,是名句身。文身者,谓由于此能成名句,是名文身。"○《新说》云:"如依瓶盆事立瓶盆名,谓一名二名多名能诠自性,名曰名身。言句身等者,即因名成句,因句显义,如铜铁等瓶,句义各异,谓一句二句多句能诠差别,名曰句身。由于此文能成名句,谓一字二字多字,为二所依,名曰文身。身者,多法积聚义也。"○《名义》云:"依类像形为字,形声相称曰文。"[1]文,即字也。

④ 流支云:"谓声长短,音韵高下。"

⑤ 所有言句皆径迹耳。注本谓寻迹以得象马,喻因言而悟也。

⑥ 实叉云:"名,谓非色四蕴,以名说故;文,谓名之自相,由文显故。"○谓受想行识四阴,但有名言;相所现处,色阴乃彰。

⑦ 如来假名、句、文身方便说法,若凡愚犹著言说,不悟实义,如象溺深泥,何由出离哉!

复次大慧,未来世智者,以[2]离一异俱不俱见相,我所通义,问无智者。彼即答言:"此非正问①。谓色等常无常,为异不异?如是涅槃诸行,相所相,求那所求那②,造所造,见所见,尘及微尘③,修与修者,如是比展转相。如是等问,而言佛说无记止论!非彼痴人之所能知,谓闻慧不具故!"[3]如来、应供、等正觉,令彼离恐怖句故,说言无记,不为记说;又止外道见论故,而不为说④。

大慧,外道作如是说,谓命即是身,如是等无记论⑤。大

---

[1]见《翻译名义集》五,《大正藏》第54册,第1137页上。
[2]以,《嘉兴藏》本同,余本作"当以"。
[3]魏译本此下云"佛如是说是谓谤我"。

慧，彼诸外道愚痴，于因作无记论，非我所说⑥。

大慧，我所说者，离摄所摄，妄想不生。云何止彼⑦？大慧，若摄所摄计著者，不知自心现量，故止彼⑧。

大慧，如来应供等正觉，以四种记论为众生说法⑨。大慧，止记论者，我时时说，为根未熟，不为熟者⑩。

复次大慧，一切法离所作因缘不生，无作者故，一切法不生⑪。

大慧，何故一切性离自性？以自觉观时⑫，自共性相不可得故，说一切法不生。

何故一切法不可持来、不可持去？以自共相欲持来无所来，欲持去无所去，是故一切法离持来去⑬。

大慧，何故一切诸法不灭？谓性自性相无故，一切法不可得故，一切法不灭⑭。

大慧，何故一切法无常？谓相起无常性，是故说一切法无常⑮。

大慧，何故一切法常？谓相起无生性，无常常，故说一切法常⑯。

尔时世尊欲重宣此义，而说偈言：

记论有四种，一向反[1]诘问，分别及止论⑰，以制诸外道。

有及非有生，僧佉毗舍师⑱，一切悉无记，彼如是显示⑲。

正觉所分别⑳，自性不可得，以离于言说，故说离自性。

---

[1]反，《高丽藏》、《资福藏》、《普宁藏》本作"及"。

【集注】

① 谓未来世智者,以我所通义,离一异等相问无智者,彼无智者答曰:此不正之问也。

② 实叉云:"依所依"。

③ 流支云:"泥团微尘"。

④ 明无智者,以不知真实义故,取名相一异以为正问。智者应语之言,如是等问,而佛名为无记止论。以彼愚人无闻慧故,不知有无,是邪是止,故置而不答。如来欲令彼离断常邪见诸怖畏故,说言无记,不为记说;又止外道神我见论故,欲令思而取解,故不为说。

⑤ 以外道即阴离阴而计我故,故说身命为一为异等,皆无记邪论耳。

⑥ 流支云:"外道迷于因果义故,是故无记,非我法中名无记也。"

⑦ 流支云:"是故我法中无有置答。"

⑧ 实叉云:"若有执著能取所取,不了唯是自心所见,彼应可止。"

⑨ 四种记论见后偈。

⑩ 实叉云:"以根未熟,且止说故。"

⑪ 流支云:"一切法离作者及因,是故不生,以无作者故,是故我说诸法不生。"

⑫ 流支云:"以自智观察"。

⑬ 实叉云:"何故一切法无来去?以自共相来无所从,去无所至。"

⑭ 以诸法无性相不可得故,故不灭。

⑮ 注云:谓诸法相起即灭,是故说一切法无常。

⑯ 实叉云:"谓诸相起即是不起,无所有故,无常性常,是故我说一切法常。"

⑰ 流支云:"直答反质答,分别答置答。"

⑱ 流支云:"僧佉毗世师。"○实叉云:"数论与胜论。"○僧佉,正云僧企耶,此云数术,又云数论。毗舍,亦名毗世,此云胜异论师。即此二种论师也。

⑲ 实叉云："如是等诸法,一切皆无记。"○言如来四种记论者:一谓随问而答,名为一向;二谓反诘所问而答,名为反诘问;三谓简辨而答,名为分别;四谓折伏外道故,置而不答,名为止论。如僧佉、毗舍师诸外道有无等见,种种论说,一切悉不可说。

⑳ 实叉云:"以智观察时。"

尔时大慧菩萨摩诃萨,复白佛言:世尊,惟愿为说诸须陀洹、须陀洹趣差别通相①。

若菩萨摩诃萨善解须陀洹趣差别通相,及斯陀含、阿那含、阿罗汉方便相,分别知已,如是如是为众生说法。谓二无我相及二障净,度诸地相究竟通达,得诸如来不思议究竟境界。如众色摩尼,善能饶益一切众生,以一切法境界无尽身财,摄养一切②。

佛告大慧:谛听谛听,善思念之,今为汝说。大慧白佛言:善哉,世尊! 唯然听受。

佛告大慧:有三种须陀洹、须陀洹果差别。云何为三? 谓下中上③。

下者,极七有生④。

中者,三五有生而般涅槃⑤。

上者,即彼生而般涅槃⑥。

此三种有三结:下中上⑦。云何三结? 谓身见、疑、戒取⑧。是三结差别,上上升进,得阿罗汉。

大慧,身见有二种,谓俱生及妄想。

如缘起妄想,自性妄想。譬如依缘起自性,种种妄想自性计著生⑨,以彼非有、非无、非有无,无实妄想相故。愚夫妄想,种种妄想自性相计著⑩,如热时焰,鹿渴水想。是须陀洹妄想身见。彼以人无我摄受无性,断除久远无知计著⑪。

大慧,俱生者,须陀洹身见,自他身等四阴无色相故,色生造及所造故,展转相因相故,大种及色不集故⑫。

须陀洹观有无品不现[1],身见则断。如是身见断,贪则不生。是名身见相⑬。

大慧,疑相者,谓[2]得法善见相故,及先二种身见妄想断故,疑法不生⑭,不于余处起大师见,为净不净,是名疑相须陀洹断⑮。

大慧,戒取者,云何须陀洹不取戒?谓善见受生处苦相故,是故不取⑯。大慧,取者,谓愚夫决定受习苦行,为众具乐[3],故求受生⑰。彼则不取,除回向自觉胜、离妄想、无漏法相行方便,受持戒支。是名须陀洹取戒相断⑱。

须陀洹断三结,贪痴不生。若须陀洹作是念,"此诸结我不成就"者,应有二过,堕身见及诸结不断⑲。

大慧白佛言:世尊,世尊说众多贪欲,彼何者贪断⑳?佛告大慧:爱乐女人,缠绵贪著,种种方便,身口恶业,受现在乐,种未来苦,彼则不生。所以者何?得三昧正受乐故。是故彼断,非趣涅槃贪断㉑。

大慧,云何斯陀含相?谓顿照色相妄想生相,见相不生,善见禅趣相故,顿来此世,尽苦际,得涅槃,是故名斯陀含㉒。

---

[1]不现,《资福藏》、《普宁藏》本作"不见",《高丽藏》、《频伽藏》本讹作"见"。

[2]谓,原作"诸",据《高丽藏》、《龙藏》本改。

[3]具乐,《嘉兴藏》、宫内本同,余本作"乐具"。

大慧，云何阿那含？谓过去、未来、现在色相性非性生见过患，使妄想不生故，及结断故，名阿那含㉓。

大慧，阿罗汉者，谓诸禅、三昧、解脱、力、明，烦恼苦妄想非性故，名阿罗汉㉔。

大慧白佛言：世尊，世尊说三种阿罗汉，此说何等阿罗汉？世尊，为得寂静一乘道？为菩萨摩诃萨方便示现阿罗汉？为佛化化[1]㉕？

佛告大慧：得寂静一乘道声闻，非余。余者，行菩萨行及佛化化，巧方便本愿故，于大众中示现受生，为庄严佛眷属故㉖。

大慧，于妄想处种种说法，谓得果、得禅、禅[2]者入禅悉远离故，示现得自心现量得果相，说名得果㉗。

复次大慧，欲超禅、无量、无色界者，当离自心现量相㉘。大慧，受想正受超自心现量者，不然。何以故？有心量故㉙。

尔时世尊欲重宣此义，而说偈言：

诸禅四无量，无色三摩提，一切受想灭，心量彼无有㉚。

须陀槃那果，往来及不还，及与阿罗汉，斯等心惑乱㉛。

禅者禅及缘，断知见[3]真谛，此则妄想量，若觉得解脱㉜。

【集注】

① 注云：大慧因上愚夫观惑乱法，起声闻乘种性，然声闻法中有四

[1]佛化化，《普宁藏》、《南藏》、《龙藏》本作"佛化作"。下同。
[2]禅禅，《高丽藏》本作"禅"。
[3]见，《高丽藏》、《资福藏》、《普宁藏》、《频伽藏》本作"是"。

果差别,故举四果差别以请问。流支、实叉并以"趣"作"行"。行,谓因行。须陀洹人所修因行,正欲趣向阿罗汉果,根有利钝,故有通别之异。

②差别通相者,谓相虽通之,证有差别也。方便相者,四果修行方便相也。须陀洹,此云预流,谓三界四谛下八十八使见惑断尽,则证初果,以初入圣流,故云预流。斯陀含,此云一往来,谓于三界九地八十一品思惑中,方断欲界一地六品尽,则证二果,从此命终,更须一往上二界一来欲界,断余三品惑,故云一往来。阿那含,此云不来,谓欲界一地九品思惑断尽,则证三果,故于色界受生,更不还来欲界,故云不来。已上三果,名有学。阿罗汉,此云无生,又杀贼,又应供,谓上二界八地七十二品思惑断尽,则证四阿罗汉果无学位,故云无生。菩萨善分别知四果相已,为众生说如是声闻法,如是菩萨法,令其证得人法无我,净惑智障,超诸地相,究竟通达至如来所证境界,得佛法身法财,益物无尽。以有此利,故请如来说四果差别。○杨云:"身财,即《华严》之行海也。"

③上问诸须陀洹须陀洹趣,今答云有三种须陀洹、须陀洹果差别,言互显故,利钝不同,故有三耳。

④实叉云:"于诸有中极七反生。"○极七有生者,谓初品润二生,次三品各润一生,次二品共润一生,后三品共润一生,即欲界一地九品俱生烦恼,共润七生也。此须陀洹是下机极钝者,未断欲界惑,故人天七反方证阿罗汉果。

⑤中机者,或三生五生得阿罗汉涅槃。

⑥上机者,即此一生得阿罗汉果,名现灭须陀洹,不说中间经于二果。

⑦注云:三种结中,皆有下中上,谓上上、上中、上下,中上、中中、中下,下上、下中、下下,故诸结通有九品。

⑧义见下文。

⑨依缘起自性,则种种妄想自性计著而生,以喻依五阴起妄想身见。

⑩实叉云:"彼法但是妄分别相,非有、非无、非亦有亦无,凡夫愚痴

而横执者。"

⑪ 流支云:"是名须陀洹分别身见。何以故? 以无智故,无始世来
虚妄取相故。大慧,此身见垢,见人无我乃能远离。"

⑫ 实叉云:"俱生身见,以普观察自他之身受等四蕴无色相故,色由
大种而得生故,是诸大种互相因故,色不集故。"○《新说》云:"言能普观
自身与他身齐等,受想行识诸阴与色阴俱,有名无体,无自性相。观色阴
从四大种所造,展转相因而生,四大中既无主宰,谁能合集以成色乎? 色
阴有质尚空,况受等四阴无色相故,岂非空耶?"

⑬ 有者,色阴也;无者,四阴也。言观此五阴无体,身见则断。凡贪
爱者,为有身见,舍身见故,贪从何生? 故《法华经》云:"诸苦所因,贪欲
为本。"[1]贪不生故,是名断身见相。

⑭ 谓于所得四真谛法,善见彼相,能断前身见二种俱生妄想,故疑
法不生也。

⑮ 初尊天魔外道,反疑佛为净不净见,今既知非,不复有所疑矣,是
名疑相断。

⑯ 言须陀洹不取未来受生戒,观有生处即有诸苦,不求受生处乐。

⑰ 流支云:"戒取者,谓诸凡夫持戒精进,种种善行,求乐境界,生诸
天中。"

⑱ 实叉云:"须陀洹人不取是相,唯求所证最胜、无漏、无分别法,修
行戒品,是名戒禁取相。"

⑲ 谓存能断之心,则堕身见,反不能断诸结,是为二过。故流支云:
"彼若如是,不离三结。"

⑳ 谓断何等贪。

㉑ 虽断世间五欲贪,未断出世间趣涅槃贪。

㉒ 实叉云:"一往来已,善修禅行,尽苦边际而般涅槃。"

---

[1][后秦]鸠摩罗什译《妙法莲华经》卷第二《譬喻品》第三,《大正藏》第9册,第15
页上。

㉓ 阿那含者,已出欲界,皆生色界,观三世色性无实见,凡有生处即有诸苦过患,起空无漏智,断诸结使,未来妄想生相不生,名阿那含。

㉔《新说》云:"言阿罗汉修行四禅及三三昧,了八解脱,分证十力,三明六通皆已成就,烦恼发业所招诸苦妄想永灭,是故名阿罗汉。"

㉕ 实叉云:"佛所变化。"

㉖ 佛告大慧:所说趣寂定性罗汉,断四住烦恼,出生死苦得涅槃者,非是其余退已还发大菩提心者,及佛所化者。佛所化,则已曾发善巧广大行愿,成熟众生故,于彼示生菩萨方便所化,则为庄严诸佛国土及众会眷属故。

㉗ 实叉云:"于虚妄处说种种法,所谓证果、禅者及禅皆性离故,自心所见得果相故。"

㉘ 即遣前得自心现量果相。

㉙ 谓不灭受想即证正受,如《维摩经》不灭受而取证,至此真俗双拂,空有俱消,了边即中,无边可离,达中即边,无中可存,能证之智既亡,所证之理亦寂,方超心量,则与诸禅有心量者不同,故曰不然。

㉚《新说》云:"诸禅,谓四禅也。无量,即慈悲喜舍,度众生四无量心也。无色三摩提,四无色定也。受想灭,谓四禅、四无色定,受想悉寂灭也。皆唯心量,彼悉无有。"

㉛ 见第一卷注。

㉜ 实叉以"及"为"所","知"为"惑"。○初四句明所修行法,次四句明能证之人,此四句能所合明,皆是妄想心量。若觉此妄想心量不实,即得究竟解脱。

复次大慧,有二种觉,谓观察觉,及妄想相摄受计著建立觉[1]。

大慧,观察觉者,谓若觉性自性相,选择离四句不可得,是名观察觉[2]。

大慧，彼四句者，谓离一异、俱不俱，有无、非有非无，常无常，是名四句。大慧，此四句离，是名一切法[3]。大慧，此四句观察一切法，应当修学。

大慧，云何妄想相摄受计著建立觉？谓妄想相摄受计著坚、湿、暖、动不实妄想相四大种，宗、因相[1]、譬喻计著不实建立而建立，是名妄想相摄受计著建立觉。是名二种觉相[4]。

若菩萨摩诃萨成就此二觉相，人法无我相究竟，善知方便无所有觉观察行地，得初地，入百三昧，得差别三昧，见百佛及百菩萨，知前后际各百劫事，光照百刹土[5]；知上上地相，大愿殊胜，神力自在，法云灌顶，当得如来自觉地，善系心十无尽句，成熟众生，种种变化光明庄严，得自觉圣乐三昧正受[2][6]。

【集注】

① 实叉云："有二种觉智，谓观察智及取相分别执著建立智。"○以观察觉为真觉，建立觉为妄觉。

② 若觉性自性相，本来空寂，于一切诸法选而择之，未有一法为真实者，离一异等四句，则一切法了不可得。

③ 实叉云："是故说言一切法离。"

④ 实叉云："谓于坚、湿、暖、动诸大种性取相执著，虚妄分别，以宗、因、喻而妄建立，是名取相分别执著建立智。是名二种觉智相。"

⑤ 若菩萨摩诃萨融通真妄，成就此二觉之相，了人法空，我不可得。

[1]相，《高丽藏》、《龙藏》本作"想"。
[2]正受，《高丽藏》、《频伽藏》本作"正受故"。

以无所有觉,于解行地善巧观察,即得初地,入大乘光明等百三昧门。以差别三昧力见百佛,乃至光明照烛百佛利土。故《摄论》云:"菩萨入初地时,证十百明门:一于一刹那顷证百三摩地;二以净天眼见百佛国;三以神通力,能动百佛世界;四能往百佛世界教化众生;五能以一身化百类身形,令有情见;六能成就百类所化有情;七若为利益,能留身住世百劫;八能知前后际百劫事;九能以智慧入百法明门,洞达晓了;十能以身观百类眷属,余地倍倍增胜。"[1]

⑥言第二离垢地,乃至如来地,皆是成就初地之中十无尽句事,见《华严》等经,余义经文自显。

复次大慧,菩萨摩诃萨当善四大造色①。云何菩萨善四大造色?大慧,菩萨摩诃萨作是觉[2],彼真谛者,四大不生。于彼四大不生,作如是观察。观察已,觉名相妄想分齐,自心现分齐,外性非性。是名心现[3]妄想分齐。谓三界观彼四大造色性离,四句通净,离我我所,如实相自相分段[4]住,无生自相成②。

大慧,彼四大种,云何生造色?

谓津润妄想大种,生内外水界③;

堪能妄想大种,生内外火界④;

飘动妄想大种,生内外风界⑤;

断截色妄想大种,生内外地界⑥。

色及虚空俱,计著邪谛,五阴集聚四大造色生⑦。

[1]见[唐]宗密《华严经行愿品别行疏钞》卷第三,《新续藏》第5册,第262页上。

[2]觉,《高丽藏》《资福藏》《普宁藏》《频伽藏》本作"学"。

[3]心现,《高丽藏》《频伽藏》本作"自心现"。

[4]段,《高丽藏》《频伽藏》作"齐"。

大慧,识者,因乐种种迹境界故,余趣相续⑧。

大慧,地等四大及造色等有四大缘,非彼四大缘⑨。所以者何?谓性形相处,所作方便无性,大种不生。大慧,性形相处所作方便和合生,非无形⑩。是故四大造色相,外道妄[1]想,非我⑪。

【集注】

① 因上外道计有四大种性,造出四大色相,故次劝菩萨当善了知大种造色无实。

② 实叉云:"云何了知?大慧,菩萨摩诃萨应如是观,彼诸大种真实不生,以诸三界但是分别,唯心所见,无有外物。如是观时,大种所造悉皆性离,超过四句,无我我所,住如实处,成无生相。"○真谛常寂故,四大不生,观察彼真谛四大不生已,则知名相分齐,是自心现分齐,以外性无性故。善观四大造色之性本无所有,离于四句则无不净,无不净则我我所离,了知自相分段法,住如实相处,成自相无生也。

③ 水大以津润为性,即《楞严》"宝明生润,火光上蒸,故有水轮含十方界"是也。

④ 实叉以"堪能"作"炎盛"。○火大以炎盛为性,即《楞严》"坚觉宝成,摇明风出,风金相摩,故有火光为变化性"[2]是也。

⑤ 风大以飘动为性,即《楞严》"觉明空昧,相待成摇,故有风轮执持世界"是也。

⑥ 实叉以"断截色"作"色分段"。○地大以色分段为性,即《楞严》"火腾水降,交发立坚,湿为巨海,干为洲潬"是也。此其叙外界之四大也。又曰"坚相为地,润湿为水,暖触为火,动摇为风",此其叙内界之四

---

[1]妄,原作"忘",据《高丽藏》《龙藏》本改。
[2][唐]般刺蜜谛译《大佛顶首楞严经》卷第四,《大正藏》第19册,第120页上。次下二同。

大也。尝有以五行配于外界四大者,不知金木水火土外余风轮也。然金出于土,而木因土有,故二物皆属地大。以此而推,不过于四数而已。如内界四大,亦有以五行配之者,如医家以心为火,肝为木,肾为水,肺为金,脾为土。此五物虽各有所主,不知亦皆属地大也。《圆觉》所谓"发毛爪齿,皮肉筋骨,髓脑垢色,皆归于地",不其然乎? 以此而推,亦不过四数而已。故佛世尊于内外界,但以四大言之,可谓明诲。然《首楞严》叙四大则起于"觉明",此经叙四大则生于"妄想",故各标妄想于大种之上。是知匍匐三界、酝酿四生者,皆"觉明、妄想"之咎也。

⑦ 以不能了知四大本无生相,及妄计色与空俱,则为邪谛。又妄认五阴由四大造色集聚而生。○《智度论》云"四大及造色围虚空故名为身,是中内外入因缘和合生识种,身得是种和合,作种种事"[1]云云。

⑧ 言识者,即上五阴中妄识也。由迷真心而成五阴、六入、十二处、十八界,皆识之迹境界也。妄识乐著种种迹境界故,作业受生,于余趣中相续不断。

⑨ 邪谛以地等四大及造色为缘,如来即牒其语随而破之,谓四大不与造色为缘。

⑩ 实叉云:"何以故? 谓若有法有形相者,则是所作,非无形者。"

⑪《新说》云:"非四大种为大种因,谓皆由心现也。故结云:此大种造色相,是外道妄想分别。"

复次大慧,当说诸阴自性相①。云何诸阴自性相? 谓五阴。云何五? 谓色受想行识。彼四阴非色,谓受想行识②。

大慧,色者,四大及造色,各各异相。大慧,非无色有四数,如虚空。譬如虚空过数相,离于数,而妄想言一虚空③。

大慧,如是阴过数相,离于数,离性非性,离四句。数相

---

[1]见《大智度论》卷第二十,《大正藏》第25册,第206页中。

者,愚夫言说,非圣[1]贤也④。

大慧,圣者如幻种种色像,离异不异施设。又如梦影士夫身,离异不异故。大慧,圣智趣同阴妄想现⑤,是名诸阴自性相,汝当除灭。灭已,说寂静法,断一切佛刹诸外道见⑥。

大慧,说寂静时,法无我见净⑦,及入不动地。入不动地已,无量三昧自在,及得意生身,得如幻三昧,通达究竟力明自在,救摄饶益一切众生。犹如大地载育众生,菩萨摩诃萨普济众生,亦复如是。

【集注】

① 注云:破上外道妄计四大造色,生五阴自性相。

② 注云:此四阴非是形色。

③ 实叉云:"大慧,色谓四大及所造色,此相各异,受等非色。大慧,非色诸蕴,犹如虚空无有四数。大慧,譬如虚空超过数相,然分别言此是虚空。"○虚空本无数量,妄以一言之。

④ 诸阴如虚空,超过数相,则离于数;离性非性,则离于四句。○《新说》云:"自下复破五蕴皆空无自性相,非独色阴四大不实。"

⑤ 实叉云:"诸圣但说如幻所作,唯假施设,离异不异,如梦如像,无别所有。不了圣智所行境故,见有诸蕴分别现前。"○谓圣智同诸阴妄想而现者,与凡愚妄想所现无别故。《宗镜》云:"十法界众生阴佛阴,无毫芥之殊;三世佛事,众生四仪,无不圆足。"[2]

⑥《新说》云:"谓诸法实相,从本以来无有趣相也。"

⑦ 流支云:"证清净无我之相。"

---

[1]非圣,《高丽藏》、《资福藏》、《龙藏》、《频伽藏》本作"所说非圣"。
[2]见《宗镜录》卷第十四,《大正藏》第48册,第490页下。

复次大慧,诸外道有四种涅槃①。云何为四?谓性自性非性涅槃,种种相性非性涅槃,自相自性非性觉涅槃,诸阴自共相相续流注断涅槃。是名诸外道四种涅槃,非我所说法②。

大慧,我所说者,妄想识灭,名为涅槃③。

大慧白佛言:世尊,不建立八识耶?佛言:建立。

大慧白佛言:若建立者,云何离意识,非七识?

佛告大慧:彼因及彼攀缘故,七识不生④。

意识者,境界分段计著生,习气长养藏识。意俱我我所计著,思惟因缘生,不坏身相⑤。

藏识因攀缘自心现境界,计著心聚[1]生,展转相因⑥。譬如海浪,自心现境界风吹,若生若灭亦如是。是故意识灭,七识亦灭⑦。

尔时世尊欲重宣此义,而说偈言:

我不涅槃性⑧,所作及与相⑨,妄想尔焰识,此灭我涅槃⑩。

彼因[2]彼攀缘,意趣等成身⑪,与因者是心[3],为识之所依⑫。

如水大流尽,波浪则不起,如是意识灭,种种识不生⑬。

【集注】

①《新说》云:"上明觉智,以显生德优劣;此明涅槃,辨其显德邪正。

---

[1] 聚,《碛砂藏》、《南藏》、《龙藏》本作"众"。

[2] 因,《普宁藏》本作"用"。

[3] 与因者是心,《频伽藏》本脱。

是谓菩提涅槃二转依果德也。"

②《新说》云:"外道计诸法体性是有名性自性,后除为无名非性,以冥谛为涅槃。又计有诸法相名种种相性,后观为无名非性,以神我为涅槃。又通计相性是有名自相自性,亦后观为无名非性,以妄觉为涅槃。上三种正出外道计。又断五阴六道中流注,以人无我为涅槃,是二乘涅槃,以见有五阴,亦同外道。"○注本义与此同,皆指后一种为二乘涅槃。若以"是名诸外道四种涅槃,非我所说法"考之,恐非二乘所诸[1]著。《首楞严》叙外道立五阴中五现涅槃,至"或以四禅苦乐二亡,不受轮回生灭性故"[2],即此经以五阴中自共相相续流注断为涅槃也。

③ 实叉云:"分别尔焰识灭,名为涅槃。"○《新说》云:"前谓证自智境界,转所依藏识为大涅槃。复云一切识自性习气,藏识意识见习转已,我及诸佛说名涅槃。此又独言分别所知境界识灭,名为涅槃。虽通别称异,皆欲诸识习种现行俱灭也。次文问答可见。"

④ 彼因、彼攀缘皆由意识也。谓此识能起惑造业故。实叉云:"大慧言:若建立者,云何但说意识灭? 非七识灭? 佛告大慧:以彼为因及所缘故,七识得生。"实叉意谓以彼意识为因,及所缘境界故,七识得生。此经意谓若意识不为因,及不攀缘境界故,则七识自然不生。

⑤ 实叉云:"意识分别境界起执著时,生诸习气长养藏识,由是意俱我我所执思量随转,无别体相。"

⑥ 藏识因攀缘等变起根身、种子、器界,复计著自心现境,故曰"计著心聚生"。八识因七识影现,七识因六识染习,六识因五识分别,五识因六识揽境。五识非因,六识不能揽境;六识非因,七识不能分别;七识非因,八识不能染习;八识非因,七识不能影现。故曰"展转相因"。

⑦ 海,喻藏识;浪,喻七识;境风,喻意识。此七识之浪,若无色声香味触法境界风吹,则无复起灭,故云"意识灭,七识亦灭"。

---

[1]诸,疑为"计"。
[2][唐] 般刺蜜谛译《大佛顶首楞严经》卷第十,《大正藏》第19册,第153页上。

⑧ 流支云："我不取涅槃。"

⑨ 实叉云："我不以自性,及以所作相。"

⑩ 谓如来不取涅槃之性及所作相如外道见,唯妄相所知识灭为我涅槃也。

⑪ 注云:缘六识成七识身。

⑫ 与诸识为因者是藏识心,此心为诸识之所依止。

⑬ 如流尽则无波,以譬赖耶识中意识习种相续永灭,则余七识亦随灭也。

复次大慧,今当说妄想自性分别通相。若妄想自性分别通相善分别,汝及余菩萨摩诃萨离妄想,到自觉圣,外道通趣善见,觉摄所摄妄想,断缘起种种相妄想自性行,不复妄想①。

大慧,云何妄想自性分别通相? 谓言说妄想、所说事妄想、相妄想、利妄想[1]、自性妄想、因妄想、见妄想、成妄想、生妄想、不生妄想、相续妄想、缚不缚妄想,是名妄想自性分别通相。

大慧,云何言说妄想? 谓种种妙音歌咏之声,美乐计著,是名言说妄想②。

大慧,云何所说事妄想? 谓有所说事自性,圣智所知,依彼而生言说妄想,是名所说事妄想③。

大慧,云何相妄想? 谓即彼所说事,如鹿渴想,种种计著而计著,谓坚湿暖动相一切性妄想,是名相妄想④。

大慧,云何利妄想? 谓乐种种金银珍宝,是名利妄想⑤。

---

[1]想,原作"相",据《高丽藏》《龙藏》本改。

大慧,云何自性妄想?谓自性持此如是不异,恶见妄想,是名自性妄想[6]。

大慧,云何因妄想?谓若因若缘有无分别,因相生,是名因妄想[7]。

大慧,云何见妄想?谓有无、一异俱不俱恶见,外道妄想计著妄想,是名见妄想[8]。

大慧,云何成妄想?谓我我所想,成决定论,是名成妄想[9]。

大慧,云何生妄想?谓缘有无性生计著,是名生妄想[10]。

大慧,云何不生妄想?谓一切性本无生,无种因缘生无因身,是名不生妄想[11]。

大慧,云何相续妄想?谓彼俱相续如金缕,是名相续妄想[12]。

大慧,云何缚不缚妄想?谓缚不缚[1]因缘计著,如士夫方便,若缚若解,是名缚不缚妄想[13]。

于此妄想自性分别通相,一切愚夫计著有无。

大慧,计著缘起而计著者,种种妄想计著自性,如幻示现种种之身,凡夫妄想见种种异幻[14]。

大慧,幻与种种非异、非不异。若异者,幻非种种因;若不异者,幻与种种无差别,而见差别。是故非异、非不异。是故大慧,汝及余菩萨摩诃萨,如幻缘起妄想自性,异不异、有无莫计著。

---

[1]缚不缚,"不"字,原无,据《嘉兴藏》《龙藏》本补。《高丽藏》《资福藏》《碛砂藏》、《频伽藏》无前二字,仅一"缚"字。

尔时世尊欲重宣此义,而说偈言:

心缚于境界,觉想智随转[15],无所有及胜,平等智慧生[16]。

妄想自性有,于缘起则无,妄想或摄受,缘起非妄想[17]。

种种支分生,如幻则不成,彼相有种种,妄想则不成[18]。

彼相则是过,皆从心缚生,妄想无所知,于缘起妄想[19]。

此诸妄想性,即是彼缘起,妄想有种种[1],于缘起妄想[20]。

世谛第一义,第三无因生[21],妄想说世谛,断则[2]圣境界[22]。

譬如修行事,于一种种现,于彼无种种,妄想相如是[23]。

譬如种种翳,妄想众色现,翳无色非色,缘起不觉然[24]。

譬如炼真金,远离诸垢秽,虚空无云翳,妄想净亦然[25]。

无有妄想性,及有彼[3]缘起,建立及诽谤,悉由妄想坏[26]。

妄想若无性,而有缘起性,无性而有性,有性无性生。

依因于妄想,而得彼缘起,相名常相随,而生诸妄想。

究竟不成就,则度诸妄想[27],然后智[4]清净,是名第一义。

妄想有十二,缘起有六种,自觉知尔焰,彼无有差别[28]。

五法为真实,自性有三种,修行分别此,不越于如如[29]。

---

[1]种种,《碛砂藏》本讹作"种性"。
[2]则,《碛砂藏》、《南藏》、《龙藏》本作"于",当误。
[3]彼,原作"复",据《高丽藏》、《龙藏》本改。
[4]智,《高丽藏》、《资福藏》、《碛砂藏》、《频伽藏》本作"知"。

众相及缘起，彼名起妄想，彼诸妄想相，从彼缘起生[30]。

觉慧善观察，无缘无妄想，成已无有性，云何妄想觉[31]？

彼妄想自性，建立二自性，妄想种种现，清净圣境界[32]。

妄想如画色，缘起计妄想[33]，若异妄想者，则[1]依外道论[34]。

妄想说所想，因见和合生[35]，离二妄想者，如是则为成[36]。

【集注】

① 实叉云："我今当说妄计自性差别相，令汝及诸菩萨摩诃萨善知此义，超诸妄想，证圣智境，知外道法，远离能取所取分别。于依他起种种相中，不更取著妄所计相。"○因上言妄想识灭名为涅槃，今正明灭妄想识分别通相。谓分别妄计自性，有十二种差别，通归于妄想之相。汝及余菩萨，若于妄想自性分别通相善能分别，则离诸妄想，到自觉圣处，见外道通趣等法，于摄所摄妄想觉而离之。断，即离也。自性行，即法体相。

② 此计著种种音声词句以为有性。

③ 实叉云："谓执有所说事，是圣智所证境，依此起说。"○此计有五法、三自性。

④ 此言计有四大相。

⑤ 此计有财利悭贪取著。

⑥ 实叉云："谓以恶见如是分别此自性，决定非余。"○如计有四大性，言地性坚、水性湿、火性热、风性动，乃至真俗各有自性不同。

⑦ 谓于因缘分别有无，以此因相而能生故。

⑧ 谓依此有无起四句见。

---

[1] 则，《高丽藏》、《资福藏》、《碛砂藏》、《频伽藏》作"即"。

⑨ 谓于五蕴中计我我所说虚妄法。

⑩ 谓依众缘有无法中生执著心。

⑪ 实叉云："谓计一切法本来不生,未有诸缘而先有体不从因起。"○计诸法本不生无有体性,不假缘起从因缘生者,无因无果。

⑫ 实叉云："谓此与彼递相系属,如金与线。"○计有为诸法,俱有因果递相系属,如以金为缕,金即在缕,缕即在金。

⑬ 实叉云："谓执因能缚而有所缚,如人以绳方便力故,缚已复解。"○计有烦恼能缚众生,后时修道能解。众生如人,先以绳缚,缚已复解,亦复如是。

⑭ 实叉云："如依于幻见种种物,凡愚分别见异于幻。"○于依他缘起中,生种种妄想自性,如依咒术见诸幻事,愚夫妄想见异于幻,计有种种实物。

⑮ 《新说》云："言愚夫妄心,为生死境界所缚,妄想智随境界转也。觉,谓妄觉也。"

⑯ 无所有最胜处无自他相故,平等真性圆明,故智慧生。

⑰ 实叉云："在妄计是有,于缘起则无,妄计迷惑取,缘起离分别。"○《新说》云："如依藤计蛇,妄情谓有,缘起藤体实非蛇相。此举缘起破妄计也。"[1]

⑱ 谓种种缘生支分,虽有所生,然皆如幻,故支分不成;彼缘生之相虽有种种,然属妄想,故彼相不成。此举妄想破缘起也。

⑲ 彼缘起相,种种不实之过,从心缚境界而生,以不了妄想无所知故,则于缘起妄想分别计有计无。此颂缘起从妄想而生。

⑳ "此诸妄想性,即是彼缘起"者,谓妄想无性,因彼缘起而有,既因缘起有种种性,故于缘起中复计实有妄想之性也。此颂妄想从缘起而生。

㉑ 《新说》云："由妄计缘而生三界生死有无一切诸法,即是世谛;若

---

[1]该文为引义。

了缘无性,妄想灭,即是圣人所行境界第一义也。"○《涅槃》云:"出世人所知名第一义谛,人所知名世谛。"[1]外道立二十五谛,明因中有果,第一从冥初生觉,第二从觉生我心,第三从我心生色声香味触等,以不知缘起根本而妄想分别,故佛破彼为无因生也。

㉒ 断妄想所说世谛,即证自觉圣智境界。

㉓ 此一喻破妄想遍计性也。如二乘人修诸观行,若作青想观时,天地万物莫不皆青,以无青处见青,由心变故,于一色境现种种相,黄赤白等亦复如是。而如实体性,初无彼种种之相,其所现者是妄想耳。故曰"妄想相如是"。

㉔ 此一喻破因缘依他起性也。如目有种种翳,以妄想分别故,见有青黄赤白等色显现,然翳本无色,亦无非色,缘起如之,以计著故,故曰"不觉"。

㉕ 此一喻以断彼妄想虚伪及缘起过患,则圆成之性如真金离垢秽,如虚空无云滓也。

㉖ 谓妄想与缘起之性本自无有,若于非有计有、非无计无,是为建立诽谤,悉由妄想自破如实之见。

㉗ 妄想无性,而缘起有性,即是"无性而有性",有性从无性而生。盖因妄想有缘起,则与相名如影随形,生诸虚妄,能知虚妄之法究竟不实,则度诸妄想。相名,即名相也。

㉘ 既度诸妄想成清净智,了知十二妄想,六种缘起,但有其名而无所实。复于自觉圣境界中,了知尔焰智障与彼妄想缘起,悉空无相,无有差别。故下文以五法等为真实也。缘起有六者,即前缘因中六种因是。

㉙《宗镜》云:"迷理以成名相,妄想即生;悟名相之本如,妄便称智。则无名相妄想,唯如智矣。智因如立,智体亦空;如假智明,本来常寂,故并空矣。"[2]今言修行者,虽能分别五法三性之真妄,未能空其智

---

[1]文字小异。见北凉昙无谶译《大般涅槃经》卷第十三《圣行品》第七之三。

[2]见《宗镜录》卷第四十一,《大正藏》第48册,第656页上。

体，故曰"不越于如如"也。

㉚ 结颂妄想、缘起递互相生。

㉛ 以觉慧之智观察，无有缘起及诸妄想成圆成之性；圆成已，则无有无之性。既无有无之性，云何更有妄想觉知？

㉜ 彼妄想自性，谓计著内外诸法，建立名相、事相二种自性。然此种种妄想虽现非实，则自然清净，成圣智境界。名相事相，见第一卷"二种妄想自性"文下。

㉝ 妄想如画种种色像，虽有分别而无实体。众生计著缘起而生妄想亦复如是。

㉞《新说》云："此明佛法知生死缘起法从自妄想心中生，若计生死有无诸法异于妄想，从微尘、冥谛、自在等生者，即外道论也。"

㉟ 实叉云："以诸妄见故，妄计于妄计。"

㊱ 谓于妄想说妄想事，此二妄想因见根、境、识和合故生，离此二妄想，则为圆成实性。

大慧菩萨摩诃萨，复白佛言：世尊，惟愿为说自觉圣智相及一乘。若[1]自觉圣智相及一乘，我及余菩萨善自觉圣智相及一乘，不由于他，通达佛法①。

佛告大慧：谛听谛听，善思念之，当为汝说。大慧白佛言：唯然受教。

佛告大慧：前圣所知，转相传授，妄想无性。菩萨摩诃萨独一静处，自觉观察不由于他，离见妄想，上上升进入如来地，是名自觉圣智相②。

大慧，云何一乘相？谓得一乘道觉，我说一乘③。

---

[1] 若，《高丽藏》本作"若说"。

云何得一乘道觉？谓摄所摄妄想，如实处不生妄想，是名一乘觉④。

大慧，一乘觉者，非余外道、声闻、缘觉、梵天王等之所能得，唯除如来，以是故说名一乘。

大慧白佛言：世尊，何故说三乘，而不说一乘？佛告大慧：不自般涅槃法故，不说一切声闻缘觉[1]一乘。以一切声闻缘觉，如来调伏，授寂静方便而得解脱，非自己力，是故不说一乘⑤。

复次大慧，烦恼[2]障业习气不断故，不说一切声闻缘觉一乘。不觉法无我，不离分段死，故说三乘⑥。

大慧，彼诸一切起烦恼过习气断，及觉法无我，彼一切起烦恼过习气断，三昧乐味著非性，无漏界觉。觉已，复入出世间上上无漏界，满足众具，当得如来不思议自在法身⑦。

尔时世尊欲重宣此义，而说偈言：

诸天及梵乘，声闻缘觉乘，诸佛如来乘，我说此诸乘。

乃至有心转，诸乘非究竟，若彼心灭尽，无乘及乘者。

无有乘建立，我说为一乘⑧，引导众生故，分别说诸乘。

解脱有三种，及与法无我，烦恼智慧等，解脱则远离⑨。

譬如海浮木，常随波浪转，声闻愚亦然，相风所漂[3]荡。

彼起烦恼灭，余[4]习烦恼愚⑩。

---

[1] 缘觉，《频伽藏》本倒。
[2] 烦恼，《碛砂藏》本作"堕诸"。
[3] 漂，《资福藏》、《碛砂藏》、《普宁藏》本作"摇"，《高丽藏》本作"飘"。
[4] 余，《嘉兴藏》本同，余本作"除"。

味著三昧乐,安住无漏界,无有究竟趣,亦复不退还[11]。得诸三昧身[1],乃至劫不觉[12]。

譬如昏醉人,酒消然后觉,彼觉法亦然,得佛无上身[13]。

【集注】

① 即《华严》"成就慧身,不由他悟"。

② 转相传授者,谓佛佛以所知无上至真之道,递代相授,妙在于默契也。如外道问佛"不问有言,不问无言",世尊良久,外道契悟。又如维摩默然,文殊赞善。盖非言语可及,不得已而为直言之曰"妄想无性"。然恐便谓妄想本无有性,执以为是,不求升进,复曰"菩萨摩诃萨独一静处,以自觉智观察",贵自得之,虽谛见其妄想起灭根原,则此见复当离之,方能上上升进入如来地,无所疑矣。

③ 谓得一乘道觉故,我说为一乘。

④ 谓能取所取妄想当体即真故,如实处不生妄想,名一乘觉也。

⑤ 谓彼但依如来所授寂静方便调伏修行,虽证解脱,非自所得故,不为说一乘。

⑥ 此结声闻缘觉有如上过,不堪受大法故,不为说一乘,以未觉法无我,不离分段死,故但为说三乘。

⑦ 实叉云:"若彼能除一切过习,觉法无我,是时乃离三昧所醉,于无漏界而得觉悟。既觉悟已,于出世上上无漏界中,修诸功德,普使满足,获不可思议自在法身。"

⑧ 若有心谓诸乘为未究竟,欲转此诸乘归于一乘者,则有所证之乘,能证之人。彼转心灭尽,则无所证之乘,能证之人,亦无有诸乘可以建立,方说为一乘也。

⑨ 流支云:"解脱有三种,及二法无我,不离二种障,远离真解脱。"

———————

[1]三昧身,《资福藏》本作"身三昧"。

○为引导众生故,说有诸乘,然于三种解脱,二种无我及烦恼智障等法,到如实解脱处无有不远离者,盖以解脱为远离也。

⑩ 注云:声闻断四住烦恼,故言"起烦恼灭"也;未断无明,故言"余习烦恼愚"。○彼声闻虽断现行烦恼,未断所知及根本无明,犹被习气自共相风飘荡其心,如海中木,常随浪转。

⑪ 以昧著三昧乐故,无有进趣究竟之地。又安住无漏界中,以三昧力故,不复退还人世。即《首楞严》名"不回心钝阿罗汉"是也。

⑫ 得诸三昧定,身忘知与觉,故经劫数久远,如弹指顷耳。

⑬ 彼声闻于无漏界中,忽悟知住有余地,回心升进,亦得佛无上究竟法身。

楞伽阿跋多罗宝经卷第三

一切佛语心品第三[1]

尔时世尊告大慧菩萨摩诃萨言：意生身分别通相，我今当说①。谛听谛听，善思念之。大慧白佛言：善哉世尊，唯然受教。

佛告大慧：有三种意生身。云何为三？所谓三昧乐正受意生身②、觉法自性性意生身、种类俱生无行作意生身③。修行者了知初地上上[2]增进相，得三种身④。

大慧，云何三昧乐正受意生身？谓第三、第四、第五地三昧乐正受故⑤，种种自心寂静安住，心海起浪识相不生，知自心现境界性非性⑥，是名三昧乐正受意生身。

大慧，云何觉法自性性意生身？谓第八地，观察觉了如幻等法悉无所有，身心转变⑦，得如幻三昧及余三昧门，无量相、力、自在、明如妙华庄严，迅疾如意，犹如幻、梦、水月、镜像，非造非所造，如造所造，一切色种种支分具足庄严⑧，随入一切佛刹大众，通达自性法故，是名觉法自性性意生身⑨。

---

[1]第三,《碛砂藏》、宫内本同,余本作"之三"。
[2]上上,《嘉兴藏》本同,余本作"上"。

大慧,云何种类俱生无行作意生身?所谓觉一切佛法,缘自得乐相,是名种类俱生无行作意生身⑩。

大慧,于彼三种身相观察觉了,应当修学。

尔时世尊欲重宣此义,而说偈言:

非我乘大乘⑪,非说亦非字,非谛非解脱,非无有境界。

然乘摩诃衍⑫,三摩提自在⑬,种种意生身⑭,自在华庄严⑮。

【集注】

① 第二卷尝概言意生身,未尽其旨,故今分别三种差别,如前通分别相也。

② 实叉以"意生"例作"意成",于"所谓"下有"入"字。○圭峰云"梵语三昧,此云正受",又曰"不受诸受,是名正受"[1]。寂音曰"三昧、正受有二义"[2],《宝积》曰"三昧及正受"[3]是也。愚尝以译梵诸集紬绎,悉无三昧翻正受之义,亦无华梵双彰之说。此经云"三昧乐正受"者,颇与《宝积》句意相合,若以"及"、"乐"二字考之,二义明矣。此经又云"离三昧行"[4],故三昧属行门。然诸经所叙不同,或以一行、一相、海印、德藏为三昧者,或以无缘、无作、无得、无净为三昧者,或以中道、二谛、如幻、语言等为三昧者,皆是功行中纯熟之义。又《止观》明四种三昧云:"行法众多,略言有四:一常坐,二常行,三半行半坐,四非行非

[1] 该文为引义。参唐宗密《大方广圆觉修多罗了义经略疏注》卷上之一,《大正藏》第39册,第529页中。
[2] 未查见该引文出处。
[3] 见《大宝积经》卷第七十一《菩萨见实会净居天子赞偈品》第二十三之二,《大正藏》第11册,第403页上。
[4] 见本经卷四,中部"得十贤圣种性道,及身、智、意生,离三昧行"。

坐。"[1]诸师虽以事理二观释之,不出是功行中调摄之义。《辅行》云"三昧者,秦言正心行处,或云调直定,由众生心屈曲散乱,佛以诸三昧门,令直其屈曲,正其散乱也。"[2]《首楞严》曰"失于正受,当从沦坠"[3],此经又曰"入灭受想正受"[4],又曰"正受灭尽定,三昧起心说"[5],是皆以正定为正受,无可疑者。则知三昧是定之用,正受是定之体。属用有多种名,属体无别立义,止曰"正定"而已。正受者,是正定之异名,学者不可不辨。意生身义,下文自明。

③ 流支、实叉并以"行作"为"作行"。

④ 流支云:"菩萨从于初地如实修行,得上上地证智之相。"

⑤《新说》云:"举中三地,意该前后以明七地也。"

⑥ 实叉云:"心海不起转识波浪,了境心现皆无所有。"○杨云:"知所现性皆非其性。"

⑦ 实叉云:"心转所依。"○心转所依,则身能变化,故如意生也。

⑧ 流支云:"非四大生,似四大相,具足身分。"

⑨ 八地菩萨觉了诸法犹如幻梦,得如幻等三昧,转变自在。此意生身菩萨光明相好,如妙华庄严。然此意生身,与幻梦、水月、镜像等,非四大所造,如四大造也。一切色相支节手足自然端严,入于佛刹大众之中化诸众生,通达诸法自性之性,故名觉法自性性也。

⑩ 实叉云:"了达诸佛自证法相。"○谓觉了一切诸佛所证之法,缘自得乐相,而千种万类之身,于无功用行无作而作,一时俱生,犹如意生无障碍也。

⑪ 流支云:"我乘非大乘。"实叉云:"我大乘非乘。"○此皆局于偈句,互有所略,合云:我大乘非大乘,此大乘为对小乘而立。初无实法,

---

[1]见隋天台智者《摩诃止观》卷第二,《大正藏》第46册,第11页上。

[2]该文为引义。参唐湛然《止观辅行传弘决》卷第二之一,《大正藏》第46册,第182页上。

[3]见唐般刺蜜谛译《大佛顶首楞严经》卷第九,《大正藏》第19册,第148页中。

[4]见本经卷四,中"彼诸受根灭,次第不生,余自心妄想不知苦乐,入灭受想正受"。

[5]见本经卷一,世尊偈答之初。

故曰非也。余义见下文。

⑫谓此大乘非言说文字，及实谛解脱，亦非无有境界，然我大乘非无大乘也。摩诃衍，此云大乘，以梵音变其文耳。

⑬注云：颂上初地以上、七地以下三昧乐正受意生身。

⑭注云：颂种类俱生无行作意生身。

⑮注云：颂八地觉法自性性意生身。

尔时大慧菩萨摩诃萨白佛言：世尊，如世尊说，若男子女人行五无间业，不入无择地狱①。世尊，云何男子女人行五无间业，不入无择地狱②？

佛告大慧：谛听谛听，善思念之，当为汝说。大慧白佛言：善哉世尊，唯然受教。

佛告大慧：云何五无间业？所谓杀父母，及害罗汉，破坏众僧③，恶心出佛身血。

大慧，云何众生母？谓爱更受生，贪喜俱，如缘母立④。无明为父，生入处聚落⑤。断二根本，名害父母⑥。

彼诸使不现，如鼠毒发，诸法究竟断彼，名害罗汉⑦。

云何破僧？谓异相诸阴和合积聚，究竟断彼，名为破僧⑧。

大慧，不觉外自共相自心现量七识身，以三解脱无漏恶想，究竟断彼七种识佛[1]，名为恶心出佛身血⑨。

若男子女人行此无间事[2]者，名五无间[3]⑩，亦名无

---

[1]佛，《南藏》、《龙藏》本作“身”。

[2]无间事，《嘉兴藏》本同，余本作“无间”。

[3]无间，《嘉兴藏》本同，余本作“无间事”。

间等[1]⑪。

复次大慧，有外无间，今当演说，汝及余菩萨摩诃萨闻是义已，于未来世不堕愚痴⑫。

云何五无间？谓先所说无间⑬。若行此者，于三解说，一一不得无间等法⑭。

除此[2]已⑮，余化神力现无间等，谓声闻化神力，菩萨化神力，如来化神力，为余作无间罪者除疑悔过[3]，为劝发故，神力变化现无间等⑯。

无有一向作无间事，不得无间等[4]⑰。

除觉自心现量，离身财妄想，离我我所摄受⑱，或时遇善知识，解脱余趣相续妄想⑲。

尔时世尊欲重宣此义，而说偈言：

贪爱名为母，无明则为父，觉境识为佛，诸使为罗汉，阴集名为僧，无间次第断⑳，谓是五无间，不入无择狱㉑。

【集注】

① 流支、实叉并作"无间"。

② 世尊尝说：造五无间业者，即入无间地狱。又云：行五无间业者，不入无间地狱。故举此问之。

③ 流支、实叉并作"破和合僧"。

④ 流支云："更受后生，贪喜俱出。"〇以痴爱为母，故曰"更受后生"；以贪喜为子，故曰"如缘母立"。流支、实叉于此下有"何者为父"

---

[1]等，《高丽藏》、《资福藏》、《碛砂藏》、《普宁藏》、《频伽藏》、广胜本作"业"。
[2]此，《高丽藏》、《频伽藏》本作"此法"。
[3]过，《资福藏》、《嘉兴藏》、广胜本作"故"。
[4]等，《高丽藏》、《频伽藏》、广胜本作"等法"。

四字。

⑤　入，六入。处，十二处。聚落，无明依止处也。谓六入、十二处、十八界，皆以无明为父。

⑥　流支云："断彼二种能生根本。"○以爱与无明为二根本也。流支、实叉于此下有"云何杀阿罗汉"六字。

⑦　鼠之啮人，疮虽已愈，其毒遇雷即发。罗汉诸使亦尔，虽隐而不现，遇缘即发。能断彼微细习使，名害罗汉。

⑧　异相，即色受想行识也。僧，以和合为义，今称阴为僧者，以妄为和合，故断彼阴集，名破和合僧。流支、实叉于此下有"云何恶心出佛身血"八字。

⑨　谓不觉五阴自共相是自心所现不实，计有七识身。今以此身为佛者，盖七识为妄觉境界故，依之起染故，复名血。以空无相愿三无漏智，断彼七识妄觉染污，名为恶心出佛身血也。○流支、实叉并以"七识"为"八识"。

⑩　流支、实叉于"五"上，皆有"内"字。

⑪　此名即证无间等真实法也。故流支云："行此无间，得名无间，无间者证如实法故。"实叉云："即得现证实法。"

⑫　流支云："不生疑心。"实叉云："不生疑惑。"○谓汝及余菩萨闻此义已，于未来世令诸众生不堕愚痴之惑。谓行内无间，即证圣智法门；行外无间，即入无间地狱也。

⑬　实叉云："谓余教中所说无间。"

⑭　余教中所说无间者，谓弑父、害母、坏阿罗汉、破和合僧、出佛身血。若行此五无间者，不唯于三解脱，一一不能得证无间等法，亦入无间地狱受无量苦也。

⑮　注云：除此愚夫实行外无间事。

⑯　实叉云："以神通力示同其事。"○谓此三种圣人，方便现行外无间时，为余作无间罪者除疑悔过。如阇王弑父、害母，身生恶疾，求佛忏悔，佛令作实相观，观已疾除。此是劝发，非实造也。

⑰《新说》云："无有实造无间业者,不得无间等苦也。"

⑱ 实叉云："离我我所分别执见。"

⑲ 余趣,即恶道。相续,即轮回。故流支云："遇善知识,于异道身,离于自心虚妄见过。"

⑳ 注云:以空无漏无间智,次第断此无明贪爱等。

㉑ 注云:言行是五种内无间,不入无间狱。○前文为显行内五无间证真实法故,因兼说外五无间,所以此偈唯颂内五无间也。

尔时大慧菩萨复白佛言:世尊,惟愿为说佛之知觉①。世尊,何等是佛之知觉?

佛告大慧:觉人法无我,了知二障②,离二种死③,断二烦恼④,是名佛之知觉。声闻缘觉得此法者,亦名为佛。以是因缘故,我说一乘⑤。

尔时世尊欲重宣此义,而说偈言:

善知二无我,二障烦恼断⑥,永离二种死,是名佛知觉。

【集注】

① 实叉作"诸佛体性"。

② 注云:烦恼障、智障亦断。

③ 注云:分段死、变易死。

④ 一者见惑,名分别烦恼,在初地入心少分中断;二者修惑,名俱生烦恼,在十地满心方能断尽。然此二烦恼断尽,尚有无明余习,断此余习,方证佛之知觉。故注本以二烦恼为四住烦恼、无明烦恼也。○《新说》云:"诸障中烦恼尤甚,又别示其相,欲学者痛治之。"

⑤ 以声闻缘觉,亦能证上二无我等法,故说一乘。

⑥ 实叉云:"除二障二恼。"

尔时大慧菩萨白佛言：世尊，何故世尊于大众中，唱如是言，"我是过去一切佛，及种种受生。我尔时作曼[1]陀转轮圣王①、六牙大象及鹦鹉鸟、释提桓因、善眼仙人"，如是等百千生经说②？

佛告大慧：以四等故③，如来应供等正觉，于大众中唱如是言，"我尔时作拘留孙、拘[2]那含牟尼、迦叶佛"。

云何四等？谓字等、语等、法等、身等，是名四等。以四种等故，如来、应供、等正觉于大众中唱如是言。

云何字等？若字称我为佛，彼字亦称一切诸佛，彼字自性无有差别，是名字等④。

云何语等？谓我六十四种梵音言语相生，彼诸如来、应供、等正觉亦如是，六十四种梵音言语相生，无增无减，无有差别，迦陵频伽梵音声性⑤。

云何身等？谓我与诸佛法身及色身相好无有差别，除为调伏彼彼诸趣差别众生故，示现种种差别色身，是名身等⑥。

云何法等？谓我及彼佛得三十七菩提分法⑦，略说佛法无障碍智。

是名四等。是故如来应供等正觉，于大众中唱如是言。

尔时世尊欲重宣此义，而说偈言：

迦叶拘留孙，拘[3]那含是我，以此四种等，我为佛子说。

---

[1]曼，《高丽藏》、《资福藏》、《碛砂藏》、《龙藏》、《频伽藏》、广胜本作"漫"。
[2]拘，《南藏》、《嘉兴藏》、宫内、广胜本作"钩"。
[3]拘，《碛砂藏》、宫内、广胜本作"钩"。

【集注】

① 流支、实叉并作"顶生王"。

② 流支云:"如是等百千经,皆说本生。"实叉云:"说百千本生之事。"○因上佛说觉二无我等法名之为佛,大慧以谓:过去诸佛由觉此法故名之为佛,今世尊觉此法亦名为佛,觉道虽一,过现不同,云何言我是过去一切诸佛? 又《本生经》说如来过去曾种种受生,如作转轮王及作释提、善眼、大象、鹦鹉等百千生,故举相违之义以问。事见《本生》等经。

③ 实叉云:"依四平等秘密意故。"

④ 实叉云:"谓我名佛,一切如来亦名为佛,佛名无别,是谓字等。"

⑤ 实叉云:"谓我作六十四种梵音声语,一切如来亦作此语,迦陵频伽梵音声性,不增不减,无有差别,是名语等。"○《新说》云:"《密迹力士经》说,佛声有八转,谓体、业、具、为、从、属、于、呼,是八转声,各具八德,所谓调和声、柔软声、谛了声、易解声、无错谬声、无难小声、广大声、深远声,八八即成六十四种。非唯释迦佛,一切诸佛皆如是。"[1]○频伽,此云妙声鸟。《正法念经》云:"迦陵频伽出妙音声,若天、若人、紧那罗等无能及者,唯除如来音声。"[2]故诸经称佛音声,必引为喻。

⑥ 注云:答上种种受生。佛谓除为化异趣众生,方便示现种种之身,若不如是,则无差别。

⑦ 《新说》云:"菩提是觉,分是因义。此三十七为诸乘觉因,亦为道品。故《净名》云"道品是道场"[3],是法身因。然三十七品,总有七类:一对治颠倒道,即四念处;二断诸懈怠道,谓四正勤;三引发神通道,谓四神足;四观现方便道,所谓五根;五亲近现观道,即是五力;六现观自体道,谓七觉分;七现观后起道,谓八正道。义如别说。此七类次第者,谓闻法已,先当念持,次即勤修,勤故摄心调柔,柔故信等成根,根增为力,

---

[1]"六十四种梵音"的相关内容,可参阅《佛说如来不思议秘密大乘经》卷第七,《大正藏》第 11 册,第 719 页下。

[2]相关内容,见《翻译名义集》二,《大正藏》第 54 册,第 1089 页下。

[3]该文为引证,原经文为"三十七品是道场",见后秦鸠摩罗什《维摩诘所说经》卷上《菩萨品》第四,《大正藏》第 14 册,第 542 页下。

七觉分别,八正正行。总以喻显法性如地,念处如种子,正勤为种植,神足如抽芽,五根如生根,五力如茎叶增长,开七觉华,结八正果。一切诸佛所证无异,是名法等。"

大慧复白佛言:如世尊所说,"我从某夜得最正觉,乃至某夜入般涅槃,于其中间,乃至不说一字,亦不已说、当说,不说是佛说"[①]。世尊[1],如来、应供、等正觉,何因说言"不说是佛说"[②]?

佛告大慧:我因二法故,作如是说。云何二法?谓缘自得法,及本住法,是名二法[③]。因此二法故,我如是说。

云何缘自得法?若彼如来所得,我亦得之,无增无减。缘自得法究竟境界,离言说妄想,离字二趣[④]。

云何本住法?谓古先圣道如金银等性,法界常住[⑤]。若如来出世,若不出世,法界常住,如趣彼城[2]道[⑥]。譬如士夫行旷野中,见向古城平坦正道,即随入城,受如意乐[⑦]。

大慧,于意云何?彼[3]作是道,及城中种种乐耶[⑧]?答言:不也。

佛告大慧:我及过去一切诸佛法界常住,亦复如是。是故说言,"我从某夜得最正觉,乃至某夜入般涅槃,于其中间不说一字,亦不已说、当说"[⑨]。

尔时世尊欲重宣此义,而说偈言:

我某夜成道,至某夜涅槃,于此二中间,我都无所说。

---

[1]世尊,《嘉兴藏》本同,余本作"大慧白佛言:世尊"。
[2]城,《高丽藏》《资福藏》《碛砂藏》《频伽藏》、广胜本讹作"成"。
[3]彼,《高丽藏》《频伽藏》、广胜本作"彼士夫"。

缘自得法住^⑩，故我作是说，彼佛及与我，悉无有差别^⑪。

【集注】

① 流支云："佛言非言。"

② 流支云："世尊依何等义，说如是语，佛语非语？"○大慧因上佛言"以此四种等，我为佛子说"，故引离言说相问之。

③ 不从他得曰"自得"，了无所迁曰"本住"。

④ 佛佛所证世出世自得之法，无丝毫增减，此法究竟境界，离言说、文字二种趣也。

⑤ 古先圣道法界常住，如金银等性，在矿不增，出矿不减。

⑥ 流支云："如城本道。"○此之法界，非因如来出世方得常住故，如趣彼城道也。

⑦ 实叉云："止息游戏。"

⑧ 流支云："彼人始作是道，随入城耶？始作种种诸庄严耶？"

⑨ 此古城道本来如是平坦，非因彼士夫入时始有，古先圣道亦复如是，非因如来出世说法利生始有之也。谓离文字、言说之相，唯在契证而已，故曰"不说一字"。

⑩ 注云：缘自得者，颂上"缘自得法"不是言说也。法住者，颂上"法界常住"亦不是言说，以明不说。

⑪ 言我与诸佛同证此无言说法故。

尔时大慧菩萨复请世尊：惟愿为说一切法有无有相，令我及余菩萨摩诃萨离有无有相，疾得阿耨多罗三藐三菩提。

佛告大慧：谛听谛听，善思念之，当为汝说。大慧白佛言：善哉世尊，唯然受教。

佛告大慧：此世间依有^[1]二种，谓依有及无^[2]①，堕性非性，欲见不离离相②。

大慧，云何世间依有？谓有世间因缘生，非不有；从有生，非无有生③。大慧，彼如是说者，是说世间无因④。

大慧，云何世间依无？谓受贪恚痴性已，然后妄想计著贪恚痴性非性⑤。

大慧，若不取有性者，性相寂静故⑥，谓诸如来、声闻、缘觉，不取贪恚痴性为有为无⑦。

大慧，此中何等为坏者⑧？

大慧白佛言：世尊，若彼取贪恚痴性，后不复取⑨。

佛告大慧：善哉善哉，汝如是解⑩。大慧，非但贪恚痴性非性为坏者，于声闻、缘觉及佛亦是坏者⑪。所以者何？谓内外不可得故，烦恼性异不异故⑫。

大慧，贪恚痴^[3]若内若外不可得，贪恚痴性无身故、无取故⑬，非佛、声闻、缘觉是坏者。佛、声闻、缘觉自性解脱故，缚与缚因非性故⑭。

大慧，若有缚者，应有缚是缚因故⑮。大慧，如是说坏者⑯，是名无有^[4]相⑰。

大慧，因是故，我说宁取人见如须弥山，不起无所有增上^[5]慢空见⑱。

———————————

[1]有，宫内本脱。
[2]有及无，《资福藏》、《碛砂藏》、《普宁藏》、《龙藏》、广胜本脱"无"，《高丽藏》、《频伽藏》本作"有无及"。
[3]痴，广胜本作"痴性"。
[4]无有，《高丽藏》、《频伽藏》本作"无所有"。
[5]上，《普宁藏》本讹作"二"。

大慧，无所有增上慢者，是名为坏，堕[1]自共相见希望⑲，不知自心现量，见外性无常，刹那展转坏，阴界入相续流注变灭，离文字相妄想，是名为坏[2]者⑳。

尔时世尊欲重宣此义，而说偈言：

有无是二边，乃至心境界，净除彼境界，平等心寂灭㉑。

无取境界性，灭非无所有，有事悉如如，如贤圣境界㉒。

无种而有生，生已而复灭，因缘有[3]非有，不住我教法㉓。

非外道非佛，非我亦非余，因缘所集起，云何而得无㉔？

谁集因缘有，而复说言无？邪见论生法，妄想计有无㉕。

若知无所生，亦复无所灭，观此悉空寂，有无二俱离㉖。

【集注】

① 实叉云："世间众生多堕二见，谓有见、无见。"

② 流支云："以见有诸法，见无诸法故。"○注云：不离，是有；离相，是无。○依有者，计诸法是有；依无者，计诸法是无。堕性非性者，计诸法有，名为性；破有为无，名非性。世间众生堕性非性者，唯欲见有诸法、见无诸法，故曰"欲见不离离相"。

③ 实叉云："谓实有因缘而生诸法，非不实有；实有诸法从因缘生，非无法生。"

④ 注云：外道计世间从四大、微尘、自在天等生，又说四大等不从因生，即是无因而有，故言"是说世间无因"。

⑤ 始受贪恚痴性，后起妄想计著此性为非性，故依无也。

---

[1]堕，《资福藏》、《碛砂藏》、《南藏》、《龙藏》本作"随"，当误。

[2]名为坏，《嘉兴藏》本同，余本作"名坏"。

[3]有，宫内本作"而"。

⑥ 注云：若不妄取贪痴为有性者,贪痴性相本来寂静,则不须破有依无也。

⑦ 注云：明三乘人知贪痴体离有无,故不取为有,即不须除有为无。

⑧ 实叉云："此中谁为坏者?"○坏,堕义。谓此中谁为堕空见者。

⑨ 谓彼愚夫以取贪恚痴性为有,不取为无者是也,以坏有立无为义。

⑩ 实叉云："汝解我问。"

⑪ 此人非止不取贪恚痴,谓三乘人亦因不取贪恚痴故,而得成圣果者。

⑫ 佛与声闻缘觉,非以不取为无是坏者。将欲明告其意,故曰"所以者何"。以内身外尘不可得故,烦恼之性非一非异。

⑬ 实叉作"无体性故、无可取故"。

⑭ 贪恚痴性内外既不可得,则无身无取,本来虚寂,非有非无,故佛与声闻缘觉非是坏者。以佛声闻等自性解脱,谓有无及能缚与缚因非有性故。故注本云：缚者,烦恼也;缚因者,众生也;非性者,无实也。言佛知烦恼与众生无实故,未尝有人断烦恼得解脱也。

⑮ 注云：缚者,众生也。言若有众生是缚因,应有烦恼为能缚;今观众生空,故无缚因,亦无烦恼为能缚也。此重释自性解脱。

⑯ 实叉云："作如是说,名为坏者。"

⑰ 若作如上说,取贪嗔痴为有,坏之为无者,是名不立有相,则堕空见。

⑱ 实叉云："不起空见,怀增上慢。"

⑲ 起无所有空见为增上慢人,是名不取贪嗔痴为坏者,则堕自共相见希望妄想。

⑳ 不知自心现量,见外法无常,刹那之间展转变坏,及阴界入相续流注变灭,悉归于无,谓已离文字相妄想分别,亦堕无所有空见,是名坏诸法之相者。

㉑ 注云：净除有无及妄心境界,平等心自然寂灭。

㉒ 注云：知贪爱境界性，虚妄无可取，即是体性寂灭，非是无他所有始寂灭也。观诸有事悉平等无二，即是贤圣境界。

㉓ 实叉云："彼非住我法。"○注云：世间从因缘有，后除灭之，名非有。言外道作此有无解者，不住如来实相教法。

㉔ 实叉以"亦非余"为"非余众"，"因缘所集起"为"能以缘成有"。○注云：言生法，非外道作，又非佛作，非神我作，亦非余者微尘四大等作，但从妄想生故也。既从因缘集会始得起者，即无自体；无自体，即明无此生法也。生法本无，何须更无之？

㉕ 《新说》云："四大五蕴中各无主，谁集会之，仍说因缘有生？有既不有，宁得复说破有为无？明外道邪见故，说有生法；妄想故，计为有无。"

㉖ 流支、实叉并以"观此"为"观世"。

尔时大慧菩萨复白佛言：世尊，惟愿为我及诸菩萨说宗通相。若善分别宗通相者，我及诸菩萨通达是相。通达[1]是相已，速成阿耨多罗三藐三菩提，不随觉想及众魔外道①。

佛告大慧：谛听谛听，善思念之，当为汝说。大慧白佛言：唯然受教。

佛告大慧：一切声闻、缘觉、菩萨有二种通相，谓宗通及说通②。

大慧，宗者，谓缘自得胜进相，远离言说文字妄想，趣无漏界自觉地[2]自相，远离一切虚妄觉想，降伏一切外道众魔，缘[3]自觉趣光明辉发，是名宗通相③。

---

[1]通达，《嘉兴藏》本同，余本作"通"。
[2]地，宫内本讹作"也"。
[3]缘，《资福藏》、《碛砂藏》、《南藏》、《龙藏》本脱。

云何说通相？谓说九部种种教法，离异不异、有无等相，以巧方便随顺众生，如应说法，令得度脱，是名说通相④。

大慧，汝及余菩萨应当修学⑤。

尔时世尊欲重宣此义，而说偈言：

宗及说通相，缘自与教法⑥，善[1]见善分别，不随诸觉想⑦。

非有真实性，如愚夫妄想⑧，云何起妄[2]想，非性为解脱⑨？

观察诸有为，生灭等相续，增长于二[3]见，颠倒无所知⑩。

一是为真谛，无罪为涅槃⑪，观察世妄想，如幻梦芭蕉⑫。

虽[4]有贪恚痴，而实无有人⑬，从爱生诸阴，有皆如幻梦⑭。

【集注】

① 流支云："不随一切虚妄觉观魔事故。"

②《宗镜》云："内证自心第一义理，住自觉地，入圣智门，以此相应，名宗通相。此是行时，非是解时，因解成行，行成解绝，则言说道断，心行处灭。"又曰："宗通为菩萨，说通为童蒙。"[5]

③ 以自得胜进故，能离文字言说，趣无漏界，入自觉地，证真实相；

---

[1]善，《嘉兴藏》、宫内本同，余本作"若"。

[2]妄，《嘉兴藏》、宫内本同，余本作"欲"。

[3]二，宫内本讹作"一"。

[4]虽，《石经》本讹作"唯"。

[5]见《宗镜录》卷第三，《大正藏》第48册，第428页中。

又能远离虚妄觉想,降伏众魔外道者,缘自觉趣智光所证也。

④ 杨云:"如响之应,曰如应。"

⑤《新说》云:"经通大小乘,有十二部。今说九部者,如《涅槃》第三云'护大乘者,受持九部',《法华》第一云'我此九部法,随顺众生说'。《瑜伽》等论,说声闻藏无有方广,然诸经论且约一相,故作是说。如实说者大小皆具,如《深密》中菩萨依十二分教修奢摩他,《瑜伽》二十一云'佛为声闻,一一具演十二分教'。而《涅槃》说大但有九者,依三部之小相故,谓因缘中取因事制戒,于譬喻中依为诱引,于论义中约非了义。《法华》九部小者,三相大故,于记莂中取记作佛,自说之内依不请友,方广之中依广大利乐,其正法广陈通大通小。今此既云'一切二乘及诸菩萨,有二种通相',则会权殊实,亦该《法华》、《涅槃》之二义也。故谓说九部种种教法,离于一异有无四句见相等,是名说通相,结劝菩萨应勤修学。"

⑥ 实叉云:"宗趣与言说,自证及教法。"

⑦ 此略举宗说二义,若善分别,则不随妄觉凡夫。

⑧ 流支云:"实无外诸法,如凡夫分别。"

⑨《新说》云:"若知诸法非有实性,无可得故,即是解脱如来宗趣。"

⑩《新说》云:"明于生灭中,妄计有实,增长有无二见者,是愚夫颠倒,无正知见。"

⑪ 注云:平等一如为真谛。○《行法经》云:"一切业障海,皆从妄想生。"[1]故注本云:罪者,妄想也;言无妄想,即是涅槃。

⑫《净名》云:"是身如芭蕉,中无有坚;是身如幻,从颠倒起;是身如梦,为虚妄见。"[2]○《新说》云:"已上明如来宗趣也,言如来有自宗通,故知世法虚妄,悉如幻梦。"

---

[1] 见宋昙无蜜多译《佛说观普贤菩萨行法经》,一卷。《大正藏》第9册,第393页中。
[2] 见后秦鸠摩罗什译《维摩诘所说经》卷上《方便品》第二,《大正藏》第14册,第539页中。

⑬ 杨云:"皆自起故。"

⑭《新说》云:"此颂上'言说相'也。佛言虽有贪恚痴,是虚妄所见故,实无有人也。从渴爱所逼妄生五阴,计此五阴为有者,如梦所见也。"

尔时大慧菩萨白佛言:世尊,惟愿为说不实妄想相①。不实妄想云何而生②?说何等法名不实妄想③?于何等法中不实妄想④?

佛告大慧:善哉善哉,能问如来如是之义,多所饶益,多所安乐,哀悯世间一切天人。谛听谛听,善思念之,当为汝说。大慧白佛言:善哉世尊,唯然受教。

佛告大慧:种种义、种种不实妄想⑤,计著妄想生⑥。大慧,摄所摄计著,不知自心现量,及堕有无见,增长外道见⑦。妄想习气,计著外种种义,心、心数妄想,计著我我所生[1]⑧。

大慧白佛言:世尊,若种种义、种种不实妄想计著,妄想生。摄所摄计著,不知自心现量,及堕有无见,增长外道见。妄想习气计著外种种义,心心数妄想,我我所计著生[2]⑨。

世尊,若如是外种种义相,堕有无相[3],离性非性,离见相⑩。

世尊,第一义亦如是,离量、根[4]、分、譬[5]、因相⑪。

---

[1]计著我我所生,《资福藏》本作"我我所计著生"。

[2]"大慧白佛言"至"我我所计著生",《碛砂藏》、《资福藏》本无。

[3]相,《石经》本作"想"。

[4]根,《高丽藏》、《频伽藏》、广胜本作"限"。

[5]譬,《高丽藏》、《频伽藏》本作"譬喻"。

世尊，何故一处妄想不实义种种性计著，妄想生；非计著第一义处相，妄想生⑫？将无世尊说邪因论耶[1]⑬？说一生一不生⑭。

佛告大慧：非妄想一生一不生⑮。所以者何？谓有无妄想不生故，外现性非性，觉自心现量，妄想不生⑯。

大慧，我说余愚夫自心种种妄想相故，事业在前，种种妄想性相[2]计著生⑰。

云何愚夫得离我、我所计著见，离作、所作因缘过⑱？觉自妄想心量，身心转变，究竟明解一切地如来自觉境界，离五法、自性事见妄想⑲。

以是因缘故，我说妄想从种种不实[3]义计著生，知如[4]实义，得解脱自心[5]种种妄想⑳。

尔时世尊欲重宣此义，而说偈言：

诸因及与缘，从此生世间，妄想著四句，不知我所通㉑。

世间非有生，亦复非无生，不从有无生，亦非非有无㉒。

诸因及与缘，云何愚妄想㉓？

非有亦非无，亦复非有无，如是观世间，心转得无我㉔。

一切性不生，以从缘生故，一切缘所作，所作非自有㉕。

事不自生事，有二事过故，无二事过故，非有性可得㉖。

观诸有为法，离攀缘所缘，无心之心量，我说为心量㉗。

量者自性处，缘性二俱离，性究竟妙净，我说名心[6]量㉘。

---

[1]耶，《高丽藏》、《碛砂藏》、《南藏》、《龙藏》、《频伽藏》本作"邪"。

[2]相，《资福藏》本脱，《高丽藏》、《碛砂藏》、《频伽藏》本讹作"想"。

[3]不实，《资福藏》、《碛砂藏》本无，当脱。

[4]如，《石经》本作"知"。

[5]自心，《碛砂藏》、《石经》本作"自"，《高丽藏》、《资福藏》、广胜本作"息"。

[6]心，《嘉兴藏》本同，余本作"为"。

施设世谛我,彼则无实事,诸阴阴施设,无事亦复然㉙。

有四种平等,相及因性生,第三无我等,第四修修者㉚。

妄想习气转,有种种心生,境界于外现,是世俗心量㉛。

外现而非[1]有,心见彼种种,建立于身财,我说为心量㉜。

离一切诸见,及离想所想,无得亦无生,我说为心量。

非性非非性,性非性悉离,谓彼心解脱,我说为心量。

如如与空际㉝,涅槃及法界,种种意生身,我说为心量㉞。

【集注】

① 注云:问妄想相。

② 问妄想云何生。

③ 问妄想体。

④ 问妄想起处。

⑤ 注云:言种种色、声、香、味、触,人天诸法义是妄想相。答上问妄想相。

⑥ 注云:言计著人天等诸法义,故生妄想。答上问妄想云何生。

⑦ 注云:不知我我所是自心现量,妄生计著,堕有无见,增长外道四句,是妄想体。答上问妄想体。

⑧ 上"心"字,是八识心王;下"心数"字,是心法之名数。此数有五十一种,谓遍行五、别境五、善十一、烦恼六、随烦恼二十、不定四。心数,或云心所,此五十一种是心所有法,皆属能缘计著,色等相应起时,造善恶业。

⑨ 大慧牒上语以难之。

---

[1]非,《石经》本作"不"。

⑩《新说》云："谓若如是者，世谛所见外种种义堕有无相，即是性离有无超四句见相。"

⑪ 实叉以"量"为"根量"。○《新说》云："谓第一义离妄想诸根，及三种量、五分论、譬喻、因相。"

⑫《新说》云："明世尊何故偏于世谛离有无处，言起妄想；第一义谛离有无处，不言起妄想耶？"

⑬ 流支云："堕世间论。"实叉云："所言乖理。"○疑世尊所说为不正之论。

⑭ 注云：言世谛与第一义谛，既同离有无，何故一处生妄想，一处不生妄想？成上佛说邪因论。

⑮ 注云：佛言，我非计世谛处生妄想，第一义谛处不生妄想。

⑯ 注云：觉有无是自心现量，外现性无实故，不计著世谛处生妄想。

⑰ 注云：佛言我前说种种不实义计著生妄想者，为余愚夫计著事业为实故，我说种种义不实妄想计著生。

⑱ 注云：愚夫既妄计不实义生妄想，云何能离我我所、作所作妄想因缘过也。

⑲ 杨云："至此又拂五法、自性之迹。"

⑳ 以是因缘故，我说愚夫执著种种不实而生妄想。若能知如实义，即得解脱，灭诸妄想。○注本作"得解脱，息种种妄想"。

㉑ 注云：妄计因缘中有生，故起有无四句见，不知如来所通，从缘生者是无生。

㉒ 注云：此是有无四句，言世间不从此四句生。

㉓ 注云：云何愚夫妄想，计因缘中有生？

㉔《新说》云："能如是观者，妄心转灭，得法无我。"

㉕ 注云：从缘生者，无自体故，则知一切法无生。○杨云："所作皆缘于心。"

㉖ 实叉云："果不自生果，有二果失故，无有二果故，非有性可得。"

〇此言果者，以事法为果也。故注本云：如粟还自生粟，即有能所过故；既无能生所生过，则无生性可得。

㉗ 妄想念虑名攀缘，六尘境界为所缘，离此二缘，是无心之心量，故为心量也。

㉘ 言量之自性处，由所缘之法，能缘之性，二俱离故。此自性究竟妙净尚属表示，故说为心量也。

㉙ 实叉云："施设假名我，而实不可得，诸蕴缊假名，亦皆无实事。"

㉚ 注云：相者，五阴相也，言相非相平等也。因性生者，因果平等也。修，是所修法；修者，是人也，言人与所修法平等也。

㉛ 以不了平等故，妄想习气随转。妄想习气随转故，种种心生。种种心生故，境界外现。是为世俗心量。

㉜ 注云：言妄心妄见彼种种生死妄想，建立有五识身财，亦是心量。

㉝ 流支、实叉皆云"真如空实际"。

㉞ 注云：对变异故说如如，对有故说空，对妄故说实际，对生死故说涅槃，对六道故说法界，对五阴故说意生身。〇《宗镜》云："量者，是能缘心，但有对俗说真，因虚立实，斥差别，论平等，遣异相，建如如，尽是对待得名，破执说教。"[1]

尔时大慧菩萨白佛言：世尊，如世尊所说，菩萨摩诃萨当善语义。云何为菩萨善语义？云何为语？云何为义①？

佛告大慧：谛听谛听，善思念之，当为汝说。大慧白佛言：善哉世尊，唯然受教。

佛告大慧：云何为语？谓言字妄想和合，依咽喉、唇舌、齿龂、颊辅，因彼我言说，妄想习气计著生，是名为语②。

---

[1] 见《宗镜录》卷第八十五，《大正藏》第48册，第884页中。

大慧,云何为义? 谓离一切妄想相、言说相,是名为义[1]。

大慧,菩萨摩诃萨于如是义,独一静处,闻思修慧,缘自觉了向涅槃城,习气身转变已,自觉境界,观地地中间胜进义相,是名菩萨摩诃萨善义③。

复次大慧,善语义菩萨摩诃萨,观语与义非异非不异,观义与语亦复如是。若语异义者,则不因语辨[2]义,而以语入义,如灯照色④。

复次大慧,不生不灭、自性涅槃、三乘、一乘、心、自性等,如缘言说义计著,堕建立及诽谤见。异建立、异妄想,如幻种种妄想现。譬如种种幻,凡愚众生作异妄想,非圣贤[3]也⑤。

尔时世尊欲重宣此义,而说偈言:

彼言说[4]妄想,建立于诸法,以彼建立故,死堕泥犁中⑥。

阴中无有我,阴非即是我,不如彼妄想,亦复非无我⑦。

一切悉有性,如凡愚妄想,若如彼所见,一切应见谛⑧。

一切法无性,净秽悉无有,不实如彼见,亦非无所有⑨。

【集注】

① 注云:因上愚夫知如实义,得解脱自心种种妄想,故举上菩萨当

---

[1]是名为义,《石经》本脱。
[2]辨,《高丽藏》、《资福藏》、《嘉兴藏》、《龙藏》、广胜本作"辩"。
[3]圣贤,《石经》本作"贤圣"。
[4]说,《嘉兴藏》、宫内、广胜同,余本讹作"既"。

依于义，莫著言说，故问"云何菩萨善语义"。

② 此明言说文字等和合所依之处，然后因彼我言说等，计著分别诸法，出诸音声，是名为语。

③ 流支云："菩萨摩诃萨依闻思修圣智慧力，于空闲处独坐思惟，云何涅槃、趣涅槃道？观察内身修行境界，地地处处修行胜相，转彼无始熏习之因。大慧，是名菩萨善解义相。"〇闻思修慧，名曰三慧。

④ 实叉云："譬如有人，持灯照物，知此物如是，在如是处。"〇注云：因灯见色，而色非灯也。因灯见色，不得言异；而色非灯故，不得言一。以譬因语入义，不得言异；而义非语故，不得言一，故言离异不异。

⑤ 实叉云："大慧，若有于不生不灭、自性涅槃、三乘、一乘、五法、诸心、自性等中，如言取义，则堕建立及诽谤见，以异于彼起分别故。如见幻事计以为实，是愚夫见，非贤圣也。"〇《新说》云："此明若有于不生不灭等染净诸法中，如言取义，计言说与义一者，名建立计；言说与义异者，名诽谤。"

⑥ 《新说》云："言诸愚夫随言取义建立诸法，以计有法不免恶道，诽谤亦尔。"

⑦ 谓五阴中初无有我，又谓非五阴是我，然亦非如彼愚夫妄想，计为实无有我。

⑧ 如凡愚妄想，见一切诸法悉皆有性，若实有性，于一切法应亦见实谛。此明非有性也。

⑨ 一切法性既无，安有染净？然圣人于一切法，与彼愚夫所见无异，但知其为不实，非无所有。此明非无性也。

复次大慧，智识相今当说①。若善分别智[1]识相者，汝及诸菩萨则能通达智识之相，疾成[2]阿耨多罗三藐三

---

[1]智，《资福藏》《碛砂藏》本无。
[2]成，《嘉兴藏》本作"得"。

菩提。

大慧,彼智有三种,谓世间、出世间、出世间上上[1]。

云何世间智？谓一切外道凡夫计著有无。

云何出世间智？谓一切声闻、缘觉堕自共相希望计著。

云何出世间上上智？谓诸佛菩萨观无所有法,见不生不灭,离有无品,如[2]如来地,人法无我,缘自得生②。

大慧,彼生灭者是识,不生不灭者是智。

复次,堕相无相,及堕有无种种相因是识,超有无相是智③。

复次,长养相是识④,非长养相是智⑤。

复次,有三种智,谓知生灭,知自共相,知不生不灭⑥。

复次,无碍相是智,境界种种碍相是识⑦。

复次,三事和合生方便相是识,无事方便自性相是智⑧。

复次,得相是识,不得相是智⑨。自得圣智境界不出不入故,如水中月⑩。

尔时世尊欲重宣此义,而说偈言：

采集业为识⑪,不采集为智,观察一切法,通达无所有,逮得自在力,是则名为慧⑫。

缚境界为心,觉想生为智,无所有及胜,慧则从是生⑬。

心意及与识⑭,远离思惟想,得无思想法,佛子非声闻⑮。

---

[1]上上,《嘉兴藏》、宫内本同,余本作“上上智”。
[2]如,《高丽藏》、《频伽藏》、广胜本作“入”,余本无。

寂静胜进忍,如来清净智,生于善胜义,所行悉远离⑯。

我有三种智,圣开发真实⑰。

于彼想^[1]思惟,悉摄受诸性;二乘不相应,智离诸所有,计著于自性,从诸声闻生;超度诸心量,如来智清净⑱。

【集注】

① 注云:如来因上菩萨当善语义相,欲明知语者是识、知义者是智,故次明智识相也。

② 谓此智从自得圣境界所生。

③ 谓不堕有相无相,及有无相等因也。

④ 谓熏集种子,长养诸法,起现行相也。

⑤ 自"缘自得生"下,辨识明智,成上世出世等三种智也。

⑥《新说》云:"明如来一智应物有殊也。谓应凡夫知生灭,导二乘知自共相,类菩萨知不生不灭,故复言三种也。"

⑦ 注云:知妄故无碍,计有即有碍。

⑧ 实叉云:"三和合相应生是识,无碍相应自性相是智。"○《新说》云:"我及根尘三事和合相应生,是识;不借缘生,不因境起,无碍相应,性自神解,名智。"

⑨ 自"知不生不灭"下,辨识明智,成上"复次有三种智"也。

⑩ 杨云:"自得境界实相如如,不见去来,如水中月,是谓圣智。"

⑪ 即前偈"心名采集业",此以妄心为识也。

⑫ 杨云:"不采为智,至此发慧。"

⑬ 注云:为烦恼境界所缚者,为妄想心;觉烦恼境界从妄想生者,为智。无所有,八地也。胜,佛地也。○谓八地及佛地之慧,从觉妄想智所生也。

---

⑭ 义见首卷"离心意意识"下注。

⑮ 八地及佛地之慧发生，知心意诸识虚妄，远离思惟妄想，得无思惟妄想法，登菩萨地为佛真子，非声闻可比，故曰非声闻也。

⑯《仁王经》中说有五忍，谓伏、信、顺、无生、寂灭，各有下中上品。地前但得伏忍，三品九地如次配次三忍，十地、等觉及佛得寂灭忍，故云"寂静胜进忍，是如来清净智"也。明佛忍净智从胜义谛生，妄想心识所行境界皆悉远离。

⑰ 注云：如来随机说法故，有三种智。言此三种智，正欲开悟众生，令得真实离言说法。

⑱ 于彼妄想起思惟，摄受诸生灭性者，此世间智也。二乘智慧离诸所有，不与诸生灭相应，然计著自共相性，谓从声闻生者，此出世间智也。越彼凡愚二乘，世间出世间种种心量，得如来清净智者，此乃出世间上上智也。盖总颂上二种三智。

复次大慧，外道有九种转变论，外道转变见生，所谓：形处转变、相转变、因转变、成转变、见转变、性转变、缘分明转变、所作分明转变、事转变。大慧，是名九种转变见。一切外道因是起有无生转变论①。

云何形[1]处转变？谓形处异见。譬如金变作诸器物，则有种种形处显现，非金性变。一切性变亦复如是②。或有外道作如是妄想，乃至事变[2]妄想，彼非如非异，妄想故③。如是一切性转变，当知如乳酪、酒果等熟。外道转变妄想，彼亦无有转变，若有若无自心现，外性非性④。

大慧，如是凡愚众生自妄想修习生[3]。大慧，无有法

---

[1]形，《石经》本无。
[2]变，《高丽藏》《频伽藏》本作"转变"。
[3]生，《石经》本脱。

若生若灭,如见幻梦色生⑤。

尔时世尊欲重宣此义,而说偈言:

形处时转变,四大种诸根,中阴渐次生,妄想非明智⑥。

最胜于缘起,非如彼妄想,然世间缘起,如揵[1] 闼婆城⑦。

【集注】

① 注云:人天六道形状不同,名形处转变;五阴相生住异灭,一念不住,名相转变;因灭果起,名因转变;因所成法坏,名成转变;于一法上,始见为是,后见为非,名见转变;万物体性转变,名性转变;十二因缘生灭不住,名缘分明转变;缘所作果坏,名所作分明转变;有为法灭,名事转变。诸外道因是九种转变,起有无见,生转变论。

②《新说》云:"明此形转变,譬如以金作诸器服,则有种种形状不同,言有转变,非金性变也。一切诸法转变亦尔,妙明真体常住不易,凡夫外道无有知者。"

③ 实叉云:"诸余外道种种计著,皆非如是,亦非别异,但分别故。"

④《新说》云:"外道妄计一切性转变非一非异,譬如乳酪酒果等熟也。因乳得酪,不得言异;气味不同,不得言一,彼实无有,无法可转变也。言有无法是自心妄现,外性无实故。"○非一,即非如也。

⑤ 实叉云:"皆是愚迷凡夫从自分别习气而起,实无一法若生若灭,如因幻梦所见诸色,如石女儿,说有生死。"

⑥ 实叉以"中阴"作"中有"。○《新说》云:"外道言形处、时节、四大作种诸根转变,二乘之人计有中阴渐续生阴,悉是妄想。"○中阴,即中有也。《俱舍》云:"死生二有中五蕴,名中有。"[2]

⑦《新说》云:"佛知因缘所起法无生,非如彼妄想分别,计因缘中有

[1]揵,《高丽藏》、《龙藏》本作"乾"。
[2]见《阿毗达磨俱舍论》卷第八《分别世品》第三之一,《大正藏》第29册,第44页中。

· 155 ·

世间诸法转变也。但世间从缘起者,如捷闼婆城本不实故。"

尔时大慧菩萨复白佛言:世尊,惟愿为说一切法相续义、解脱义。若善分别一切法相续、不相续相①,我及诸菩萨善解一切相续巧方便,不堕如所说义计著相续。善于一切诸法相续、不相续相,及离言说文字妄想觉,游行一切诸佛刹土无量大众,力自在通[1]总持之印[2]。种种变化光明照耀,觉慧善入十无尽句,无方便行犹如日月、摩尼、四大②。于一切地离自妄想相见③,见一切法如幻梦等,入佛地身。于一切众生界,随其所应而为说法,而引导之,悉令安住一切诸法如幻梦等,离有无品及生灭妄想,异言说义,其身转胜④。

佛告大慧:善哉善哉,谛听谛听,善思念之,当为汝说。大慧白佛言:唯然受教。

佛告大慧:无量一切诸法,如所说义计著相续⑤,所谓:相计著相续⑥,缘计著相续⑦,性非性计著相续⑧,生不生妄想计著相续,灭不灭妄想计著相续,乘非乘妄想计著相续,有为无为妄想计著相续,地地自相妄想计著相续⑨,自妄想无间妄想计著相续⑩,有无品外道依妄想计著相续⑪,三乘一乘无间妄想计著相续⑫。

复次[3]大慧,此及余凡愚众生,自妄想相续⑬,以此相续故,凡愚妄想[4]如蚕作茧,以妄想丝自缠缠他,有无

---

[1]通,《高丽藏》、广胜本作"神通"。
[2]印,《石经》本讹作"市"。
[3]复次,《石经》本脱。
[4]想,原作"相",据《高丽藏》、《龙藏》本改。

有[1] 相续相计著⑭。

复次大慧，彼中亦无相续及不[2] 相续相，见一切法寂静。妄想不生故，菩萨摩诃萨见一切法寂静。

复次大慧，觉外性非性，自心现相无所有⑮，随顺[3] 观察自心现量，有无一切性无相，见相续寂静故，于一切法无相续、不相续相⑯。

复次大慧，彼中[4] 无有若缚若解，余堕不如[5] 实觉知，有缚有解⑰。所以者何？谓于一切法有、无有，无众生可得故⑱。

复次大慧，愚夫有三相续，谓贪恚痴，及爱未来有，喜爱俱⑲。以此相续故，有趣相续。彼相续者，续五趣⑳。大慧，相续断者，无有相续不相续相。

复次大慧，三和合缘作方便计著，识相续无间生㉑，方便计著，则有相续。三和合缘识断，见三解脱，一切相续不生㉒。

尔时世尊欲重宣此义，而说偈言：

不真实妄想，是说相续相，若知彼真实，相续网则断㉓。

于诸性无知，随言说摄受，譬如彼蚕虫，结网而自缠㉔，愚夫妄想缚，相续不观察㉕。

【集注】

① 此问一切法相续不相续义，及相续不相续相。言解脱者，即不相

---

[1] 有，《高丽藏》、《资福藏》、《碛砂藏》、《龙藏》本无。

[2] 及不，《碛砂藏》、宫内、广胜本作"及"，《龙藏》本作"不"。

[3] 顺，《龙藏》本讹作"显"。

[4] 中，《石经》本无。

[5] 如，《石经》本脱。

续义也。

② 日月之照临,摩尼之随色,地水火风之周遍,皆无作也。菩萨无方便行如之。

③ 实叉云:"住于诸地,离分别见。"

④ 实叉云:"断生灭执,不著言说,令转所依。"○注云:法身转胜也。

⑤ 实叉云:"于一切法如言取义,执著深密,其数无量。"

⑥ 计五阴相。

⑦ 计十二因缘。

⑧ 计有非有。

⑨ 于地地计自起,如无阶级中立阶级。

⑩ 计自妄想无间。

⑪ 外道计有无品为宗。

⑫ 计三乘与一乘无间。

⑬ 注云:此,外道也。言外道及凡愚众生自妄想故,说有相续。

⑭ 注云:计有无起相续相。

⑮ 杨云:"菩萨当觉外性非本有性,惟自心现,亦本无有。"

⑯ 杨云:"以见分别有无故,名相续;以见诸法寂静故,名不相续,菩萨于此悉无是相。"

⑰ 注云:明至理无缚无解,余愚夫堕不如实妄想觉知,故有缚有解。

⑱ 实叉云:"一切诸法若有若无,求其体性不可得故。"

⑲ 注云:愚夫现在三毒与未来喜爱俱,故有相续。

⑳ 实叉云:"令诸众生续生五趣。"

㉑ 注云:外道妄计三缘发识,造作诸业故,生死诸阴相续不绝。

㉒ 注云:计著三缘方便,则有相续;三缘识断,一切相续不生,则见三解脱门。

㉓ 注云:谓不实妄想故,说有相续相;若了真实,解脱尚无,相续纲岂有?

㉔ 实叉云："譬如蚕处茧,妄想自缠缚。"

㉕ 注云:愚夫不知诸性无实,随方便言说摄受计著,不观察相续是虚妄,为妄想所缠。

大慧复白佛言:如世尊所说,以彼彼妄想,妄想彼彼性,非有彼自性,但妄想自性耳[1]。

世尊[1],若但妄想自性,非性自性相待[2]者,非为世尊如是说烦恼、清净无性过耶?一切法妄想自性非性故[2]。

佛告大慧:如是如是,如汝所说。大慧,非如愚夫性自性妄想真实[3]。此妄想自性,非有性自性相然[4]。大慧,如圣智有性自性,圣知圣见圣慧眼,如是性自性知[5]。

大慧白佛言:若使如圣,以圣知、圣见、圣慧眼,非天眼、非肉眼,性自性如是知,非如愚夫妄想[6]。

世尊,云何愚夫离是妄想,不觉圣性事故[7]?

世尊,彼亦非颠倒、非不颠倒。所以者何?谓不觉圣事性自性故,不见离有无相故[8]。

世尊,圣亦不如是见,如事[3]妄想,不以自相境界为境界故[9]。

世尊,彼亦性自性相,妄想自性如是现,不说因无因故,谓堕性相见故[10]。异境界,非如彼等,如是无穷过。世尊,不觉性自性相故[11]。

世尊,亦非妄想自性因,性自性相,彼云何妄想非妄想,

---

[1]世尊,《嘉兴藏》本同,余本作"大慧白佛言:世尊"。

[2]待,《石经》本讹作"侍"。

[3]事,《高丽藏》、《碛砂藏》、《频伽藏》本作"是"。

如实知妄想[12]?

世尊，妄想异[13]，自性相异。世尊，不相似因，妄想自性相[1]。彼云何各各不妄想，而[2]愚夫不如实知[14]？然为众生离妄想故，说如妄想相不如实有[15]。

世尊，何故遮众生有无有见[3]事自性计著，圣智所行境界计著，堕有见[16]？说空法非性，而说圣智自性事[17]？

佛告大慧：非我说空法非性，亦不堕有见，说圣智自性事，然为令众生离恐怖句故[18]。众生无始以[4]来，计著性自性相，圣智事自性计著相见，说空法[19]。

大慧，我不说性自性相[5][20]。

大慧，但我住自得如实空法，离惑乱相见，离自心现性非性见，得三解脱，如实印所印，于性自性得缘自觉观察住，离有无事见相[21]。

【集注】

① 实叉云："如世尊说，由种种心分别诸法，非诸法有自性，此[6]但妄计耳。"〇以彼彼妄想分别诸法，则知妄想彼彼性，彼非有性，但妄想计有自性耳。

② 流支云："世尊，若唯自心分别，非彼法相者，如世尊说，一切诸法应无染净。何以故？如来说言一切诸法妄分别见，无实体故。"〇大慧谓：若但妄想自性，非与性自性相为对待者，是无诸法之性；岂非是世尊

---

[1]相，广胜本作"想"。
[2]而，《嘉兴藏》本同，余本无。
[3]有无有见，《高丽藏》《频伽藏》本作"有无见"，《普宁藏》本讹作"有无有是"。
[4]以，《高丽藏》本作"已"。
[5]相，《石经》本脱。
[6]此，原脱，据唐译本补。

所说众生染习烦恼、如来清净涅槃，一切无性为过？以一切法妄想自性非有性故，成上如来说无性过也。

③ 愚夫于性自性，计妄想以为真实，故言"非如"。

④ 实叉云："此但妄执，无有性相。"

⑤ 已上答大慧所问烦恼、清净无性之过，即以圣智、圣知、圣见、圣慧眼，明如实性自性，非同凡愚妄想自性也。

⑥ 流支云："如诸圣人等，依圣智、依圣见、依圣慧眼，非肉眼、天眼，觉知一切诸法体相无如是相，非如凡夫虚妄分别。"○自此下，至"而说圣智自性事"文，起五难。依《新说》：一凡圣各别难。

⑦ 问：云何愚夫离是妄想分别境界，竟不能觉知圣性智事？○二非倒不倒难。

⑧ 谓其非颠倒者，不觉圣事性自性故；谓其非不颠倒者，不见离有无相故。○三明圣同凡倒难。

⑨ 圣于诸法亦不作颠倒不颠倒见。如凡愚计著有无事相妄想，圣人若以妄想为妄想，以自觉相境界为境界，则成认著，所以言"不以"也。

⑩ 流支云："彼诸圣人见有法体，分别法相，以世尊不说有因、不说无因。何以故？以堕有法相故。"○注云：圣人亦有真实性自性相，如凡愚妄想自性现。○《新说》云："此正立难也。"

⑪《新说》云："此重释成也。"○异境界者，具言三界凡夫异趣境界也。若异境界凡夫，非如彼等圣人，是凡乖于圣；若圣人非如彼等异境界凡夫，是圣违于凡。如是则有无穷之过，由不能觉知性自性相故。○四明凡境非妄难。

⑫ 实叉云："诸法性相不因分别，云何而言以分别故而有诸法？"○此妄想自性，非因性自性相而有，彼圣人云何以妄想为非妄者？为如实知妄想为不实也。

⑬ 流支、实叉于"异"上，并有"相"字。

⑭ 幻梦妄想、诸法自性二相之因各异，故曰"不相似因"。此不相似因妄想自性相，彼圣人云何各各不妄想？以如实知妄想故。而愚夫不如

实知,故不离妄想。

⑮ 注云:然为令愚夫离不如实妄想故,说诸法如幻梦妄想相不如实有。○五明圣堕有见难。

⑯ 言世尊何故令彼凡夫离有、无见,及计著事自性,而自计著圣智所行境界?堕于有见,即是如来说有也。

⑰ 实叉云:"何以故不说寂静空无之法,而说圣智自性事故?"○注云:说一切法空无,实即是如来说无也。说圣智知有真实自性事,即是如来说事。如来自说有、说无、说事,何故遮众生说有、说无、说事乎?○《新说》云:"佛上又言分别法性非如是有,是堕无见。此难圣人亦堕有无也。"

⑱ 自此下至"离有无事见相",总答前五难也。○注云:众生计著于有无,若闻说诸法如幻,则生断灭恐怖,是故如来方便为说有圣智自性事。

⑲ 注云:众生无始以来计著有无自性相故,于圣智事离有无处计著相见。为此众生故,说诸法空除其执著,故不堕无过。

⑳ 缴[1]所说圣智空法,皆为众生故,我不自说性自性相也。

㉑ 谓我不说性自性相,但住自得如实空法,离惑乱相见,及自心现有无性见,故得三空智,获如实印,于性自性自觉观察,离有无事见相故。

复次大慧①,一切法不生者,菩萨摩诃萨不应立是宗。所以者何?谓宗一切性非性故,及彼因生相故②。

说一切法不生宗,彼宗则坏。彼宗一切法不生,彼宗坏者,以宗有待而生故③。

又彼宗不生,入一切法故④,不坏相不生故,立一切法不生宗者,彼说则坏⑤。

---

[1]缴,疑为"总"字。

大慧,有无不生宗,彼宗入一切性[1],有无相不可得⑥。

大慧,若使彼宗不生,一切性不生而立宗,如是彼宗坏,以有无性相不生故,不应立宗⑦。

五分论多过故⑧,展转因异相故,及为作故,不应立宗分⑨。

谓一切法不生,如是一切法空,如是一切法无自性,不应立宗⑩。

大慧,然菩萨摩诃萨说一切法如幻梦[2],现不现相故⑪,及见觉过故⑫,当说一切法如幻梦性,除为愚夫离恐怖句故⑬。

大慧,愚夫堕有无见,莫令彼恐怖,远离摩诃衍⑭。

尔时世尊欲重宣此义,而说偈言[3]:

无自性无说,无事无相续,彼愚夫妄想,如死尸恶觉⑮。

一切法不生,非彼外道宗,至竟无所生,性缘所成就⑯。

一切法不生,慧者不作想,彼宗因生故,觉者悉除灭⑰。

譬如翳目视,妄见垂发相,计著性亦然,愚夫邪妄想⑱。

施设于三有,无有事自性,施设[4]事自性,思惟起妄想。

相事设言教,意乱极震掉[5],佛子能超出,远离诸妄想⑲。

非水水想[6]受⑳斯从渴爱生,愚夫如是惑,圣见则

---

[1]性,《高丽藏》、《龙藏》本作"法",广胜本作"法性"。
[2]幻梦,《高丽藏》、《资福藏》、《频伽藏》本作"幻梦性"。
[3]言,《高丽藏》、《资福藏》、广胜本作"曰"。
[4]设,底本误作"说",据《高丽藏》、《龙藏》本改。
[5]掉,《石经》本作"挑"。
[6]想,《高丽藏》、《碛砂藏》、《频伽藏》、广胜本作"相"。

不然㉑。

圣人见清净，三脱三昧生，远离于生灭[1]，游行无所有[2]。

修行无所有，亦无性非性，性非性平等，从是生圣果㉒。

云何性非性？云何为平等？谓彼心不知，内外极漂动；若能坏彼者，心则平等见㉓。

【集注】

① 自此下至"一切法无自性不应立宗"，文有六节，以破立不生宗情执。○依《新说》：一法本不生破。

② 杨云："谓法不生，则是于一切性有非性之见，因有生对，方立不生之宗。"○二因待生法破。

③ 注云：若立不生宗，即自坏不生义。又征自坏不生义者，以所立不生宗，要因待生法，故说不生宗不生。若因他生法说，即是自坏不生义。故《中论》云："若法为待成，是法还成待。"[3]○三责同诸法破。

④ 注云：又彼不生宗，即入一切法数中。一切法者，生不生、一异、常无常等法也。言若立不生宗，即入此一切法数，故不得立不生宗也。

⑤ 杨云："不坏真相本自不生，今乃建立是宗而入一切法，则彼建立何为不坏?"○四假五分成堕有无破。

⑥ 实叉云："又彼宗诸分而成故，又彼宗有无法皆不生，此宗即入一切法中，有无相亦不生故。"○就有无上立不生宗，则入一切有无之性；有无性相既不可得，却于何处有有无不生宗也。○五立宗多过破。

⑦ 若使彼宗不生，以一切性不生而立宗者，彼宗则坏，谓有无性相本自不生故，不应更立不生为宗。

---

[1]灭，《嘉兴藏》、石经、宫内本同，余本作"死"。

[2]有，《嘉兴藏》、《石经》本同，余本作"畏"。

[3]文字小异。为，原文作"因"。见《中论》卷第二，《大正藏》第30册，第15页中。

⑧ 五分论,义见前注,指宗因喻三过也。一宗有九过,二因有十四过,三同喻有五过、别喻有五过,共三十三过。宗九者:曰现量相违、圣教相违、世间相违、比量相违、自语相违、相符极成、能别不极成、所别不极成、俱别不极成。因十四者:一遍是宗法性,于此初相有四不成,曰随一不成、所依不成、两俱不成、犹豫不成。后二相共十过:有六不定,曰同分异全不定、异分同全不定、俱品一分转不定、共不定、不共不定、决定相违不定;有四相违,曰法自相相违、法差别相违、有法自相相违、有法差别相违。三同喻五者,曰所立不成、能立不成、俱不成、无合、倒合。别喻五者:能立不遣、所立不遣、俱不遣、不离、倒离。注本谓:于五分论上,更立论宗为多过者,非义。

⑨ 言五分论多过,展转因于相违不成、不定、不遣等异相,及有为有作法故,不应立其宗分。○六相望准例破。

⑩ 谓法不生、法空、法无自性,皆不应立宗。

⑪ 上破不应立宗,此语菩萨应说一切诸法性同幻梦。如幻梦现故,生不成生也;幻梦不现故,不生不成不生也。

⑫ 流支云:"以诸法相迷惑见智故。"○智既迷惑,而于见闻觉知不无过咎。

⑬ 菩萨当说一切法如幻梦性,不当立一切法不生宗,除为愚夫不得已而说一切法不生也。

⑭ 流支云:"以凡夫闻如幻如梦生惊怖故,远离大乘。"○此重嘱菩萨当随机开导之意。

⑮ 言一切法初无自性,离言说相,亦无事法而为相续,愚夫妄起恶觉知见,其计执如同死尸故。实叉云:"恶觉如死尸。"

⑯ 佛说一切法本自不生,非彼外道妄计为宗,诸法至竟无所生,以一切性从缘所成就故。

⑰ 注云:慧者知诸法体不生故,不作不生想;彼不生宗因生相而立故,觉者悉除灭之。

⑱ 谓妄想计有诸法者,譬如翳目见毛轮、垂发也。

⑲ 实叉云:"三有唯假名,无有实法体,由此假施设,分别妄计度。假名诸事相,动乱于心识,佛子悉超过,游行无分别。"〇《新说》云:"言三界有无生死诸法,但有假名,而无实义。愚夫不达圣人方便言教是假施设,由此分别妄想计度名言事相以为实有,惑乱心识。佛子菩萨能知如来方便言说,无可计度,超过情量所行境界,无有分别。"

⑳ 流支、实叉并云:"无水取水相。"

㉑《新说》云:"由渴爱故,无水处妄作水想,以譬愚夫由痴爱故,无生[1]灭有无处,妄作生灭有无想。"

㉒ 实叉云:"常行无相境,修行无相境,亦复无有无,有无悉平等,是故生圣果。"〇新说云:"言三解脱从圣人清净知见生也。远离生灭常行无相境者,亦无有无一异等法也。由此有无平等,悟诸法实相,是故能生圣人果也。〇无所有处,即无相境也。"

㉓ 佛自征问何者性非性? 何者为平等? 谓彼愚夫不达诸法虚妄,计著有无,故内外漂动;若能了知有无妄想,灭彼内外漂动之相,则心见自然平等矣。

尔时大慧菩萨复[2]白佛言:世尊,如世尊说,如攀缘事智慧不得①,是施设量建立施设②。所摄受非性,摄受亦非性,以无摄故,智则不生,唯施设名耳③。

云何世尊,为不觉性自相共相异不异故,智不得耶④? 为自相共相种种性自性相隐蔽故,智不得耶? 为山严、石壁、地水火风障故,智不得耶? 为极远极近故,智不得耶? 为老小盲冥诸根不具故,智不得耶⑤?

世尊,若不觉自共相异不异智不得者,不应说智,应说

---

[1] 生,原作"水",据《新说》改。
[2] 复,《嘉兴藏》本同,余本无。

无智，以有事不得[1]故⑥。

若复种种自共相性自性相隐蔽故，智不得者，彼亦无智，非是智。世尊，有尔焰故智生，非无性会尔焰故，名为智⑦。

若山岩、石壁、地水火风，极远极近，老小盲冥诸根不具，智不得者，此亦非智，应是无智，以有事不可得故⑧。

佛告大慧：不如是无智，应是智，非非智⑨。

我不如是隐覆说攀缘事智慧不得，是施设量建立⑩。

觉自心现量，有无有外性非性，知[2]而事不得。不得故，智于尔焰不生，顺三解脱，智亦不得⑪。

非妄想者，无始性非性虚伪习智作如是知，是知彼不知⑫。

故于外事处所相性无性[3]，妄想不断⑬。

自心现[4]量建立，说我我所相摄受计著，不觉自心现量，于智、尔焰而起妄想。妄想故，外性非性观察不得，依于断见⑭。

尔时世尊欲重宣此义，而说偈言：

有诸攀缘事，智慧不观察，此无智非智，是妄想者说⑮。

于不异相[5]性，智慧不观察⑯，障碍及远近⑰，是名为邪智⑱。

老小诸根冥，而智慧不生，而实有尔焰，是亦说邪智⑲。

[1]不得，《高丽藏》、《频伽藏》本作"不可得"。
[2]知，《高丽藏》、《频伽藏》、广胜本作"智"。
[3]无性，《高丽藏》、《频伽藏》本作"作无性"，"作"字衍。
[4]现，《高丽藏》、《嘉兴藏》、广胜本同，余本无。
[5]相，《普宁藏》本讹作"根"。

【集注】

① 流支云："如世尊说,智慧观察不能见前境界诸法。"○谓观察前境,智不得于所缘之事也。

② 注云:言前境界,是妄想量施设建立。

③ 流支云："无法可取,亦无能取,是故智亦不能分别而取。"○注云:言一切法唯妄想施设名字,无有实体。

④ 流支云："智不能知。"下类此。

⑤ 上五节文,是大慧疑辞,下皆蹑前语而质之。

⑥ 实叉云："此不名智,应是无智,以有境界而不知故。"

⑦ 实叉云："此亦非智,以知于境说名为智,非不知故。"○谓有所知故则智生,非无能知之性会合所知之境故名为智。

⑧ 实叉云："彼亦非智,以有境界智不具足而不知故。"

⑨ 佛意云:岂可谓不得前境便为无智,应知此实是智,非无智也。此破大慧说无智及非智之疑。

⑩ 注云:佛言我不如是说,有前境迭相隐覆故,智慧不得;若计有前境迭相隐覆故,智慧不得者,是妄想施设量建立也。

⑪ 实叉云："以了但是自心所见外法有无,智慧于中毕竟无得,以无得故尔焰不起,入三脱门,智体亦忘。"○事,即攀缘事也。智既不得于事,则所知不生。

⑫ 智体亦忘处,非妄想愚夫作如是知;作如是知处,彼愚不知。

⑬ 彼愚夫不知智体之忘故,于外境界形相有无,妄想分别相续不断。○流支以"外事处所"作"外境界"。○实叉作"外法"。

⑭ 愚夫于自心现量建立计著,不觉我我所摄受是自心现量,于智尔焰而起妄想。由妄想有无观察不可得故,则依于断见。

⑮ 计有境界诸攀缘事,不能观察为无智非智,是妄想愚夫作是说也。

⑯ 颂上"不觉性自相共相异不异故"等文。

⑰ 颂上"山岩石壁,极远极近"等文。

⑱ 结颂上大慧"无智非智"之问为邪智也。

⑲ 此四句颂上"老小盲冥"等文,及通结大慧所问为邪智,故言"亦说"。

复次大慧,愚痴凡夫无始虚伪恶邪妄想之所回转,回转时,自宗通及说通不善了知①,著自心现外性相故,著方便说,于自宗四句清净通相不善分别②。

大慧白佛言:诚如尊教。惟愿世尊为我分别说通及宗通,我及余菩萨摩诃萨善于二通,来世凡夫、声闻、缘觉不得其短③。

佛告大慧:善哉善哉,谛听谛听,善思念之,当为汝说。大慧白佛言:唯然受教。

佛告大慧:三世如来有二种法通,谓说通及自宗通。

说通者,谓随众生心之所应,为说种种众具契经,是名说通④。

自宗通者,谓修行者离自心现种种妄想,谓不堕一异俱不俱品,超度一切心意意识⑤,自觉圣境界[1],离因成见[2]相⑥,一切外道、声闻、缘觉堕二边者所不能知⑦,我说是名自宗通法。

大慧,是名自宗通及说通相,汝及余菩萨摩诃萨应当修学⑧。

尔时世尊欲重宣此义,而说偈言:

---

[1]境界,《嘉兴藏》本同,余本作"境"。
[2]见,《普宁藏》本作"是",当误。

我谓[1]二种通,宗通及言说,说者授童蒙⑨,宗为修行者⑩。

【集注】

① 谓被恶邪妄想所转故,自宗说二通不善了知。

② 谓其执文遗旨,未能得意忘言,以计著性相,执方便言说,丁离四句自宗通法,不善分别。

③ 宗说既通,行解相应,无复过失,故凡夫二乘求其短隙不可得也。

④ 梵语修多罗,此云契经,谓契理契机也。众具者,摭华云契理,则合于二谛;契机,则符彼三根。

⑤ 实叉于此有"于"字。

⑥ 流支、实叉并云:"离诸因缘相应见相。"

⑦ 谓堕有堕无,及断常一异等。下文如之。

⑧ 宗说二通前文已明,今再说者,盖有以也。前约三乘,则先宗后说;此约一乘,则先说后宗。机感有殊,故非重也。

⑨《新说》云:"凡愚无知如童蒙。"

⑩ 即修行如实行者。

尔时大慧菩萨白佛言:世尊,如世尊一时说言,世间诸论种种辩说,慎勿习近①,若习近者,摄受贪欲,不摄受法②。世尊何故作如是说?

佛告大慧:世间言论种种句味,因缘、譬喻采集[2]庄严,诱引诳惑愚痴凡夫,不入真实自通,不[3]觉一切法妄想

---

[1]我谓,《高丽藏》《频伽藏》、广胜本作"谓我"。

[2]采集,《高丽藏》《频伽藏》、广胜本讹作"采习"。

[3]不,《石经》本脱。

颠倒,堕于二边。凡愚痴惑而自破坏,诸趣相续不得解脱③,不能觉知自心现量,不离外性自性妄想计著。

是故世间言论种种辩说,不脱生老病死、忧悲苦恼,诳惑迷乱。

大慧,释提桓因广解众论,自造声论④。彼世论者有一弟子,持龙形像,诣释天宫,建立论宗,要坏帝释千辐之轮。随我不如,断一一头,以谢所屈。作是要已,即以释法,摧伏帝释⑤。释堕负处,即坏其车[1],还来人间。

如是大慧,世间言论因譬庄严⑥,乃至畜生⑦,亦能以种种句味,惑彼诸天及阿修罗著生灭见,而况于人?

是故大慧,世间言论应当远离,以能招致苦生因故,慎勿习近。大慧,世论者,唯说身觉境界而已⑧。

大慧,彼世论者乃有百千⑨,但于后时后五十[2]年,当破坏结集⑩,恶觉因见盛故,恶弟子受⑪。

如是大慧,世论破坏结集,种种句味因譬庄严,说外道事,著自因缘,无有自通⑫。

大慧,彼诸外道无自通论,于余世论,广说无量百千事门,无有自通,亦不自知愚痴世论⑬。

尔时大慧白佛言:世尊,若外道世论,种种句味因譬庄严,无有自通,自事计著者⑭,世尊亦说世论,为种种异方诸来会众,天、人、阿修罗广说无量种种句味,亦非自通耶⑮?亦入一切外道智慧言说数耶⑯?

---

[1]车,《高丽藏》、《频伽藏》、广胜本作“轮”。
[2]十,《资福藏》本作“百”。

佛告大慧：我不说世论，亦无来去，唯说不来不去。大慧，来者趣聚会生，去者散坏[17]，不来不去者是不生不灭。我所说义[1]，不堕世论妄想数中。所以者何？谓不计著[2]外性非性，自心现处，二边妄想所不能转，相境非性，觉自心现，则自心现妄想不生。妄想不生者，空、无相、无作，入三脱门，名为解脱。

大慧，我念一时，于一处住，有世论婆罗门[18]，来诣我所，不请空闲[19]，便问我言：瞿昙，一切所作耶？我时报[3]言：婆罗门，一切所作，是初世论。

彼复问言：一切非所作耶？我复报言：一切非所作，是第二世论。

彼复问言：一切常耶？一切无常耶？一切生耶？一切不生耶？我时报言：是六世论。

大慧，彼复问我言：一切一耶？一切异耶？一切俱耶？一切不俱耶？一切因种种受生现耶[20]？我时报言：是十一世论[21]。

大慧，彼复问言：一切[4]无记耶？一切记[5]耶？有我耶？无我耶？有此世耶？无此世耶？有他世耶？无他世耶？有解脱耶？无解脱耶？一切刹那耶？一切不刹那耶？虚空耶？非数灭耶[22]？涅槃耶？瞿昙，作耶？非作耶？有中阴耶？无中阴耶？

---

[1]义，《嘉兴藏》、宫内本同，余本无。
[2]著，《高丽藏》、《频伽藏》本讹作"者"。
[3]报，《高丽藏》、《龙藏》、《广胜》本作"答"。
[4]切，原作"如"，据《高丽藏》、《龙藏》本改。
[5]记，《高丽藏》、《频伽藏》本作"有记"。

大慧,我时报言:婆罗门,如是说者,悉是世论,非我所说,是汝世论。我唯说无始虚伪妄想习气,种种诸恶,三有之因,不能觉知自心现量而生妄想,攀缘外性。

如外道法,我、诸根、义三合知[1]生㉓。

我不如是。婆罗门!我不说因,不说无因,唯说妄想摄所摄性,施设缘起,非汝及[2]余堕受我[3]相续者,所能觉知㉔。

大慧,涅槃、虚空、灭非有三种,但数有三耳㉕。

复次大慧,尔时世论婆罗门,复问我言:痴爱[4]业因故,有三有耶?为无因耶?我时报言:此二者,亦是世论耳。

彼复问言:一切性皆入自共相耶?我复报言:此亦世论。婆罗门,乃至意流妄计外尘㉖,皆[5]是世论。

复次大慧,尔时世论婆罗门,复问我言:颇有非世论者不?我是一切外道之宗,说种种句味,因缘譬喻庄严。我复报言:婆罗门,有!非汝有者。非为、非宗、非说,非不说种种句味,非不因譬庄严㉗。

婆罗门言:何等为非世论,非非宗,非非说㉘?

我时报言:婆罗门,有非世论,汝诸外道所不能知,以于[6]外性不实妄想虚伪计著故㉙。谓妄想不生,觉了有无

---

[1]知,《高丽藏》、《龙藏》、广胜本作"智"。
[2]及,《嘉兴藏》、宫内本同,余本作"所及","所"字衍。
[3]我,《普宁藏》、《南藏》、《龙藏》本作"我见"。
[4]爱,原作"受",据《高丽藏》、《龙藏》本改。
[5]皆,原作"此",据《高丽藏》、《龙藏》本改。
[6]于,《龙藏》本作"为",当误。

自心现量,妄想不生,不受外尘,妄想永息,是名非世论。此是我法,非汝有也。

婆罗门,略说彼识㉚,若来若去,若死若生,若乐若苦,若溺若见,若触若著种种相,若和合相续,若爱[1]若因计著㉛,婆罗门,如是比者[2],是汝等世论,非是我有㉜。

大慧,世论婆罗门作如是问,我如是答,彼即默然,不辞而退㉝,思自通处,作是念言:沙门释子,出于通外㉞,说无生、无相、无因,觉自妄想现相[3],妄想不生㉟。

大慧,此即是汝向所问我,何故说习近世论种种辩[4]说,摄受贪欲,不摄受法㊱。

大慧白佛言:世尊,摄受贪欲及法,有何句义?佛告大慧:善哉善哉,汝乃能为未来众生,思惟谘问如是句义。谛听谛听,善思念之,当为汝说。大慧白佛言:唯然受教。

佛告大慧:所谓贪者,若取若舍,若触若味[5],系著外尘,堕二边见,复生苦[6]阴,生老病死,忧悲苦恼。如是诸患皆从爱起,斯由习近世论及[7]世论者㊲,我及诸佛说名为贪。是名摄受贪欲,不摄受法。

大慧,云何摄受法?谓善觉知自心现量,见人无我及法无我相,妄想不生;善知上上[8]地,离心意意识,一切诸佛

---

[1]爱,《高丽藏》、《龙藏》、广胜本作"受"。

[2]比者,《资福藏》、《龙藏》、《频伽藏》、宫内、广胜本作"比皆",《高丽藏》本作"等比者"。

[3]相,《高丽藏》、《资福藏》、《碛砂藏》、《龙藏》、广胜本无。

[4]辩,原作"辨",据《高丽藏》、《龙藏》本改。

[5]味,《嘉兴藏》本讹作"未"。

[6]苦,原作"若",据《高丽藏》、《龙藏》本改。

[7]及,《普宁藏》本讹作"人"。

[8]上上,《高丽藏》、《资福藏》、《碛砂藏》、《频伽藏》本讹作"上下"。

智慧灌顶,具足摄受十无尽句,于一切法无开[1]发自在㊳,是名为法。所谓不堕一切见、一切虚伪、一切妄想、一切性、一切二边。

大慧,多有外道痴人堕于二边,若常若断,非黠慧者。受无因论,则起常见;外因坏,因缘非性,则起断见㊴。大慧,我不见生住灭故,说名为法。

大慧,是名贪欲及法,汝及余菩萨摩诃萨应当修学。

尔时世尊欲重宣此义,而说偈言:

一切世间论,外道虚妄说,妄见作所作,彼则无自宗㊵。

唯我一自宗,离于作所作,为诸弟子说,远离诸世论㊶。

心量不可见,不观察二心,摄所摄非性,断常二俱离。

乃至心流转,是则为世论,妄想不转者,是人见自心㊷。

来者谓事生,去者事不现,明了知去来,妄想不复生。

有常及无常,所作无所作,此世他世等,斯皆世论通㊸。

【集注】

① 流支、实叉以“世间诸论”作“卢伽耶陀”,此翻左世,亦云恶论,即外道论也。

② 流支云:“彼人但摄受欲食,不摄法食。”

③ 实叉云:“卢伽耶陀所有词论,但饰文句诳惑凡愚,随顺世间虚妄言说,不如于义,不称于理,不能证入真实境界,不能觉了一切诸法,恒堕二边,自失正道,亦令他失,轮回诸趣,永不出离。”

④ 释提桓因,具云释迦提婆因陀罗,略云帝释,盖华梵双举也。

⑤ 流支、实叉并以“释法”作“论法”。

[1]开,《石经》本作“明”。

⑥ 即上"因缘、譬喻采集庄严"也。下皆如之。

⑦ 流支云:"乃至现畜生身。"

⑧ 《新说》云:"明世论言说,唯说此生见闻觉知虚妄境界。"

⑨ 实叉于此有"字句"二字。

⑩ 此谶佛法于季世中夷灭之时。

⑪ 外道虽有多种,然不离二因、五见。二因者,谓无因、邪因。五见者,谓十使烦恼中五利使也。以所见颠倒,故曰恶觉。有是师,则有是资也。

⑫ 智不外得曰自,理无疑碍曰通。实叉云:"非如实法者,有执著故也。"

⑬ 不自知是愚痴世俗之论。

⑭ 牒上外道事著自因缘为问。

⑮ 疑佛所说法,同于世论,亦非如实法也。

⑯ 又疑佛所说法,亦入外道聪慧辩说妄想数中也。

⑰ 缘会而生,缘散而灭。

⑱ 具云婆罗贺磨拏,此云净裔,自称祖自梵天口生,因从梵姓,诸经中梵志即同此名,唯五天竺有,余国无之。又云外意,其种别有经书世承为业,或在家或出家,恃术倨傲,亦云净行。

⑲ 注云:以无我为空闲。○外道宗我为神我故,不请佛言无我也。

⑳ 谓一切法因种种受生而显现耶。

㉑ 《新说》云:"如来举其昔事,广明世论言一切法梵天等作也。以先问,故答言初世论。再问,故答言二世。后四,合明为六。又以前六后五为十一也。"

㉒ 实叉以"数"为"择"。

㉓ 实叉云:"我及根境三,和合知生。"○外道谓根、境、我三义和合故则知生。知,即识也。

㉔ 实叉云:"非汝及余取著我者之所能测。"○相续,即妄想义。

㉕ 实叉云:"虚空、涅槃及非择灭,但有三数,本无体性,何况而说作

与非作。"

㉖ 实叉云:"乃至少有心识流动,分别外境。"

㉗ 世尊曰"有!非汝有者",恐世论与非世论漫而不分故也。曰"非为、非宗、非说"者,谓虽非作为、非所宗、非言说,然亦不堕空见,故曰亦非不说种种章句譬喻等也。

㉘ 婆罗门蹑前如来所答而问。

㉙ 以彼计著不实妄想故,不能知有非世之论。此一节答文有二义,谓先以"不知"定其是非,次以"非论"显其真妄,故下文云云。

㉚ 指世论者之妄识也。

㉛ 实叉于"因"下,有"而生"二字。

㉜ 自"略说"下,比类诸法皆世论也。

㉝ 婆罗门曰"我是一切外道所宗",读其言,知其自负不浅,既所论不胜,则有赧色,故默然不辞而退。

㉞ 思执已解为自通处,谓佛所说之法,出其所见之外。此一节文意,流支、实叉所叙不同。

㉟ 婆罗门叙佛所胜之法。

㊱ 此举昔答婆罗门义,结酬大慧所请。

㊲ 谓婆罗门。

㊳ 即首卷中"无开发行,自心自在"也

㊴ 言无黠慧者,受此无因论,计四大不从因生,则起常见;或计造色外因坏灭,不复更生,因缘之性亦无,则起断见。

㊵ 实叉云:"不能自成立。"○《新说》云:"言梵天等为能作,一切诸法为所作,妄计能所。如来法身真实自宗,彼不能成。"

㊶ 彼以作所作故,无自宗;此以一心为自宗故,离作所作也。为弟子说,令离世论。

㊷ 心量无有实,故不可见。外道由此不能观察有无二心,与摄所摄法本无有性,俱离断常,乃至心识流转妄计外尘,是为世论。能不为妄想所转者,则见自本心矣。

㊸《新说》云："上四偈略颂长行世论计执，如文可知。"

尔时大慧菩萨[1]复白佛言：世尊，所言涅槃者，说[2]何等法名为涅槃，而诸外道各起妄想①？

佛告大慧：谛听谛听，善思念之，当为汝说。如诸外道妄想涅槃，非彼妄想随顺涅槃②。大慧白佛言：唯然受教。

佛告大慧：或有外道，阴界入灭，境界离欲③，见法无常④，心心法品不生，不念去来现在境界⑤，诸受阴尽，如灯火灭，如种子坏，妄想不生，斯等于此作涅槃想⑥。大慧，非以见坏名为涅槃⑦。

大慧，或以从方至方，名为解脱⑧，境界想灭，犹如风止⑨。

或复以觉所觉见坏，名为解脱。或见常无常，作解脱想⑩。

或见种种相想，招致苦生因，思惟是已，不善觉知自心现量⑪，怖畏于相，而见无相，深生爱乐，作涅槃想⑫。

或有觉知内外诸法自相共相，去、来、现在有性不坏，作涅槃想⑬。

或谓我、人、众生、寿命一切法坏，作涅槃想⑭。

或以外道恶烧智慧，见自性及士夫，彼二有间，士夫所出名为自性。如冥初比，求那转变，求那是作者，作涅槃想⑮。

---

[1]菩萨，《石经》本脱。
[2]说，《嘉兴藏》本同，余本作"为"。

或谓福非福尽[16]；

或谓诸烦恼尽，或谓智慧[17]；

或见自在是真实作生死者，作涅槃想[18]。

或谓展转相生，生死更无余因[19]，如是即是计著因，而彼愚痴不能觉知，以[1]不知故，作涅槃想[20]。

或有外道，言得真谛道，作涅槃想[21]。

或见功德，功德所起和合，一异俱不俱，作涅槃想[22]。

或见自性所起孔雀文彩，种种杂宝及利刺等性，见已，作涅槃想[23]。

大慧，或有觉二十五真实；或王守护国，受六德论，作涅槃想[24]。

或见时是作者，时节世间，如是觉者，作涅槃想[25]。

或谓性；或谓非性；或谓知性非性[26]；

或见有觉与涅槃差别，作涅槃想[27]。

有如是比种种妄想[28]，外道所说，不成所成，智者所弃[29]。

大慧，如是一切悉堕二边，作涅槃想。如是等外道涅槃妄想，彼中都无若生若灭[30]。

大慧，彼一一外道涅槃，彼等自论[31]，智慧观察都无所立。如彼妄想心意来去、漂驰、流动，一切无有得涅槃者。

大慧，如我所说涅槃者，谓善觉知自心现量[32]，不著外性，离于四句，见如实处，不堕[2]自心现妄想二边，摄所摄

---

[1]以，《嘉兴藏》本同，余本无。
[2]堕，《嘉兴藏》、《石经》、宫内本同。余本作"随"，当误。

不可得,一切度量不见所成^㉝,愚于真实,不应摄受^㉞。弃舍彼已,得自觉圣法,知二无我,离二烦恼,净除二障,永离二死^㉟上上地,如来地,如影幻等诸深三昧,离心意意识,说名涅槃。

大慧,汝等^[1]及余菩萨摩诃萨应当修学,当疾远离一切外道诸涅槃见。

尔时世尊欲重宣此义,而说偈言:

外道涅槃见,各各起妄想,斯从心想生,无解脱方便。

愚于缚缚者,远离善方便,外道解脱想,解脱终不生。

众智各异趣,外道所见通,彼悉无解脱,愚痴妄想故^㊱。

一切痴外道,妄见作所作,有无有品论,彼悉无解脱。

凡愚乐妄想,不闻真实慧,言语三苦本,真实灭苦因^㊲。

譬如镜中像,虽现而非有,于妄想心镜,愚夫见有二^㊳。

不识心及缘,则起二妄想,了心及境界,妄想则不生^㊴。

心者即种种,远离相所相^[2],事现而无现,如彼愚妄想。

三有唯妄想,外义悉无有,妄想种种现,凡愚不能了^㊵。

经经说妄想,终不出于名,若离于言说^[3],亦无有所说^㊶。

【集注】

① 因上佛谓大慧曰"涅槃、虚空、灭非有三种,但数有三耳",故举如

---

[1]等,《石经》本无。
[2]相所相,两"相"字,宫内本均作"想"。
[3]说,《高丽藏》、《碛砂藏》、《南藏》、《龙藏》、《频伽藏》本作"语"。

来说何法以为涅槃,而诸外道各妄分别起涅槃见。

② 实叉云:"如诸外道分别涅槃,皆不随顺涅槃之相。"

③ 注云:外道言五阴身寂灭,离五欲境界。

④ 注云:作无常观。

⑤ 执心心数法不生为定,故不系念于三世境界。

⑥ 实叉云:"如灯尽,如种败,如火灭,诸取不起,分别不生,作涅槃想。"

⑦ 外道见者,法坏灭为涅槃,如来破彼所计,故曰非也。

⑧ 实叉作"涅槃",下二"解脱"同

⑨ 杨云:"从方至方,谓无有异趣,境界之想虽灭,而想性不灭,如风暂止。"

⑩ 外道或计能觉所觉之见坏灭,名为解脱。或见常无常不起分别,作解脱想。

⑪ 流支云:"复有外道作如是言,分别见诸种种异相能生诸苦,以自心见虚妄分别一切诸相。"

⑫ 外道作此计,不知相从心现也。

⑬ 注云:知五阴法,三世有性不坏。

⑭ 以四相诸法坏灭,作涅槃想。

⑮ 从初生觉为一有,从尘生大为一有,是为二有。冥初,冥谛也。谓外道恶毒如火能烧智慧,见二有为因之间,出士夫神我为果,名为自性。如冥初比,妄计求那能依诸缘转变作一切物,即以作者为涅槃也。〇《僧佉论》[1]明因中有果,计一为宗。一者从初生觉,过八万劫前冥然不知,但见最初中阴初起,以宿命力,恒忆想之名为冥谛,亦云世性。谓世间众生由冥初而有,即世间本性;次从觉生我心者,此是我慢之我,非神我也。僧佉,此云数术。〇注本:指冥初为自性。

---

[1]《僧佉论》,又名《金七十论》,乃数论外道自在黑造,梁真谛译,收录在《大正藏》第54册中。内容主要阐述数论派之教义,兼为破斥佛教之论书。为令博学而破邪显正者,能明了外道所宗,故亦被收在藏经中。

⑯ 流支云："外道说如是罪尽故,福德亦尽,名为涅槃。"

⑰ 流支云："言烦恼尽,依智慧故。"○实叉云："或计不由智慧,诸烦恼尽。"

⑱ 流支云："见自在天造作众生,虚妄分别,名为涅槃。"○计彼天是真实能司人生死者,以此作涅槃想。

⑲ 流支、实叉于"展"上,有"众生"二字。

⑳《新说》云："计劫初生一男一女,彼二和合展转相生,不知是无明爱业而为根本,谓一切物灭归于彼而为涅槃。"

㉑ 实叉云："或计证于谛道,虚妄分别,以为涅槃。"○注云:以冥谛为真谛。

㉒ 注云:以功德所起,五阴与神我和合,起四句见,作涅槃想。

㉓ 实叉云："或计诸物从自然生,孔雀文彩,棘针铦利,生宝之处出种种宝,如此等事是谁能作? 即执自然以为涅槃。"○《首楞严经》云:"是人见末无因,何以故? 是人于生,既见其根,知人生人,悟鸟生鸟。乌从来黑,鹄从来白。人天本竖,畜生本横。白非洗成,黑非染造。从八万劫无复改移,今尽此形亦复如是。而我本来不见菩提,云何更有成菩提事? 当知今日一切物象,皆本无因。"[1]即此类也。

㉔ 实叉云："或谓能解二十五谛,即得涅槃。或有说言能受六分,守护众生,斯得涅槃。"

㉕ 注云:以时节为因,能生世间法者,以此作涅槃想。

㉖ 注云:或以有性为涅槃,或以无性为涅槃,或以有无二性为涅槃。

㉗ 观有觉起自于冥初,谓涅槃全归于寂灭,故见有觉与涅槃差别也。由是反计有觉,作涅槃想。

㉘ 此结外道计有如是种种妄想比度涅槃也。

㉙ 注云:外道所说涅槃,不成真实所成涅槃也。○已上皆是妄想涅槃不如实法,故智者所弃。

---

[1][唐] 般刺蜜谛译《大佛顶首楞严经》卷第十,《大正藏》第19册,第151页下。

㉚ 彼涅槃妄想中，本无生灭之相，是妄想自生灭耳。

㉛ 注云：彼等——涅槃，自妄想而论。

㉜ 前文云"我所说妄想识灭，名为涅槃"，此云"我所说涅槃者，善觉知自心现量"，以善觉知自心现量，故妄想识灭。大经云"涅言不生，槃言不灭，不生不灭名大涅槃"[1]。乃知二经之旨，语异而体同也。

㉝ 实叉云："不入诸量。"

㉞ 实叉云："不著真实。"

㉟ 四种二义，已见前注。

㊱ 外道于有无种种起涅槃见，是缚于涅槃也。又于涅槃各各起妄想分别，是缚于妄想也。不知此缚从心想生，故无解脱方便。而世间愚夫依于外道，起种种妄计，味著不舍，转失方便，妄生解脱想，而实无解脱。由外道执此邪智异趣，自谓所见通达，不知正堕愚痴妄想，无有解脱。

㊲ 《法界次第》云："苦有三种，曰苦苦、坏苦、行苦。"[2]苦以逼恼为义，妄想言说，是三苦之本。离妄想言说，证真实慧，则灭其苦因。

㊳ 妄想心镜中，现于境界无实，故不得说二，愚夫不知故，于镜像起二见也。

㊴ 不识妄心及所缘境界，起名相事相二种妄想；若了唯心，能取所取妄想不生。

㊵ 流支、实叉以"外义"为"外境"。○言从妄心生种种境界，既从妄想心生，故无能相所相事，虽现而无现，如愚所见妄分别者。三有亦尔，愚不能了。

㊶ 注云：言妄想不出于名字语言。○若亡注[3]会旨，而言说所说妄想悉不可得。

---

[1]查该引文出处，见《翻译名义集》五《三德秘藏》篇第四十九，《大正藏》第54册，第1128页下。
[2]文字小异。见隋智者大师《法界次第初门》卷中《四谛初门》第三十三，《大正藏》第46册，第680页中。
[3]注，疑为"诠"字。

楞伽阿跋多罗宝经卷第四

一切佛语心品第四[1]

尔时大慧菩萨白佛言：世尊，惟愿为说三藐三佛陀①，我及余菩萨摩诃萨，善于如来自性，自觉觉他②。

佛告大慧：恣所欲问，我当为汝随所问说。大慧白佛言：世尊，如来、应供、等正觉，为作耶？为不[2]作耶？为事耶？为因耶？为相耶？为所相耶？为说耶？为所说耶？为觉耶？为所觉耶？如是等辞句[3]，为异为不异③？

佛告大慧：如来、应供、等正觉，于如是等辞句非事非因。所以者何？俱有过故④。

大慧，若如来是事者，或作或无常。无常故，一切事应是如来，我及诸佛皆所不欲⑤。

若非所作者，无所得故，方便则空，同于兔角、槃[4]大之子，以无所有故⑥。

大慧，若无事无因者，则非有非无。若非有非无，则出于四句。四句者，是世间言说。若出四句者，则不堕四句，

---

[1]第四，《碛砂藏》、宫内本同，余本作"之四"。
[2]不，《石经》本作"无"。
[3]辞句，宫内本作"词句"，次下同。
[4]槃，《嘉兴藏》、《龙藏》本同。余本作"般"，当误。

不堕四句[1]故，智者所取。一切如来句义亦如是，慧者当知⑦。如我所说一切法无我，当知此义，无我性是无我。一切法有自性[2]，无他性，如牛马⑧。

大慧，譬如非牛马性，非马牛[3]性，其实非有非无，彼非无自性[4]。如是大慧，一切诸法非无自相，有自相，但非无我愚夫之所能知，以妄想故。如是一切法空、无生、无自性，当如是知⑨。

如来如是与阴，非异非不异⑩。若不异阴者，应是无常；若异者，方便则空。若二者应有异，如牛角相似故不异，长短差别故[5]有异。一切法亦如是⑪。

大慧，如牛右角异左角，左角异右角，如是长短种种色各各异。大慧，如来于阴界入非异非不异⑫。如是如来解脱非异非不异⑬，如是如来以解脱名说⑭。

若如来异解脱者，应色相成，色相成故，应无常；若不异者，修行者得相应无分别，而修行者见分别，是故非异非不异。如是智及尔焰非异非不异⑮。

大慧，智及尔焰非异非不异者⑯，非常非无常，非作非所作，非有为非无为，非觉非所觉，非相非所相，非阴非异阴，非说非所说，非一非异，非俱非不俱。非一非异，非俱非不俱故，悉离一切量⑰。离一切量则无言说，无言说则无生，无生则无灭，无灭则寂灭，寂灭则自性涅槃，自性涅槃则无事

---

[1]不堕四句，《南藏》《嘉兴藏》宫内本同，余本作"不堕"。
[2]自性，《普宁藏》本倒。
[3]非马牛，《资福藏》《碛砂藏》本作"牛马"。非，《高丽藏》《频伽藏》本脱。
[4]性，《南藏》《嘉兴藏》本同，余本作"相"。
[5]故，《资福藏》《碛砂藏》《南藏》《龙藏》本无。

无因,无事无因则无攀缘,无攀缘则出过一切虚伪,出过一切虚伪则是如来,如来则是三藐三佛陀。大慧,是名三藐三佛陀佛陀[1]⑱。

大慧,三藐三佛陀佛陀[2]者,离一切根量⑲。

尔时世尊欲重宣此义,而说偈言:

悉离诸根量,无事亦无因,已离觉所觉,亦离相所相⑳。

阴缘等正觉,一异莫能见,若无有见者,云何而分别㉑?

非作非不作,非事亦非因,非阴非[3]在阴,亦非有余杂[4]㉒。

亦非有诸性,如彼妄想见,当知亦非无,此法法亦[5]尔。

以有故有无,以无故有有,若无不应受,若有不应想㉓。

或于我非我,言说量留连,沉溺于二边,自坏坏世间㉔。

解脱一切过,正观察我通,是名为正观,不毁大导师㉕。

【集注】

① 亦云三耶三菩,此言正遍知。〇注云:大慧因上明真实涅槃上上地,故举能证涅槃如来法身以请问。

② 如来自性,法身自性也。

③ 流支、实叉以"事"为"果"。〇《新说》云:"为异此等辞句,有如来法身耶?为不异[6]此等辞句,是如来法身耶?"

---

[1]佛陀佛陀,《高丽藏》本作"佛陀"。
[2]大慧三藐三佛陀佛陀,《高丽藏》、《频伽藏》本作"佛陀"。
[3]非,《嘉兴藏》本同,余本作"不"。
[4]杂,《资福藏》、《碛砂藏》、《南藏》、《龙藏》本作"离"。
[5]亦,《嘉兴藏》本同,余本作"自"。
[6]不异,《新说》原文作"即"。

④ 若言如来法身是作是不作，是果是因，俱有过咎故。佛遮彼过，总言非也。

⑤ 注云：若言如来法身是果事者，即同作法无常过；若同无常者，一切世间果事悉应是如来，故流支云"不许此法"。

⑥ 实叉云："若非作法，则无体性，所修方便悉空无益，同于兔角、石女之子，非作因成故。"

⑦ 谓如来法身句义也。

⑧ 实叉云："大慧，如我所说诸法无我，以诸法中无有我性，故说无我，非是无有诸法自性，如来句义应知亦然。"○《新说》云："此引昔权以明今实也。我常方便说一切法无有我性，故说无我，非是无有阴界入法之自性也。欲比法身与阴界入合，无有阴界入生死自性，非无法身常住自性，故云'如来句义应知亦然'。"

⑨ 实叉云："譬如牛无马性，马无牛性，非无自性。一切诸法亦复如是，无有自相，而非有即有，非诸愚夫之所能知。何故不知？以分别故。一切法空，一切法无生，一切法无自性，悉亦如是。"○《新说》云："马体上不得说牛性是有是无，然非无马体自性也。以况法身与阴界入诸法合，法身上不得说阴界入性是有是无，然非无法身自性。"云云。○有自相，明有法身常住自相。无我，谓声闻。愚夫，谓外道。真实法身自相，非声闻、外道能知者，为有妄想分别故也。惟如来法身有一切法空、一切法无生、一切法无自性，应当如是知。

⑩ 苏、杨二本以"如来如是"作"如是如来"。○注云：言法身与阴离一异也。

⑪ 注云：若言法身与阴一者，应是无常；若言法身与阴异者，则同于虚空，无有益物方便。若言法身与阴二者应有异相，如牛二角相似不得言异，二角长短不同黑白差别，不得言不异。故流支云："如是一切诸法，应无异相，而有异相。"

⑫ 流支云："如来法身之相，于五阴中不可说一，不可说异。"

⑬ 流支云："于解脱中，不可说一，不可说异。"○《新说》云："上明

如来法身,与阴界入系缚诸法离异不异,此又明与出世解脱法离异不异也。"

⑭ 流支云:"如是依解脱故,说名如来法身之相。"

⑮ 流支云:"大慧,若如来法身异解脱者,则同色相,则是无常;若如来法身不异解脱者,则无能证所证差别。大慧,而修行者则见能证及于所证,是故非一。大慧,如是智于所知境界,非一非异。"

⑯ 自此下,明如来真实法身也。智者,法身也。所知者,阴界入也。

⑰ 注云:见闻觉识,名为量。

⑱ 三藐三佛陀,见上注。佛陀者,《大论》云"秦言知者,知过去未来现在众生非众生数、有常无常等一切诸法,故名佛陀"[1],后汉《郊祀志》云"汉言觉也",《佛地论》云"具一切智,一切种智,离烦恼障及所知障,于一切法,一切种相,能自开觉,亦能开觉一切有情,故名为佛"。今云"是名三藐三佛陀佛陀"者,下"佛陀"二字,乃彰其能觉之义,具正遍知觉也。

⑲ 蹑前重释,结酬所问,明如来法身正遍知觉者,永离一切诸根境界,不可以识情虚妄测度。

⑳ 自此七偈颂法身离念,超过二见。此总明悉离也。

㉑ 若五阴诸缘与正觉,既无一异可见,云何更有妄想分别?

㉒ 言法身离如是等法过咎也。

㉓ 实叉云:"无既不可取,有亦不应说。"○有无因相待而生,有无既离,受想则空。

㉔ 言愚夫不知如来法身体离有无,计著于我非我等言说量,溺于一切二边过患,则自坏坏他,流转生死。

㉕ 言离有无一切过患,则能正见如来法身自通,不毁导师所说法要。

---

[1]见《翻译名义集》一,《大正藏》第54册,第1057页上。下二同。

尔时大慧菩萨复白佛言：世尊，如世尊说修多罗摄受不生不灭，又世尊说不生不灭是如来异名。云何世尊为无性故，说不生不灭？为是如来异名①？

佛告大慧：我说一切法不生不灭，有无品不现②。

大慧白佛言：世尊，若一切法不生者，则摄受法不可得，一切法不生故。若名字中有法者，惟愿为说③。

佛告大慧：善哉善哉，谛听谛听[1]，善思念之，吾当为汝分别解说。大慧白佛言：唯然受教。

佛告大慧：我说如来非无性，亦非不生不灭摄一切法，亦不待缘故不生不灭，亦非无义④。

大慧，我说意生法身如来名号。彼不生者，一切外道、声闻、缘觉、七住菩萨非其境界。大慧，彼不生即如来异名⑤。

大慧，譬如因陀罗、释迦、不兰陀罗⑥，如是等诸物，一一[2]各有多名，亦非多名而有多性，亦非无自性⑦。

如是大慧，我于此娑呵世界，有三阿僧祇百千名号⑧，愚夫悉闻，各说我名，而不解我如来异名⑨。

大慧，或有众生知我如来者，有知一切智者，有知佛者，有知救世者，有知自觉者，有知导师者，有知广导者，有知一切导者，有知仙人者，有知梵者，有知毗纽者，有知自在者，有知胜者，有知迦毗罗者，有知真实边者，有知月者，有知日者，有知主[3]者，有知无生者，有知无灭者，有知空者，有知

---

[1]谛听谛听，《南藏》、《嘉兴藏》、宫内本同，余本作"谛听"。
[2]一一，《资福藏》、《碛砂藏》、《普宁藏》、《南藏》、《龙藏》、宫内本作"亦"。
[3]主，《高丽藏》、龙藏本作"生"。

如如者,有知谛者,有知实际者,有知法性者,有知涅槃者,有知常者,有知平等者,有知不二者,有知无相者,有知解脱者,有知道者,有知意生者。

大慧,如是等三阿僧祇百千名号不增不减。此及余世界皆悉知我如水中月,不出不入⑩。

彼诸愚夫不能知我,堕二边故,然悉恭敬供养于我,而不[1]善解知辞句[2]义趣,不分别名,不解自通,计著种种言说章句,于不生不灭作无性想,不知如来名号差别⑪。如因陀罗、释迦、不兰陀罗,不解自通,会归终极,于一切法随说计著⑫。

大慧,彼诸痴人,作如是言:“义如言说,义说无异。所以者何?谓义无身故,言说之外更无余义,唯止言说。”⑬

大慧,彼恶烧智,不知言说自性,不知言说生灭,义不生灭。大慧,一切言说堕于文字,义则不堕,离性非性故,无受生亦无身[3]⑭。

大慧,如来不说堕文字法,文字有无不可得故,除不堕文字⑮。

大慧,若有说言,如来说堕文字法者,此则妄说,法离文字故。是故大慧,我等诸佛[4]及诸菩萨,不说一字,不答一字。所以者何?法离文字故。非不饶益义说,言说者,众生妄想故⑯。

---

[1]不,宫内本作“不能”。
[2]辞句,宫内本作“词句”。
[3]无身,《高丽藏》、《频伽藏》“无身故”。
[4]诸佛,《资福藏》、《碛砂藏》、《普宁藏》、《龙藏》本无。

大慧，若不说一切法者，教法则坏。教法坏者，则无诸佛、菩萨、缘觉、声闻。若无者，谁说？为谁⑰？

是故大慧，菩萨摩诃萨莫著言说，随宜方便，广说经法。以众生希望、烦恼不一故，我及诸佛为彼种种异解众生而说诸法，令离心意意识故，不为得自觉圣智处⑱。

大慧，于一切法无所有，觉自心现量，离二妄想。诸菩萨摩诃萨依于义，不依文字。若善男子善女人依文字者，自坏第一义，亦不能觉他，堕恶见相续而为众说。不善了知一切法、一切地、一切相，亦不知章句⑲。

若善一切法、一切地、一切相，通达章句，具足性义，彼则能以正无相乐而自娱乐，平等大乘建立众生⑳。

大慧，摄受大乘者，则摄受诸佛、菩萨、缘觉、声闻。摄受诸佛、菩萨、缘觉、声闻者，则摄受一切众生。摄受一切众生者，则摄受正法。摄受正法者，则佛种不断。佛种不断者，则能了知得殊胜入处㉑。知得殊胜入处，菩萨摩诃萨常得化生，建立大乘，十自在力现众色像，通达众生形类、希望、烦恼诸相，如实说法。如实者，不异㉒；如实者，不来不去相，一切虚伪息，是名如实。大慧，善男子善女人不应摄受随说计著，真实者，离文字故㉓。

大慧，如为愚夫以指指物，愚夫观指，不得实义。如是愚夫随言说指，摄受计著，至竟不舍，终不能得离言说指第一实义㉔。

大慧，譬如婴儿应食熟食，不应食生。若食生者，则令发狂，不知次第方便熟故。大慧，如是不生不灭，不方便修则为不善㉕。是故应当善修方便,莫随言说,如视指端。

是故大慧,于真实义当方便修。真实义者,微妙寂静,是涅槃因。言说者,妄想合。妄想者,集生死。

大慧,真[1]实义者,从多闻者得。大慧,多闻者,谓善于义,非善言说。善义者,不随[2]一切外道经论,身自不随,亦不令他随,是则名曰大德多闻。是故欲求义者,当亲近多闻,所谓善义[3]。与此相违,计著言说,应当远离㉖。

【集注】

① 大慧因上言如来法身无有生灭,又如佛昔修多罗中分别摄取不生不灭,说此即是如来异名。然不生不灭,此则无性,云何说为如来异名?故大慧举此二教相违,以请如来会通,为是无性,为是如来异名。

② 一切法生则堕有,灭则堕无,不生不灭则超有无品类,故曰不现。

③ 大慧于此起有无之疑,且曰"若一切法不生,摄受法不可得"者,是一切法不生故。若于不生名字中有不生法者,冀佛为说。

④ 如来非无性者,谓非无性,亦非不生不灭故摄生灭一切法,亦不待生灭因缘故不生不灭,然亦非无于义。

⑤ 佛说不生不灭,即是如来意生法身别异之名也。凡愚外道昧劣,二乘、七地菩萨心量未灭,非其境界,是皆不能了耳。

⑥ 或云释迦提婆。因陀罗,又云富兰陀及憍尸迦,皆帝释异名。

⑦ 实叉云:"譬如帝释,地及虚空,乃至手足,随一一物各有多名,非以名多而有多体,亦非无体。"○如来虽有众多名字,然无异体,故举帝释虽有多名,其体是一。然非因多名而有多体,非因多体而有多性,况亦非无自性。

---

[1] 真,《嘉兴藏》、宫内本同,余本无。

[2] 随,《资福藏》、《碛砂藏》、《普宁藏》、《南藏》、《龙藏》本作"堕"。

[3] 所谓善义,《高丽藏》、《频伽藏》本作"所谓善义者,当亲近多闻,所谓善义"。

⑧ 娑呵,旧曰娑婆,亦曰索诃,此云能忍。阿僧祇,此云无数。

⑨ 实叉云:"诸凡愚人虽闻虽说,而不知是如来异名。"

⑩ 如上略举,或有知者三十三种名,以例多数也。毗纽,此云大力。迦毗罗,城名,以佛生彼城,因名迦毗罗仙。如是等满三无数百千名号,称谓不同,然其体唯一,无有增减。此方余界有利根者,能知如来法身随众生心现,实无去来,譬如皎月影现众水,何有出入哉?

⑪ 言彼愚夫不知如来真实法身无有出入,堕二边见,虽亦恭敬供养,然不了名字句义,不能分别百千名号不出一法身,不解法身自通,但执著言教,而谓不生不灭是无体性,不明是佛随众生心现种种名字。

⑫ 终极之旨不善会归,故于一切诸法随言说而计著。

⑬ 彼诸愚痴谓义如言说,即言说是义,而体性亦无,义止言说而已。

⑭ 实叉云:"离有离无故,无生无体故。"○《新说》云:"明一切语言堕于名字,而真实义不堕名字,以离有无,无受生、无身相,是故不堕。"

⑮ 实叉云:"唯除不堕于文字者。"○《新说》云:"如来应机所说诸法,虽盈龙宫遍法界,其实不堕文字言说,文字言说本性离故。唯除方便正显实义,不堕名教者,是达如来说法之微旨也。"

⑯ 法虽离文字相,非不有饶益之义,而所说言说为破众生妄想故也。

⑰ 言无诸佛菩萨声闻缘觉,谁为说法者?复为谁说法?

⑱ 虽今说一切法,然不可著于言说,为法离言说相也。但以众生贪求烦恼不一,故为随宜说法。明方便言教,是诸如来随众生心欲解不同而为开演,令离妄识生灭,不为得自觉圣智处者说也。

⑲ 此示菩萨应依实义,莫随言说。若依文字者,损坏自他,不得明悟。

⑳ 实叉云:"亦能令他安住大乘。"○此言善了如实法性义者,有如上益。

㉑ 即自觉圣智所证处也。

㉒ 实叉云:"无异无别。"

㉓ 此明菩萨知得殊胜入处已,欲令众生安住大乘,以十自在力现众色像,随其所宣说如实法。如实法者,无异无别、不来不去,一切戏论虚伪悉皆息灭,劝令不应如言执著于义,以真实法离文字故。○十自在力:一是处非处力,二业力,三定力,四根力,五欲力,六性力,七至处道力,八宿命力,九天眼力,十漏尽力。

㉔ 愚夫计著言说至竟不舍,如人以指指物示人,彼人但观于指,不观于物。如来亦复如是,以言说方便之指,指第一真实之义示于愚夫,彼愚但观言说之指,不观真实之义,故曰"终不能得离言说指第一实义"也。下正举喻明之。

㉕ 实叉云:"譬如婴儿应食熟食,有人不解成熟方便而食生者,则发狂乱。不生不灭亦复如是,不方便修则为不善。"

㉖《新说》云:"此明由悟真实义故,离诸妄想散乱而得涅槃也。真实义者,从多闻者得。多闻者,谓善思修随顺于义,非独善言说也。不令自他堕外道恶见,名曰多闻。是故欲求实义者当亲近,与义相违者慎勿近之。"

尔时大慧菩萨复承佛威神,而白佛言:

世尊,世尊显示不生不灭,无有奇特。所以者何? 一切外道因亦不生不灭;世尊亦说虚空、非数缘灭及涅槃界不生不灭①。

世尊,外道说因生诸世间;世尊亦说无明、爱、业妄想为缘,生诸世间。彼因、此缘,名差别耳。外物因缘亦如是。世尊[1]与外道论无有差别②。

微尘、胜妙、自在、众生主等,如是九物不生不灭。世尊亦说一切性不生不灭,有无不可得③。

---

[1]世尊,《高丽藏》《频伽藏》本作"如是世尊"。

外道亦说四大不坏，自性不生不灭，四大常，是四大乃至周流诸趣，不舍自性。世尊所说亦复如是。是故我言无有奇特。

惟愿世尊为说差别，所以奇特胜诸外道。若无差别者，一切外道皆亦是佛，以不生不灭故。而世尊说，一世界[1]中多佛出世者，无有是处。如向所说，一世界中应有多佛，无差别故④。

佛告大慧：我说不生不灭，不同外道不生不灭。所以者何？彼诸外道有性自性，得不生不变相⑤。我不如是堕有无品。大慧，我者，离有无品，离生灭，非性非无性。如种种幻梦现，故非无性。

云何无性？谓色无自性相摄受，现不现故，摄不摄故⑥。

以是故，一切性无性非无性，但觉自心现量，妄想不生，安隐快乐，世事永息。愚痴凡夫妄想作事，非诸圣贤[2]⑦。不实妄想，如揵闼婆城及幻化人⑧。

大慧，如揵闼婆城及幻化人，种种众生商贾出入。愚夫妄想谓真出入，而实无有出者入者，但彼妄想故。如是大慧，愚痴凡夫起不生不灭惑[3]，彼亦无有有为无为。如幻人生，其实无有若生若灭，性无性无所有故。一切法亦如是，离于生灭。愚痴凡夫堕不如实，起生灭妄想，非诸圣贤⑨。

不如实者不尔，如性自性、妄想亦不异。若异妄想者，

---

[1]一世界，《普宁藏》本作"一切界"。
[2]圣贤，《嘉兴藏》本同，余本作"贤圣"，次后同。
[3]惑，《南藏》、《嘉兴藏》、宫内本同，余本无。

计著一切性自性,不见寂静。不见寂静者,终不离妄想[10]。

是故大慧,无相见胜,非相见。相见[1]者,受生因,故不胜[11]。大慧,无相者,妄想不生,不起不灭,我说涅槃。大慧,涅槃者,如真实义见,离先妄想心、心数法[12],逮得如来自觉圣智,我说是涅槃。

尔时世尊欲重宣此义,而说偈言:

灭除彼生论[13],建立不生义,我说如是法,愚夫不能知。

一切法不生,无性无所有[14],揵[2]闼婆幻梦,有性者无因,不[3]生无自性,何因空当说[15]。

以离于和合,觉知性不现,是故空不生,我说无自性[16]。

谓一一和合,性现而非有,分析无和合,非如外道见。

梦幻及垂发,野马揵[4]闼婆,世间种种事,无因而相现[17]。

折伏有因论,申畅无生义,申畅无生者,法流永不断。炽然无因论,恐怖诸外道[18]。

尔时大慧以偈问曰[5][19]:

云何何所因[20]? 彼以何故生[21]? 于何处和合,而作无因论[22]?

尔时世尊复以偈答[6]:

观察有为法,非无因有因,彼生灭论者,所见从是灭[23]。

---

[1]相见,《嘉兴藏》本同,余本作"相"。

[2]揵,《高丽藏》、《碛砂藏》、《频伽藏》本作"乾",次后同。

[3]不,《高丽藏》本作"无"。

[4]揵,《碛砂藏》、《频伽藏》、《高丽藏》本作"乾"。

[5]尔时大慧以偈问曰,《高丽藏》、《频伽藏》本无,次下同。

[6]尔时世尊复以偈答,《高丽藏》、《频伽藏》本无,下同。

尔时大慧说偈问曰：

云何为无生，为是无性耶？为顾视诸缘，有法名无生？名不应无义，惟为分别说㉔。

尔时世尊复以偈答：

非无性无生，亦非顾诸缘，非有性而名，名亦非无义。

一切诸外道，声闻及缘觉，七住非境界，是名无生相㉕。

远离诸因缘，亦离一切事，唯有微心住，想所想俱离，其身随转变，我说是无生㉖。

无外性无性，亦无心摄受，断除一切见，我说是无生。

如是无自性，空等应分别，非空故说空，无生故说空㉗。

因缘数和合，则有生有灭，离诸因缘数，无别有生灭㉘。

舍离因缘数，更无有异性，若言一异者，是外道妄想。

有无性不生，非有亦非无，除其数转变，是悉不可得㉙。

但有诸俗数，展转为钩锁，离彼因缘锁，生义不可得㉚。

生无性不起，离诸外道过，但说缘钩锁，凡愚不能了㉛。

若离缘钩锁，别有生性者，是则无因论，破坏钩锁义㉜。

如灯显众像，钩锁现若然，是则离钩锁，别更有诸性㉝。

无性无有生，如虚空自性㉞，若离于钩锁，慧无所分别㉟。

复有余无生，贤圣所得法，彼生无生者，是则无生忍[1]㊱。

若使[2]诸世间，观察钩锁者，一切离钩锁，从是得三昧㊲。

---

[1]"是则无生忍"下，《资福藏》《碛砂藏》本多"是则无生忍"一句，疑衍。
[2]使，《资福藏》本脱。

痴爱诸业等,是则内钩锁^㊳;

钻^[1]燧泥团轮,种子等名外^㊴。

若使有他性,而从因缘生,彼非钩锁义,是则不成就^㊵。

若生无自性,彼为谁钩锁?展转相生故,当知因缘义^{[2]㊶}。

坚湿暖动法,凡愚生妄想,离数无异法,是则说无性^㊷。

如医疗众病,无有若干论,以病差别故^[3],为设种种治。

我为彼众生,破坏诸烦恼^㊸,知其根优劣,为彼说度门。

非烦恼根异,而有种种法,唯说一乘法,是则为大乘^㊹。

【集注】

① 因上佛说不生不灭之义,大慧谓外道亦说诸因不生不灭,故曰"无有奇特",与世尊说三无为法不生不灭无有异也。

② 自白佛言下,大慧意谓:一切外道说诸因为不生不灭,世尊亦说三无为法为不生不灭;又诸外道说依诸因故生诸世间,而世尊亦说无明等为缘生诸世间;又外道说依外物因缘而生诸法,世尊亦尔。故疑世尊所说,与外道言论无有差别也。

③《新说》云:"此出外道不生灭义九物体也。一时、二方、三虚空、四微尘、五四大种、六大梵天、七胜妙天、八大自在天、九众生主。谓诸外道计此九物不生不灭,能与生死诸法作因,通名作者,与佛大乘说一切性本非生灭,若有若无悉不可得亦无异。"○自在,即大自在天。众生主,即世界主也。

④ 大慧意谓:世尊所说之法,与外道所说无有差别,故指外道亦皆

---

[1] 钻,《高丽藏》、《频伽藏》本讹作"攒"。

[2] "当知因缘义"下,《高丽藏》、《频伽藏》本尚有"使生有他性,而从因缘生,彼非钩锁义,是则不成就"四句,当为衍文。

[3] 故,《资福藏》、《碛砂藏》、《南藏》、《龙藏》本作"法"。

是佛。又谓世尊尝说,一世界中无有多佛出世。若向所说法果与外道无别,则一世界中应有多佛出世,无有差别。

⑤ 谓计诸法性实有自性,得不生不灭之相。变,即灭也。

⑥ 杨云:色本无自性,但人摄受与不摄受,现与不现,乃有或有或无之见。

⑦ 计有无生灭,是愚夫妄想所作之事也。

⑧ 上举喻明不实妄想,下释喻合法。

⑨ 谓愚痴凡夫,不解不生不灭如实之理,妄起生灭不生灭之惑,当知有为无为、若生若灭、性有性无无所有故。一切诸法离生灭,凡夫妄想起诸异见,非圣贤也。

⑩ 不如实者不尔,谓凡夫堕不如实、非实有,所堕如性自性有实性相,与生灭妄想虚伪不实亦无有异。若以一切性自性有实性相,异于生灭妄想虚伪者,反执一切性自性有实性相,不见本来寂静义故。不见本来寂静义者,则成有相,终不离妄想分别。故下文云云。

⑪ 计有性相得不生不灭者,是受生因。

⑫ 义见第三卷。

⑬ 实叉云:"为除有生执。"

⑭ 颂上"性无性无所有"故。

⑮ 言诸法之性,虽有而无因,所以不生者,为无自性。何因无自性?以诸法空故,当如是说。

⑯ 觉知之性,随诸法因缘和合而现,若离和合缘,此觉知性自然不现,故法空不生,说无自性也。

⑰ 缘生之法,谓从众缘和合而有,故无自性,虽现而非实;既无和合,即无生,非如外道计有和合生也。梦幻垂发等,喻世间诸事,妄现其相,初无有因。野马,即阳焰游气。

⑱ 邪论既破,正法流行。则此无因世出世论,炽然如大火聚,于是诸外道辈望风而震摄[1]。如来说法,多以火聚为喻。

---

[1]摄,疑为"慑"。

⑲ 自此下四节问答,流支、实叉通为一偈。

⑳ 注云:佛问外道言,汝生法云何生? 为从有因生,为从无因生? 答言,从有因生。既从有因生,即问何所因? 答言,从微尘、世性、四大等因生。

㉑ 注云:又问,彼四大等,复以何故生? 答言,四大等无因生。

㉒ 注云:佛言,若四大等无因,无因则无法,无法则无处,无处则无和合,无和合则无生,何得立四大等无因,生诸世间论? ○大慧举世尊与外道问答成偈,为反质问也。

㉓ 佛言:应观有为一切诸法,非无因生,非有因生,故说无生。则外道生灭所见之论,自此毁灭矣。已上破外道计从因生。

㉔ 大慧问:无生为诸法无性,名无生耶? 为顾待诸缘,名无生耶? 为诸法有性,名无生耶? 既有无生名,不应无此无生义,惟愿如来为分别说。

㉕ 如来答大慧所问,非诸法无性,得名无生;非别有生性,顾待诸缘,得名无生;非诸法有性,得名无生。既有无生名,非无无生义。此是意生法身,名作无生。外道、二乘、七地菩萨非其境界。

㉖ 唯有微心住,言唯有离有无微妙寂静心湛然常住,离想所想,则意生身随机示现无有障碍,故说是无生也。

㉗ 如是无生无自性空,与因缘等法,应当分别,然非如太虚断灭空等故说空,谓法身无生故说空。○注云:已上说如来意生法身以为无生。

㉘ 注云:但有十二因缘数转变故,说名生灭。离此数外,更无有生法也。

㉙ 若离妄缘,更无异生性,除十二数转变,则生性有无等四句悉不可得。

㉚ 诸俗数,谓因缘十二支。○《新说》云:“凡夫不能了诸妄缘,是故长劫为之,钩锁连环不断,故目因缘为钩锁,若离妄缘,无别生法。”

㉛ 缘生无自性,故生而不生,起即义。故实叉云“生无故不生”,

不生故,离外道生法之过。我但说因缘为钩锁,而愚夫不能了知缘中无生也。

㉜ 谓因缘之外别更有生性,是则无因,成外道论,破坏佛所说因缘义也。余义下文明之。

㉝ 实叉作"诸法"。○注云:此一行偈是外道立生性是先有,要待因缘生,譬如众像是先有,要待灯照始得见,故言"钩锁现若然"。钩锁者,因缘也。言因缘现生法,亦如灯光现众像。佛言若如此论者,是则离因缘外别更有生性也。

㉞ 实叉云:"无生则无性,体性如虚空。"

㉟ 离因缘则无生法,慧何所施?

㊱ 余无生,指二乘等。彼生,谓四相生。言二乘等于彼生住异灭当体即空,此无生即是无生法忍也。

㊲ 若使诸世间人观察钩锁义者,了知一切诸法本离钩锁,从此得解脱三昧。

㊳ 注云:成内身因缘。○《新说》云:"此言无明与爱业者,于十二有支因缘中,略举其三也。若具言之,即无明缘行,行缘识,识缘名色,名色缘六入,六入缘触,触缘受,受缘爱,爱缘取,取缘有,有缘生,生缘老死忧悲苦恼。此明三世妄因果法,谓过去有二支因:一无明、二行。现在有五支果:一识、二名色、三六入、四触、五受。现在有三支因:一爱、二取、三有。未来有二支果:一生、二老死。言一切众生无始以来,皆为无明十二因缘长劫钩锁,往来三界牢狱之中,无有出离。智者了悟,修道断除,即得解脱。故云:无明灭则行灭,乃至生灭即老死灭。当知灭妄因缘,故须修道。

"问:云何修道?答:推求十二因缘根本,乃是无明。因无明故起烦恼业,因业故起果报而有诸苦,皆因无明为根本。如人伐树,须先断其根。

"问:无明何者是?答:不觉心是。以不觉故妄起分别,心外见法,谓有谓无,谓是谓非,谓得谓失,受诸果报身心等苦,皆由无明。我今欲断无明，先须自觉心源，随心所起一切妄想，皆从不觉心生。须知自心之性本无生灭，亦无来去。何以得知？一切妄念忽然而起，觉即不生。

"云何名觉？如贪嗔痴起时，还以自心观察，推求此贪嗔痴有何形状，为青黄、为赤白？为未来、为过去、为现在？为在内外中间？推求贪嗔痴都无形状。若本来是有，今日觉时亦应可见；今觉既无，故知由不觉故忽然妄起。觉即不生，故觉是无明对治。此现在无明不可得，以无无明故，一切妄想烦恼不生。烦恼不生故，业不生。业不生故，无过去二因。无二因故，现在五果不生。五果不生故，爱取有三因不生。现在三因无故，未来二果报不生。名断十二因缘钩锁。此十二因缘无处，名为涅槃。此自觉圣智，名为菩提。依此十二因缘观察修行者，通有三类：上智观者得佛菩提，中智观者得缘觉菩提，下智观者得声闻菩提。故《肇论》云：'三乘观法无异，但心有大小为差耳。'"〇痴，即无明。

㊴ 钻燧得火，泥团成瓶，种子生芽，此三者，成外物因缘也。

㊵ 若使先有他性从因缘生者，彼非因缘义，则此义不成。此明无有他性以待因缘而生也。

㊶ 若一切生法无自性者，则彼因缘与谁为因缘？此明因缘非无有性也，以其展转相生故。当知有因缘义，无别有生性也。

㊷ 坚湿暖动四大种性，凡愚于此而生妄想种种计著，故佛谓离彼因缘数外别无异法，是以说四大无有自性。

㊸ 实叉云："灭除烦恼病。"

㊹ 注云：以人异故说异，非法性有二，以病别治，殊非真如有别，故言唯说一乘法，是则为大乘。

尔时大慧菩萨摩诃萨复白佛言：世尊，一切外道皆起无常妄想，世尊亦说一切行无常，是生灭法。此义云何？为邪为正？为有几种无常[①]？

佛告大慧：一切外道有七种无常，非我法也。何等为

七？彼有说言,作已而舍,是名无常[2];

有说形处坏,是名无常[3];

有说即色是无常[4];

有说色转变中间,是名无常,无间自之散坏,如乳酪等转变,中间不可见,无常毁坏一切性转[5];

有说性无常[6];

有说性无性无常[7];

有说一切法不生无常,入一切法[8]。

大慧,性无性无常者[1],谓四大及所造自相坏,四大自性不可得,不生[9]。

彼不生无常者,非常无常,一切法有无不生,分析乃至微尘不可见,是不生义非生,是名不生无常相。若不觉此者,堕一切外道生无常义[10]。

大慧,性无常者,是自心妄想非常无常性。所以者何?谓无常自性不坏。大慧,此是一切性无性无常事。除无常,无有能令一切法性无性者,如杖、瓦、石破坏诸物[11]。现见各各不异,是性无常事,非作所作有差别,此是无常,此是事。作所作无异者,一切性常,无因性[12]。

大慧,一切性无性有因,非凡愚所知[13],非因不相似事生。若生者,一切性悉皆无常。是不相似事,作所作无有别异,而悉见有异[14]。

若性无常者,堕作因性相;若堕者,一切性不究竟[15]。

一切性作因相堕者,自无常应无常,无常无常故,一切

---

[1]者,《资福藏》、《碛砂藏》、《普宁藏》、《龙藏》本无。

性不无常,应是常⑯。

若无常入一切性者,应堕三世。彼过去色与坏俱,未来不生,色不生故,现在色与坏相俱。色者,四大积集差别,四大及造色自性不坏,离异不异故。一切外道,一切四大不坏⑰。

一切三有,四大及造色,在所知有生灭⑱。离四大造色,一切外道于何所思惟性无[1]常⑲?四大不生,自性相不坏故⑳。

离始造无常者,非四大,复有异四大,各各异相自相故,非差别可得,彼无差别。斯等不更造,二方便不作,当知是无常㉑。

彼形处坏无常者,谓四大及造色不坏,至竟不坏。大慧,竟者,分析乃至微尘观察坏,四大及造色形处异见、长短不可得,非四大。四大不坏,形处坏现,堕在数论㉒。

色即无常者,谓色即是无常,彼则形处无常,非四大。若四大无常者,非俗数言说。世俗言说非性者,则堕世论,见一切性但有言说,不见自相生㉓。

转变无常者,谓色异性现,非四大。如金作庄严具,转变现,非金性坏,但庄严具处所坏。如是余性转变等亦如是㉔。

如是等种种外道无常见妄想㉕,火烧四大时,自相不烧,各各自相相坏者,四大造色应断㉖。

大慧,我法起非常非无常。所以者何?谓外性不决定

---

[1]思惟性无,《高丽藏》本作“思惟无”,《龙藏》本作“思惟无性”。

故⑳,唯说三有微心㉘。不说种种相有生有灭、四大合会差别、四大及造色故,妄想二种事摄所摄。知二种妄想,离外性无性二种见㉙。觉自心现量妄想者,思想[1]作行生,非不作行。离心性无性妄想,世间、出世间、出世间[2]上上一切法,非常非无常㉚。

不觉自心现量,堕二边恶见相续,一切外道不觉自妄想。此凡夫无有根本,谓世间、出世间、出世间上上[3],从说妄想生,非凡愚所觉㉛。

尔时世尊欲重宣此义,而说偈言:

远离于始造,及与形处异,性与色无常,外道愚妄想㉜。

诸性无有坏,大大自性住,外道无常想,没在种种见㉝。

彼诸外道等,无若生若灭,大大性自常,何谓无常想?

一切唯心量,二种心流转,摄受及所摄,无有我我所㉞。

梵天为树根,枝[4]条普周遍,如是我所说,唯是彼心量㉟。

【集注】

①《新说》云:“因上愚痴凡夫堕不如实,起生灭妄想,非诸圣贤。谓外道凡夫不得如实,而起无常生灭妄见,故说无常。圣贤得如实理,应不起无常生灭妄见,世尊何故亦言‘诸行无常,是生灭法’？未知此说孰为邪正？所言无常,复有几种耶？”

---

[1]想,《石经》本作“惟”。

[2]出世间,《南藏》、《嘉兴藏》本同,余本脱。

[3]出世间上上,《高丽藏》本作“上上法”,《资福藏》、《碛砂藏》、《嘉兴藏》、《龙藏》、《频伽藏》本作“上上”。

[4]枝,原作“技”,据《高丽藏》、《龙藏》本改。

② 《新说》云："有外道说四大种性，无始造作色等诸法，作已而舍，即计所作法是其无常。"

③ 注云：谓六道形相变坏无常，四大是常。

④ 注云：计色坏故无常。

⑤ 计两色中间有无常法，变一切性相续不断，能令变异自然归灭。如乳酪等两色中间，有无常法不可见，此之无常能转一切性。

⑥ 实叉以"性"作"物"，下二"性"字同。○注云：言此性无常，如杖瓦等能破诸物。

⑦ 注云：性者，造色性也。无性者，色坏也。名此为无常。

⑧ 杨云："以不生而复生一切法，是以不生而入生也。以不生而入生，故云'不生无常入一切法'"。

⑨ 此破第六性无性无常。○《新说》云："谓能造大种，所造诸法，虚妄不实其相灭坏，大种自性不可得故，本来无起，无起故无灭，何有能造所造实法，言无常耶？"

⑩ 此破第七不生无常。○注云：佛言不生，非是生法，则无一切有无性，不可说言常无常。○谓法若是生，可分析生法作微尘，求生法不可得，乃名作不生。故不生非是生，不得灭生名无常。若灭生名无常者，是名不生无常相。若不觉此不生无常相者，则堕外道生无常义。

⑪ 此破第五性无常。○彼外道立无常自性无有坏灭，能令一切诸法之性无性，成无常事。若除此无常自不坏性，无有能坏灭诸法之性为无性者，仍举喻如槌杖瓦石能坏于物，而自不坏。

⑫ 注云：自此以下是佛破外道性无常也。言现见性无常，与所破事无有异体，故云"非作所作有差别"。作者，性无常也；所作者，所破事也。若有异体，何不指订此是性无常，此是所破事？若性无常与所破事无异体者，一切性常，则无因性。

⑬ 《新说》云："以外道计除性无常，无有能令人天变化有无者，是故佛言人天依正，一切诸法生起灭坏实亦有因，但非凡愚之所能了。"

⑭ 上已破性无常能坏诸法此复破转计性无常能生诸法也。佛谓一

切生法,如种粟得粟,种豆得豆,非因不相似事而生。若因不相似事而生者,如种粟得豆,种豆得粟,则诸法之性悉归无常矣。是不相似事,能作性无常,所作一切事应无别异,而世之所见诸法,云何各各有异?

⑮ 若计性无常为能坏诸法者,堕作因性相,既堕作因性相,则一切法悉归无常,故曰"不究竟"。

⑯ 实叉云:"若无常性是有法者,应同所作自是无常,自无常故,所无常法皆应是常。"○《新说》云:"若计性[1]无常性为能生因是有法者,应同所作性不究竟,自是无常也。自无常故,何能灭坏生起诸法?所无常法皆应是常。何以故?既同所作,而计常住自不灭坏,故所作法皆是常也。"

⑰ 实叉云:"若无常性住诸法中,应同诸法堕于三世,与过去色同时已灭,未来不生,现在俱坏。一切外道计四大种体性不坏色者,即是大种差别、大种造色,离异不异故,其自性亦不坏灭。"

⑱ 注云:一切三界,四大及造色,在所有处皆知是无常也。

⑲ 佛言离四大造色外,更有何法名性无常?

⑳ 流支云:"外道说言,诸大不生不灭,以自体相常不灭故。"○已上破性无常竟。

㉑ 此破第一作已而舍无常。○外道计非四大无常,复有异四大而能始造,即舍名为无常。彼所计不出互自共三为能造,如来即叠其所计,大种异相、自相、共相破之。谓自相,则非差别可得,无差别故,不能独自造色;异相,则递有所违无自性故,不能更互造色;共相,则本自乖离,不能方便和合共造于色。故曰"斯等不更造,二方便不作"也。既就破彼计,所谓始造即舍无常者,其相安在?故复结破云"当知是无常。"

㉒ 此破第二形处坏无常。○外道计能造所造色至竟不坏。谓分析色乃至微尘,但灭形状长短等见,不灭能造所造色体,非四大坏,四大实不坏,但形处变坏。随现此见,正堕《僧佉论》中。

---

[1] 性,《新说》原文作"物"。

㉓ 此破第三即色无常。○外道计造色即是无常,如来谓彼所计,如前形处无常,非四大无常。若四大无常者,非俗数言说可到,而世俗言说造色非性,则堕世论。由彼妄见一切诸法之性但有言说,不见自相所生故。

㉔ 实叉云:"转变无常者,谓色体变,非诸大种。譬如以金作庄严具,严具有变而金无改,此亦如是。"○此破第四色转变中间无常。○《新说》云:"计色质变异名无常,非大种体名无常也。故举金作严具喻之,严具有变异名无常[1],而金九改非无常也。"

㉕ 注云:总结上外道七种无常。

㉖《新说》云:"外道谓火烧四大时,而不能烧诸大自相,言若能烧者,能造所造后应断灭,以见不断故,计大种性常。"

㉗ 佛言:我说诸法所起,以外性虚妄有无不决定,故非常无常。

㉘ 实叉云:"三界唯心故。"○三界内外,无有一法不从微妙真实心生。

㉙ 实叉云:"不说诸相故,大种性处种种差别不生不灭故,非能造所造故,能取所取二种体性,一切皆从分别起故,如实而知二取性故。"

㉚ 觉自心现量者,谓妄想从思想作行而生,非不思想作行。既知妄想生处,离心分别性有、性无妄想,善解世间、出世间、出世间上上一切法非常无常。

㉛ 以不觉自心现量,堕二边恶见相续不断,依自妄想而计言说。此凡夫外道无有根本智慧,唯执言说妄想,不知如来所说世出世法,从彼言说妄想而生。故此三法,非凡愚所能觉了。

㉜《新说》云:"言七种无常,是诸外道妄想分别。"

㉝ 是法住法位,世间相常住故,诸法之性无生亦无有坏。而四大之大常住,外道不了,计大种是常,造色是无常,故言"外道无常想,没在种种见"。

---

[1]常,原作"当",据《新说》原文改正。

㉞牒外道计四大常是生,造色无常是灭。佛谓无如是若生若灭之法,既云四大性常不坏灭,何于造色作无常想? 故知一切唯是心量妄想二种事,及心见流转,而能摄所摄二种体性,亦无有我我所也。

㉟外道言梵天造作众生,分布周遍六道。佛言我所说外道如是计著,皆是彼妄想心量。

尔时大慧菩萨复白佛言:世尊,惟愿为说一切菩萨、声闻、缘觉灭正受次第相续。若善于灭正受次第相续相者,我及余菩萨终不妄舍灭正受乐门,不堕一切声闻、缘觉、外道愚痴①。

佛告大慧:谛听谛听,善思念之,当为汝说。大慧白佛言:世尊,惟愿为说。

佛告大慧:六地[1] 菩萨摩诃萨及声闻、缘觉入灭正受②。

第七地菩萨摩诃萨念念正受,离一切性自性相正受,非声闻缘觉。诸声闻缘觉,堕有行觉[2],摄所摄相灭正受③。是故七地非念正受④,得一切法无差别相非分,得种种相性⑤,觉一切法善不善性相正受。是故七地无善念正受⑥。

大慧,八地菩萨及声闻、缘觉,心、意、意识妄想相灭⑦。

初地乃至七地菩萨摩诃萨,观三界心意意识量,离我我所,自妄想修,堕外性种种相⑧。愚夫二种自心摄所摄向无知,不觉无始过恶虚伪习气所熏⑨。

---

[1]六地,《嘉兴藏》本同,余本作"六地起"。
[2]觉,《嘉兴藏》、宫内本同,余本无。

大慧,八地菩萨摩诃萨、声闻、缘觉涅槃。菩萨者,三昧觉所持,是故三昧门[1]乐,不[2]般涅槃。若不持者,如来地不满足,弃舍一切有为众生事故[3],佛种则应[4]断⑩。诸佛世尊,为示如来不可思议无量功德。声闻、缘觉三昧门,得乐所牵故,作涅槃想⑪。

大慧,我分部七地,善修心意意识相,善修我我所,摄受人法无我、生灭自共相,善四无碍、决定力、三昧门,地次第相续,入道品法⑫。不令菩萨摩诃萨不觉自共相,不善七地,堕外道邪径,故立地次第⑬。

大慧,彼实无有若生若灭,除自心现量⑭。所谓地次第相续,及三界种种行,愚夫所不觉。愚夫所不觉者,谓我及诸佛说地次第相续,及说三界种种行⑮。

【集注】

① 流支以"灭正受"为"入灭尽定"。○《新说》云:"因上言世间、出世间及出世间上上诸法,即有菩萨、声闻、缘觉断世间生死,入出世间灭尽正受,及得诸地次第相续相,故大慧举灭尽正受乐门,及地次第相续相请问如来。欲显三乘圣凡优劣,令修圣行证佛果海,不堕权乘及诸邪见。"

② 注云:言从初地至六地菩萨及声闻缘觉,同断三界烦恼,患心劳虑永灭,心入正受也。

③ 流支云:"大慧,诸菩萨摩诃萨,于七地中念念入灭尽定,以诸菩

---

[1]门,原脱,据《高丽藏》《龙藏》本补。
[2]不,《碛砂藏》本讹化作"般"。
[3]有为众生事故,《嘉兴藏》本同,余本作"为众生事"。
[4]应断,《嘉兴藏》本同,余本作"应"。

萨悉能远离一切诸法有无相故。大慧,声闻、辟支佛不能念念入灭尽定,以声闻、辟支佛缘有为行入灭尽定,堕在可取能取境界。"○注云:言七地离妄想三界生死性相正受,不同二乘断三界生死入正受。

④ 流支云:"是故声闻、辟支佛,不能入七地中念念灭尽定。"

⑤ 杨云:"未得一切法无差别,故曰'非分',以见诸法种种异相故。"

⑥ 流支云:"以觉诸法种种异相,有法无法、善不善法、同相异相而入灭尽定。是故声闻、辟支佛不能入七地中念念灭尽定,以无善巧方便智故。"

⑦《新说》云:"八地菩萨无功用道,常在三昧无出入相,而同声闻、缘觉涅槃,灭妄想心识也。"

⑧ 杨云:"七地菩萨观三界心意意识,其本离我我所,唯是自心妄想,不善修习,乃堕外性种种诸相。此谓自七地堕外道邪径者。"

⑨ 二种自心,谓外道于有无二边摄所摄计著一向无知,不觉无始过恶虚伪习气所熏,如铁孕垢,而自毁伤。

⑩ 涅槃虽同证入,有异。菩萨以无生三昧自觉力所持故,于三昧门乐不般涅槃。若不以无生三昧觉力所持,即同二乘入般涅槃,不能满足如来之地,亦舍度一切众生之事,如来种性亦应断绝。

⑪ 实叉云:"是故诸佛为说如来不可思议诸大功德,令其究竟不入涅槃。声闻、缘觉著三昧乐,是故于中生涅槃想。"○《新说》云:"谓声闻、缘觉是昔菩萨退菩提愿者,彼定性趣寂二乘尚不能知初地之法,况能分同八地菩萨得无生法忍耶?"

⑫ 如来分部七地行相,为令众生善修心意意识,我我所摄受,得人法二空,无生灭自共相,善解四无碍辩、决定力、三昧门,以至渐升诸地,入菩提分法。言四无碍辩者,即法、义、辞及乐说。

⑬ 谓不令者,如来唯恐诸菩萨等不能觉五阴自共相虚假非实,不善七地行相,堕前自妄想,修外道邪径,故立地相之阶级也。

⑭ 杨云:"诸地次第皆是自心所现,其实无有若生若灭,如来于此但指唯心,而一切生灭顿了。"

⑮ 杨云:"世尊及诸佛以对治众生病故,说有诸地次第及三界种种
行相,愚夫不觉而有执著,殊不知佛所说法未尝说也。"

复次大慧,声闻、缘觉第八菩萨地,灭三昧门乐[1]醉所
醉,不善自心现量,自共相习气所障,堕人法无我法摄受见,
妄想涅槃想,非寂灭智慧觉①。

大慧,菩萨者,见灭三昧门乐,本愿哀愍,大悲成就,知
分别十无尽句,不妄想涅槃想。彼已涅槃妄想不生故,离摄
所摄妄想。觉了自心现量,一切诸法妄想不生,不堕心意意
识,外性自性相计著妄想。非佛法因不生,随智慧生,得如
来自觉地②。

如人梦中方便度水,未度而觉,觉已思惟,为正为邪?
非正非邪? 余无始见闻觉识因想,种种习气、种种形处
堕[2]有无想,心意意识梦现③。

大慧,如是菩萨摩诃萨,于第八菩萨地见妄想生。从初
地转进至第七地,见一切法如幻等方便,度摄所摄心妄想行
已,作佛法方便,未得者令得④。

大慧,此是菩萨涅槃,方便不坏[3],离心意意识,得无
生法忍⑤。

大慧,于第一义无次第相续,说无所有妄想寂灭法⑥。

尔时世尊欲重宣此义,而说偈言:

心量无所有,此住及佛地,去来及现在,三世诸佛说。

---

[1]门乐,《嘉兴藏》本同,余本作"乐门"。
[2]堕,原作"随",据《高丽藏》、《龙藏》本改。
[3]坏,《高丽藏》、《频伽藏》本讹作"怀"。

心量地第七,无所有第八,二地名为住,佛地名最胜⑦。

自觉智[1]及净,此则是我地,自在最胜处,清净妙庄严。

照曜如盛火,光明悉遍至,炽焰不坏目⑧,周轮化三有。

化现在三有,或有先时化⑨,于彼演说乘⑩,皆是如来地。

十地则为初,初则为八地,第九则为七,七亦复为八,第二为第三,第四为第五,第三为第六,无所有何次⑪?

【集注】

① 谓声闻、缘觉于第八地中,味著入灭三昧,为彼所醉,不达自共相是自心所现,以习气障蔽堕二无我法摄受见故,起妄想涅槃之想,非究竟寂灭智慧觉也。

② 八地菩萨虽见灭三昧门乐,为本愿哀愍大悲成就,满十大愿度脱众生,不起妄想涅槃之想。彼已于涅槃妄想不生故,离摄所摄妄想,则能觉了自心现量等,非佛法正因不生,唯随智慧而生,如是故得入如来自觉地也。

③ 流支云:"如人睡梦渡大海水,起大方便欲渡自身,未渡中间忽然便寤,作是思惟,此为是实,为是虚妄?彼复思惟如是之相非实非虚,唯是我本虚妄分别不实境界,熏习因故见种种色,形相颠倒不离有无,意识熏习于梦中见。"○注云:竟竟无水,船栻非正;梦时见水,船筏非邪。以譬得八地觉已本无生死故,道品功德非正;七地未觉妄见生死故,道品功德非邪。但是无始见闻觉知熏习因故,心意识妄想梦现。

④ 谓第八地菩萨,见一切法如幻等方便,超能所取心妄想行已,离诸功用,于佛法善巧方便无作而作,令未得者亦得此如幻三昧。

⑤ 见法如幻等已,即证无功用行,是名菩萨所得涅槃,不坏方便之

---

[1]智,《碛砂藏》《南藏》《龙藏》本作"知"。

相,故能离心意意识,得无生忍。

⑥《新说》云:"第一义中言思路绝,唯自觉智所证相应,不得说有十地对治次第相续相,此则强名寂灭法也。"

⑦《新说》云:"住,亦地也。言七地以还,总名心量未灭。八地已上,名无所有。十地已去,方言佛也。"

⑧注云:如毒龙放光,即损人目;如来光明,不损人目。

⑨佛之权实所化先后不同。

⑩流支云:"佹处说诸乘。"○如《法华》云:"为诸众生类,分别说三乘。"[1]

⑪《新说》云:"如来方便随情说法,即有诸乘;第一义中何有次第?故《思益经》云'得诸法正性者,不从一地至于一地'[2]。是知以实映权,方便相尽,皆无所有。"

尔时大慧菩萨复白佛言:世尊,如来、应供、等正觉,为常、为[3]无常①?

佛告大慧:如来、应供、等正觉非常、非无常,谓二俱有过。若[4]常者,有作主过。常者,一切外道说作者无所作。是故如来常非常。非作常,有过故②。

若如来无常者,有作无常过。阴所相、相无性,阴坏则应断,而如来不断③。

大慧,一切所作皆无常,如瓶衣等,一切皆无常过。一切众具方便应无义,以所作故。一切所作皆应是如来,无差别因性故。是故大慧,如来非常非无常④。

---

[1]见《妙法莲华经》卷第一,《大正藏》第9册,第9页下。
[2]该文为引义,参《思益梵天所问经》卷一,《大正藏》第15册,第36页中。
[3]为,《高丽藏》、《资福藏》、《碛砂藏》、《频伽藏》本无。
[4]若,《嘉兴藏》本同,余本无。

复次大慧,如来非如虚空常。如虚空常者,自觉圣智众具无义过⑤。

大慧,譬如虚空非常非无常,离常无常、一异俱不俱、常无常过,故不可说。是故如来非常⑥。

复次大慧,若如来无生常者,如兔马等角。以无生常[1]故,方便无义。以无生常过故,如来非常⑦。

复次大慧,更有余事知如来常。所以者何?谓无间所得智常,故如来常⑧。

大慧,若如来出世,若不出世,法毕定住。声闻、缘觉、诸佛如来无间住,不住虚空,亦非愚夫之所觉知⑨。

大慧,如来所得智是般若所熏,非心意[2]意识,彼诸[3]阴界入处所熏。大慧,一切三有皆是不实妄想所生,如来不从不实虚妄想生。大慧,以二法故,有常无常,非不二。不二者寂静,一切法无二生相故⑩。是故如来、应供、等正觉,非常非无常。

大慧,乃至言说分别生,则有常无常过。分别觉灭者,则离愚夫常无常见、不寂静[4]⑪;慧者,永离常无常,非常无常熏⑫。

尔时世尊欲重宣此义,而说偈言:

众具无义者,生常无常过,若无分别觉,永离常无常⑬。

从其所立宗,则有众杂义,等观自心量,言说不可得⑭。

---

[1]常,《资福藏》、《碛砂藏》、《普宁藏》、《南藏》、《龙藏》本作"常过"。

[2]非心意,《嘉兴藏》本同,余本作"大慧如来非心意"。

[3]诸,《龙藏》本作"识",当误。

[4]不寂静,《高丽藏》、《碛砂藏》本作"寂静"。

【集注】

① 因上言去来及现在三世诸佛说,若如来堕三世者,则是无常。故问如来、应、正等觉,为常、为无常耶?

② 杨云:"如来之常,非无因而常,亦非作主而常,常与作常皆不免有过故。"

③ 言无常者,则同世间有为、有作、无常等过。五阴能相、所相无性,若阴实坏,如来法身亦应断灭,不断故,不同作者无常。

④《新说》云:"若言如来是无常,即同瓶衣,一切作法无常过也。所修正因福慧庄严,皆空无益。然佛如来功流万世而常存,道通亿劫而弥固。又一切世间有所作法,皆应是如来,以同是作因生故。而言如来是常无常者,有如上过。"

⑤ 流支云:"如来非常。何以故?虚空之性,无修行诸功德故。"○谓所修功德悉空无义,成断灭道。

⑥ 前云非如虚空常者,谓具圣智故。此云如虚空者,谓如虚空之性无所变动,非常非无常,离常无常,不堕一异俱不俱等一切诸过,故不可说常无常也。

⑦ 若言如来是无生常者,则如兔马等角,本来不生。若同兔马等角言常,则无方便广大益物义。以无生常有过故,是故如来不同无生常也。

⑧ 注云:言无间智所证常理,是如来常。○杨云:"此述如来实有常住之法,而非世之所谓常无常者。"

⑨ 实叉云:"诸佛如来所证法性,法住法位,如来出世,若不出世,常住[1]不易,在于一切二乘外道所得法中,非是空无,然非凡愚之所能知。"○无间住,谓二乘与如来所得智,皆悉无间。

⑩ 妄取生死,故有常无常;生死寂静,即自性涅槃,故非常非无常。

⑪ 分别觉,觉想也。觉想灭,则离常无常、不寂静见。

⑫ 谓离常无常见,非常无常见所能熏变故,本来寂静。

---

[1]住,原作"位",据唐译本改。

⑬ 无众具方便益物义者，则生起常无常一切诸过。若灭觉想，则永离常无常见。

⑭ 外道立常无常为宗，则有四句等众杂不正之义。等观生死涅槃、常无常，皆是不实心置，徒有言说，悉不可得。

尔时大慧菩萨复白佛言：世尊，惟愿世尊，更为我说阴界入生灭。彼无有我，谁生谁灭？愚夫者依于生灭，不觉苦尽，不识涅槃①。

佛言：善哉谛听，当为汝说。大慧白佛言：唯然受教。

佛告大慧：如来之藏是善不善因，能遍兴造[1]一切趣生。譬如伎[2]儿，变现诸趣，离我我所②。

不觉彼故，三缘和合方便而生。外道不觉，计著作者。为无始虚伪恶习所熏，名为识藏，生无明住地，与七识俱③。

如海浪身常[3]生不断，离无常过，离于我论，自性无垢，毕竟清净④。

其余诸[4]识有生有灭，意、意识等念念有七。因不实妄想，取诸境界种种形处，计著名相，不觉自心所现色相，不觉苦乐，不至解脱。名相诸缠，贪生生贪，若因若攀缘⑤。

彼诸受根灭，次第不生，余[5]自心妄想，不知苦乐，入灭受想正受、第四禅、善真谛解脱，修行者作解脱想⑥。

不离不转名如来藏识藏，七识流转不灭。所以者何？

[1]造，《碛砂藏》本作"我"，当误。
[2]伎，《普宁藏》《嘉兴藏》本作"技"。
[3]常，《嘉兴藏》本作"长"，当误。
[4]余诸，《嘉兴藏》本同，余本作"诸余"。
[5]余，《高丽藏》《频伽藏》本作"除"，当误。

彼因攀缘诸识生故,非声闻、缘觉修行境界,不觉无我,自共相摄受,生阴界入⑦。

见如来藏,五法、自性、人法无我则灭,地次第相续转进,余外道见不能倾动⑧。是名住菩萨不动地,得十三昧道门乐。三昧觉所持,观察不思议佛法、自愿,不受三昧门乐及实际⑨,向自觉圣趣,不共一切声闻、缘觉及诸外道所修行道,得十贤圣种性[1]道,及身智意生,离三昧行。是故大慧,菩萨摩诃萨欲求胜进者,当净如来藏及识藏[2]名⑩。

大慧,若无识藏名,如来藏者,则无生灭。大慧,然诸凡圣悉有生灭。修行者自觉圣趣现法乐住,不舍方便⑪。

大慧,此如来藏识藏,一切声闻缘觉心想所见,虽自性清净[3],客尘所覆故,犹见不净,非诸如来。大慧,如来者,现前境界犹如掌中视阿摩勒果⑫。

大慧,我于此义以神力建立,令胜鬘夫人及利智满足诸菩萨等,宣扬演说如来藏及识藏名,七识[4]俱生,声闻计著,见人法无我⑬。

故胜鬘夫人承佛威神,说如来境界,非声闻、缘觉及外道境界。如来藏识藏,唯[5]佛及余利智依义菩萨智慧境界。是故汝及余菩萨摩诃萨,于如来藏识藏当勤修学,莫但闻觉作知足想⑭。

尔时世尊欲重宣此义,而说偈言:

---

[1]性,《资福藏》本作"姓"。
[2]识藏,《嘉兴藏》、宫内本同,余本作"藏识"。
[3]清净,《嘉兴藏》本同,余本作"净"。
[4]七识,《高丽藏》、《频伽藏》本作"与七识"。
[5]唯,《资福藏》、《碛砂藏》、《南藏》、《龙藏》、宫内本讹作"余"。

甚深如来藏，而与七识俱，二种摄受生，智[1]者则远离⑮。

如镜像现心，无始习所熏，如实观察者，诸事悉无事⑯。

如愚见指月，观指不观月，计著名字者，不见我真实⑰。

心为工伎儿，意如和伎者，五识为伴侣，妄想观伎众[2]⑱。

【集注】

① 因上如来"非以心意意识，彼诸阴界入处所熏"，又佛常说诸法无我，故问惟愿为我说阴界入生灭之相，彼阴界入中既无有我，谁生谁灭？而诸凡愚依于生灭，不觉苦尽，不证涅槃无生灭法。若无有我，谁知苦尽？谁证涅槃耶？

②《新说》云："如来藏者，自性清净心在缠之名也。佛言阴界入中虽无我，而有如来藏，能受善不善因故，能遍兴造六道生死法。譬如伎儿依咒术故，变起六道形色法，无我我所；凡夫依如来藏，起六道生死，无我我所亦如是。"

③ 谓二乘不觉如来藏无我故，计根尘识三缘和合以为生因。外道不觉如来藏无我故，计神我等以为作者。为无始恶习所熏，名如来藏为识藏，由此妄生无明住地，与七识俱也。

④ 如彼大海因风起浪，水相波相相续不断，以况如来藏海，因无明风，起七识浪，生死相续不断亦尔。然如来藏，本来离无常过，离神我论，自性无垢，毕竟清净。

⑤ 其余七识意意识等念念生灭，因虚伪妄想摄取诸境种种形处，执著名相，不觉色等诸法是自心所现，及不觉苦乐，非涅槃因，故不至解脱，

---

[1]智，《碛砂藏》、《龙藏》本作"知"。
[2]伎众，《资福藏》、《碛砂藏》、《南藏》、《龙藏》本讹作"众伎"，《普宁藏》本讹作"技众"。

以缚于名相。既从贪生,复生于贪,若因若缘,妄想流转。已上明如来藏与三界有漏善恶为因。

⑥彼诸受根灭,而识次第不生,尚余自心妄想。然忘苦乐,入灭受想定,得四禅、四谛解脱,修行者至此多作究竟解脱之想,《法华》云"但尽生死,名为解脱,其实未得一切解脱"[1]也。此明如来藏,与出世间声闻、缘觉无漏善法为因。

⑦实叉云:"而实未舍未转如来藏中藏识之名。若无藏识,七识则火。何以故?因彼及所缘而得生故。然非一切外道、二乘诸修行者所知境界。以彼唯了人无我性,于蕴界处取于自相及共相故。"○识藏,为识所依故名。不觉无我,不觉如来藏无我也。

⑧注云:若见如来藏,五法、三自性、人法无我等对治法门则灭,以见如来藏故。复得入地,转进至八地,外道恶见不能倾动。

⑨杨云:"以观察佛法自愿,则能顾愍众生,不滞空寂,故于三昧门乐及实际皆不受。"

⑩向自觉圣趣,则不共余乘而证十地圣人之道及身智,俱如意生,离于功用诸三昧行。是故菩萨欲求胜妙进趣者,当净妄习识藏之名,无如二乘但断分段生死,便谓真解脱也。

⑪若无妄习识藏之名,则清净如来藏有何生灭?然诸圣无生灭性,非同木石之无性也。是故修行者,虽得自觉圣智法乐现前,而不舍方便胜进于佛地,故亦有生灭。

⑫外道妄觉,二乘偏觉,故所见不净。菩萨分觉,虽胜亦未究竟。唯如来现前境界,视如来藏如观掌中之果,皎然明白。

⑬流支云:"为诸声闻、辟支佛等示法无我。"○实叉云:"令诸声闻见法无我。"○此经谓二乘于人无我处计著不舍,故令离计著得法无我也。

---

[1] 该文为引义。《妙法莲华经》卷二《譬喻品》第三云:"但离虚妄,名为解脱,其实未得一切解脱。"

⑭《新说》云:"言如来藏识藏是佛境界,非诸二乘外道所行之处,当勤观察,三慧备修,勿得守闻,便生足想。"

⑮ 谓七识以若因、若攀缘二种摄受而生。

⑯ 实叉云:"境相悉无有。"○注云:如镜因前境故有像现,以譬如来藏心镜,因七转识无始妄习熏,故有三界依正妄法现。如实观者,一切悉无耳。

⑰《新说》云:"智者见指,必知有月;愚夫反是,故但观文字之指,不得真实法也。"

⑱《新说》云:"言如来藏识藏受熏持种,变起根身器界,如工伎儿;染污末那执我法故,如和伎者。前五转识取尘相资,譬之伴侣;第六意识虚妄了别,类彼观人。"

尔时大慧菩萨,白佛言:世尊,惟愿为说五法、自性、识、二种无我究竟分别相。我及余菩萨摩诃萨,于一切地次第相续,分别此法,入一切佛法。入一切佛法者,乃至如来自觉地①。

佛告大慧:谛听谛听,善思念之。大慧白佛言[1]:唯然受教。佛告大慧:五法、自性、识、二种[2]无我分别趣相者,谓名、相、妄想、正智、如如。

若修行者,修行入如来自觉圣趣,离于断常、有无等见,现法乐正受住现在前②。

大慧,不觉彼五法、自性、识、二无我,自心现外性,凡夫妄想,非诸圣贤[3]③。

---

[1]言,《嘉兴藏》本同,余本无。
[2]二种,《嘉兴藏》本同,余本作"二"。
[3]圣贤,《嘉兴藏》本同,余本作"贤圣"。次下同。

大慧白佛言：世尊，云何愚夫妄想生，非诸圣贤？

佛告大慧：愚夫计著俗数名相，随心流散。流散已，种种相像貌，堕我我所见，希望计著妙色。计著已，无知覆障，故[1]生染著。染著已，贪恚痴[2]所生业积集。积集已，妄想自缠，如蚕作茧，堕生死海诸趣旷野，如汲井轮。以愚痴故，不能知如幻、野马、水月自性，离我我所④，起于一切不实妄想，离相所相及生住火，从自心妄想生，非自在、时节、微尘、胜妙生。愚痴凡夫随名、相流⑤。

大慧，彼相者，眼识所照名为色，耳鼻舌[3]身意意[4]识所照，名为声香味触法，是名为相⑥。

大慧，彼妄想者，施设众名，显示诸相，如此不异⑦，象马车步男女等名，是名妄想⑧。

大慧，正智者，彼名、相不可得，犹如过客，诸识不生，不断不常，不堕一切外道、声闻、缘觉之地⑨。

复次大慧，菩萨摩诃萨以此正智，不立名相，非不立名相，舍离二见建立及诽谤⑩，知名相不生⑪，是名如如⑫。

大慧，菩萨摩诃萨住如如者，得无所有境界故，得菩萨欢喜地。得菩萨欢喜地已，永离一切外道恶趣，正住出世间趣，法相成熟，分别幻等一切法，自觉法趣相，离诸妄想见性[5]异相⑬。

次第乃至法云地，于其中间，三昧、力、自在、神通

---

[1] 故，《嘉兴藏》本同，余本无。
[2] 痴，《高丽藏》《碛砂藏》《龙藏》《频伽藏》本无。
[3] 舌，《资福藏》《碛砂藏》本脱。
[4] 意，《高丽藏》本无。
[5] 想见性，《高丽藏》《资福藏》《普宁藏》《碛砂藏》《频伽藏》本作"见怪"。

开敷[14]。

得如来地已,种种变化圆照示现,成熟众生,如水中月。善究竟满足十无尽句,为种种意解众生分别说法,法身离意所作。是名菩萨入如如所得[15]。

尔时大慧菩萨白佛言:世尊,云何世尊为三[1]种自性入于五法?为各有自相宗?

佛告大慧:三种自性及八识、二种无我,悉入五法。

大慧,彼名及相,是妄想自性[16]。

大慧,若依彼妄想生心心法,名俱时生,如日光俱。种种相各别分别持,是名缘起自性[17]。

大慧正智、如如者,不可坏故,名成自性[18]。

复次大慧,自心现妄想八种分别,谓识藏、意、意识及五识身相者,不实相妄想故。我我所二摄受灭,二无我生。是故大慧,此五法者,声闻、缘觉、菩萨、如来,自觉圣智,诸地相续次第,一切佛法悉入其中[19]。

复次大慧,五法者,相、名、妄想、如如、正智。

大慧,相者,若处所、形相、色像等现,是名为相[20]。

若彼有如是相,名为瓶等,即此非余,是说为名[21]。

施设众名,显示诸相,瓶等心心法,是名妄想[22]。

彼名彼相毕竟不可得,始终无觉,于诸法无展转,离不实妄想,是名如如[23]。

真实决定究竟自性不可得,彼是如相。我及诸佛随顺入处,普为众生如实演说,施设显示于彼。随入正觉,不断

---

[1]三,《碛砂藏》本讹作"二"。

不常,妄想不起。随顺自觉圣趣,一切外道、声闻、缘觉所不得相。是名正智^㉔。

大慧,是名五法、三种自性、八识、二种无我,一切佛法悉入其中。是故大慧,当自方便学,亦教他人,勿随于他^㉕。

尔时世尊欲重宣此义,而说偈言:

五法三自性,及与八种识,二种无有我,悉摄摩诃衍^㉖。

名相虚妄想,自性二种相^㉗,正智及如如,是则为成相^㉘。

【集注】

① 流支云:"乃至能入如来自身内证智地。"〇注云:因上见如来藏,五法、自性、人法无我对治法门则灭,故举五法、自性、识、二种无我以请问。

② 杨云:"谓修行者,若观察此法,入于如来自觉境界,则得现法乐正受常现在前,未尝暗昧,所谓犹如掌中视阿摩勒果。"

③ 实叉云:"大慧,凡愚不了五法、自性、诸识、无我,于心所现见有外物而起分别,非诸圣人。"

④ 流支云:"佛告大慧:一切凡夫执著名相,随顺生法。随顺生法已,见种种相,堕我我所邪见,心中执著,具足一切法相。执著已,入于无明黑暗障处。入障处已,起于贪心。起贪心已,而能造作贪嗔痴业。造作行已,不能自止,如蚕作茧,以分别心而自缠身,堕在六道大海险难,如辘轳回转不自觉知。以无智故,不知一切诸法如幻,不知无我我所。"

⑤ 妄想既如幻等不实,安有能相所相及生住灭?故知一切诸法名相,从妄想而生,非从自在天等生也。愚夫不觉名相自心现故,妄心缘于外境,随尘流动。

⑥《新说》云:"五根六境通名为相。亦云眼识所见,名有见、有对

色;耳鼻舌身识所得者,名无见、有对色;意识所得者,名无见、无对色。此三种色相,总为名相也。"

⑦ 实叉云:"此事如是,决定不异。"

⑧《新说》云:"施设众多名字,显示差别种种诸相,谓有象马车步等名生,即有象马车步等相起也。如此者,显示自相也。不异者,显示共相也。计有此等名相,是故名为妄想分别。"[1]

⑨ 正智者,观彼名相不实如过客,客非住义,故不可得,以不可得故,诸识不生。盖以智为主人,以名相为客也。此智既不断不常,则无复堕凡夫、声闻之地。

⑩ 流支云:"依正智不取名相法以为有,不取不名相以为无。何以故?以离有无邪见故。"

⑪ 知名相当体不生。

⑫ 流支云:"依正智,不取名相法以为有,不取不名相以为无。何以故?以离有无邪见故。以不见名相是正智义,是故我说名为真如。"

⑬ 证如幻境界,得自觉法趣,方能离妄想见性异相偏执,入诸地之次第。

⑭ 流支云:"入法云地已,次以三昧、力、自在、神通诸华庄严如来之地。"

⑮ 杨云:"法身无为,悉离意之所作,至此乃入如如。"

⑯《新说》云:"大慧前举四门而问,如来但约五法一门而答,故此再问为三自性入于五法中,为三自性别有自相宗耶?佛答言,余三法门悉入五法中者,以但修一门,则诸门备摄,余三亦尔。谓其中名相生妄想自性,此妄想自性,入五法中名相也。"

⑰ 若依彼妄想生心心所法,则挽动名相俱时而起。日与光,喻相与名俱;光与日,喻名与相俱。心虽本无所持,然分别种种名,是相持于名;分别种种相,是名持于相,故曰"各别分别持"。二法因缘相持而生,是名

---

[1] 文字小异。

缘起自性。此缘起自性,入五法中妄想也。

⑱ 正智如如非有作法,故不可坏,是名成自性。此成自性,入五法中正智如如也。已上明三自性入五法竟。

⑲《新说》云:"于自心妄所现法生执著时,有心、意、意识八种分别。起此差别相,此八名相,即入五法中名、相、妄想;了此名相皆是不实,唯妄相性,即入五法中正智、如如。此明八识入五法也。既皆不实唯妄想性,若计实有二种我名及二我相,即入五法中名、相、妄想;若能觉彼二我不实,即得人法二无我智,即入五法中正智、如如。此明二种无我,入五法也。非但五法摄余三门,声闻、缘觉、菩萨、如来,若因若果一切诸法,悉入其中也。"[1]

⑳ 实叉云:"此中相者,谓所见色等形状各别,是名为相。"

㉑ 实叉云:"依彼诸相立瓶等名,此如是此不异,是名为名。"

㉒ 起心心所法,缘念瓶等名相,是名妄想。

㉓ 注云:了名相无实故,无妄想觉知,了诸法无实故,无展转生灭,乃至悉离不实妄想,则名如如也。

㉔ 自"复次大慧,五法者"下,重明五法义也。

㉕ 实叉云:"于此法中,汝应以自智善巧通达,亦劝他人令其通达,通达此已,心则决定不随他转。"

㉖ 颂上五法、三自性、八识、二无我,普摄大乘一切法义也。

㉗ 颂上妄想、缘起二种自性,摄入名、相、妄想三法也。

㉘ 颂上成自性,摄入正智、如如二法也。

尔时大慧菩萨复白佛言:世尊,如世尊所说句,过去诸佛如恒河沙,未来、现在亦复如是。云何世尊,为如说而受?为更有余义?惟愿如来哀愍解说。

---

[1] 文字小异。

佛告大慧：莫如说受[1]。三世诸佛量，非如恒河沙。所以者何？过世间望，非譬所譬①。以凡愚计常，外道妄想，长养恶见，生死无穷。欲令厌离生死趣轮[2]，精勤胜进故，为彼说言，"诸佛易见，非如优昙钵华难得见故"，息方便求②。

有时复观诸受化者，作是说言："佛难值遇，如优昙钵华。"③优昙钵华无已见、今见、当见，如来者世间悉见，不以建立自通故，说言如来出世如优昙钵华。大慧，自建立自通者，过世间望④，彼诸凡愚所不能信，自觉圣智境界无以为譬，真实如来过心意识所见之相，不可为譬⑤。

大慧，然我说譬佛如恒河沙[3]，无有过咎⑥。

大慧，譬如恒沙，一切鱼、鳖、输收[4]摩罗⑦、师子、象、马、人、兽践踏，沙不念言"彼恼乱我"，而生妄想。自性清净，无诸垢污。如来应供等正觉，自觉[5]圣智恒河，大力神通自在等沙，一切外道诸人兽等一切恼乱，如来不念而生[6]妄想，如来寂然无有念想。如来本愿，以三昧乐安众生故，无有恼乱，犹如恒沙等无有异，又断贪恚故⑧。

譬如恒沙是地自性，劫尽烧时，烧一切地，而彼[7]地大

---

[1] 说受，《高丽藏》本作"说而受"。
[2] 趣轮，《高丽藏》《频伽藏》本作"趣转"，当误。
[3] 恒河沙，《嘉兴藏》本同，余本作"恒沙"。
[4] 收，《高丽藏》《资福藏》《频伽藏》本作"牧"。
[5] 自觉，《资福藏》《碛砂藏》《南藏》《龙藏》本无。
[6] 生，《资福藏》《碛砂藏》本作"去"，当误。
[7] 彼，《碛砂藏》本讹作"拔"。

不舍自性,与火大俱生故。其余愚夫作地烧想,而地不烧,以火[1]因故。如是大慧,如来法身如恒沙不坏⑨。

大慧,譬如恒沙无有限量,如来光明亦复如是,无有限量,为成熟众生故,普照一切诸佛大众⑩。

大慧,譬如恒沙,别求异沙永不可得。如是大慧,如来、应供、等正觉,无生死、生灭,有因缘断故⑪。

大慧,譬如恒沙[2],增减不可得知。如是大慧,如来智慧成熟众生,不增不减,非身法故。身法者有坏,如来法身非是身法⑫。

如压恒沙,油不可得。如是一切极苦众生逼迫如来,乃至众生未得涅槃,不舍法界自三昧愿乐,以大悲故⑬。

大慧,譬如恒沙,随水而流,非无水也。如是大慧,如来所说一切诸法,随涅槃流,是故说言如恒河沙。如来不随诸去流转,去是坏义故⑭。

大慧,生死本际不可知。不知故,云何说去?大慧,去者断义,而愚夫不知⑮。

大慧白佛言:世尊,若众生生死本际[3]不可知者,云何解脱可知⑯?

佛告大慧:无始虚伪过恶妄想习气因灭,自心现知外义,妄想身转,解脱不灭。是故无边非都无所有,为彼妄想作无边等异名⑰。

观察内外,离于妄想,无异众生,智及尔焰一切诸法悉

---

[1]火,《普宁藏》本讹作"大"。
[2]恒沙,《嘉兴藏》本同,余本作"恒河沙"。
[3]本际,《资福藏》、《碛砂藏》、《普宁藏》、宫内本作"际"。

皆寂静。不识自心现妄想故[1]，妄想生，若识则灭⑱。

尔时世尊欲重宣此义，而说偈言：

观察诸导师，犹如恒河沙，不坏亦不去，亦复不究竟⑲，是则为平等，观察诸如来。

犹如恒沙等，悉离一切过，随流而性常，是则佛正觉⑳。

【集注】

① 三世诸佛之量不可以数计，故非如恒河沙，而微妙最胜，超诸世间，无与等者，故过世间望。《华严经》云："三界有无一切法，不能与佛为譬喻。"[2]

② 注云：为诱进凡愚外道，令厌生死故，说化佛易见如恒河沙皆已得道，汝今不应受此生死。若说诸佛如优昙钵华难得见故，此诸人等便生退怯，更不进求。○优昙钵，又云乌昙钵罗，此云瑞应。

③ 注云：又见受化弟子，不勤精进故，作是言：佛难值遇，如优昙钵华，汝今得值，何不精勤胜进，远离生死？

④ 优昙钵华，三世之中无有见者，今如来世间悉见，何得说佛如优昙钵华？然如来不以建立法身自通比如优昙，为诱诸众生故，而说化佛难见、易见。能自建立自通处者，则过世间望。

⑤ 凡愚既不信自觉圣智境界，岂知真实如来超过心意意识所见之相，不可为譬为喻？

⑥ 法身无相，非言说譬喻可及，今谓佛如恒河沙无过咎者，将示七种深义故也。

⑦ 或云失兽摩罗，此云杀子鱼。

⑧ 实叉云："无有爱憎。"○如来自觉圣智如恒河，力、通、自在等

如恒河中沙,诸外道等来相恼乱,如来未尝起一念恚彼,而生憎爱分别。

⑨ 地因火与水合而成,又火能生土,故言地不烧,沙不可坏,故比法身。

⑩ 言照一切诸佛大众如恒河沙无有限量,得比如来。

⑪ 《新说》云:"纯是金沙,无有瓦石,以比如来法身无有生死、生灭瓦石。谓如来三有生因悉断。"

⑫ 注云:非色身法,故无增减。

⑬ 实叉云:"譬如恒沙,虽苦压治,欲求苏油,终不可得。如来亦尔,虽为众生众苦所压,乃至蠢动未尽涅槃,欲令舍离于法界中深心愿乐,亦不可得。何以故? 具足成就大悲心故。"○众生在极苦中无由出离,如来愍之,以百千方便令其解脱,如被众生之所逼迫,余义可见。

⑭ 流支云:"大慧,如恒河河沙随水而流,终不逆流。大慧,诸佛如来为诸众生说法亦尔,随顺涅槃而非逆流。大慧,是故我说诸佛如来,如恒河河沙。大慧,言恒河河沙随顺流者,非是去义。若佛如来有去义者,诸佛如来应无常灭。"○沙,喻诸法;水,喻涅槃。沙虽随水而流,不离于水;法虽随涅槃而流,不离于涅槃,故曰"非无水"也。

⑮ 流支云:"生死本际尚不可知,不可知者,我云何依而说去义? 是故如来非为去义。大慧,去义者名断义,愚痴凡夫不觉不知。"

⑯ 注云:若众生生死本际始时不可知者,云何后时得解脱终时可知耶?

⑰ 无边者,是妄想异名,故实叉云"不得言无边际"。非都无所有者,谓但转妄想所依,即得解脱,非是坏灭妄想都无所有。等者,有边也。谓有边无边,皆是妄想异名。

⑱ 实叉云:"离分别心无别众生,以智观察内外诸法,知与所知悉皆寂灭。大慧,一切诸法唯是自心分别所见,不了知故分别心起,了心则灭。"○不识妄想从自心现则妄想生,若识则灭。

⑲ 注云:言法身亦不究竟空断。

⑳《新说》云："此偈颂上恒河沙七种譬喻，如文可知。"

尔时大慧菩萨，复白佛言：世尊[1]，惟愿为说一切诸法刹那坏相。世尊，云何一切法刹那①？

佛告大慧：谛听谛听，善思念之，当[2]为汝说。佛告大慧：一切法者，谓善、不善、无记，有为无为，世间出世间，有罪无罪，有漏无漏，受不受②。

大慧，略说心意意识及习气是五受阴因，是心意意识习气，长养凡愚善不善妄想③。

大慧，修三昧乐，三昧正受现法乐住，名为贤圣[3]善无漏④。

大慧，善不善者，谓八识。何等为八？谓如来藏名识藏，心、意、意识及五识身，非外道所说⑤。

大慧，五识身者，心、意、意识俱，善不善相展转变坏，相续流注，不坏身生亦生亦灭⑥。不觉自心现，次第灭，余识生，形相差别摄受⑦。意识、五识[4]俱相应生⑧，刹那时不住，名为刹那⑨。

大慧，刹那者，名识藏如来藏意俱生识，习气刹那⑩，无漏习气非刹那，非凡愚所觉，计著刹那论故⑪。不觉一切法刹那非刹那，以断见坏无为法⑫。

大慧，七识不流转，不受苦乐，非涅槃因⑬。

---

[1]世尊，《嘉兴藏》本同，余本无。
[2]当，《频伽藏》讹作"然"。
[3]名为贤圣，《资福藏》、《碛砂藏》、《普宁藏》、《南藏》、《龙藏》本作"贤圣名为"。
[4]五识，《资福藏》、《碛砂藏》、《南藏》、《龙藏》本脱。

大慧,如来藏者,受苦乐,与因俱,若生若灭^⑭,四住地、无明住地所醉,凡愚不觉,刹那见妄想熏^[1]心^⑮。

复次大慧,如金、金刚、佛舍利^[2],得奇特性,终不损坏^⑯。

大慧,若得无间有刹那者,圣应非圣,而圣未曾不圣^⑰。如金、金刚,虽经劫数,称量不减^[3]。云何凡愚不善于我隐覆之说,于内外一切法作刹那想^⑱?

【集注】

① 流支云:"为我说一切法生灭之相,云何如来说一切法念念不住?"○因上佛言身法者有坏,即是说阴界入无常,故举一切诸法刹那坏相以请问。

② 实叉云:"一切法者,所谓善法不善法,有为法无为法,世间法出世间法,有漏法无漏法,有受法无受法。"

③《新说》云:"以心意意识妄习为因,阴界入等色心诸法得增长者,愚夫分别谓善不善是刹那也。"

④《新说》云:"修三昧为因,证现法乐住,名为圣贤善无漏法,非刹那也。"

⑤《新说》云:"再欲释前善不善法是非刹那,故举八识如来藏是刹那、非刹那因。然此第八阿赖耶识,唯是无覆无记性摄;第七末那,唯是有覆无记性摄;前六转识,通善、不善、无记三性。未转依位,此八种识俱名刹那,故如来藏名刹那因。若得转依,八识皆是善无漏法,如来藏名非刹那因。"○如来藏为无明熏变故,名识藏。由是而有心意意识及五识身,名为八种。○注云:外道不说此八识。

---

[1]熏,《高丽藏》本作"勋"。
[2]佛舍利,《普宁藏》本作"佛之舍利"。
[3]减,宫内本讹作"灭"。

⑥ 实叉云："无异体生,生已即灭。"○五识取尘,与六七八识共俱,六识造善恶业相展转变坏,然六识虽生灭变坏,而善恶业相相续流注不断,故五识身生,此五识身亦念念生灭。

⑦ 注云:此明五识不觉诸法自心现故,取种种尘,随取即灭,故言次第灭。随次第灭处,即六识生,故言余识生。余识生,记五识所取形相差别法。

⑧ 注云:七识因五识六识而起,故言意识五识俱相应生。

⑨ 此叙诸识生灭,如《首楞严》云:"刹那刹那,念念之间不得停住。"[1]

⑩ 注云:七识习气依如来藏,名识藏处刹那,非如来藏刹那。

⑪《新说》云:"言无漏习气,熏如来藏识藏,离念相应,证得圣果,即非刹那。故《起信论》云'得无念者,则知心相生住异灭,以无念等故'。此岂凡愚未曾离念生灭戏论所能觉耶?"

⑫ 实叉云:"彼不能知一切诸法有是刹那非刹那故,彼计无为同诸法坏,堕于断见。"

⑬ 注云:言七识念念生灭无自性故,不能流转六道,以念念灭故,亦不知苦乐,非涅槃因。○《宗镜》云:"七识从缘,本无自性,尚不能为生死苦乐之本,岂复与涅槃作因?"[2]

⑭《宗镜》云:"如来藏与七识生死苦乐因俱,念念若生若灭。"[3]

⑮ 依四住烦恼及无明所醉,凡愚不觉起刹那见,故如来藏心为妄想所熏。

⑯ 注云:明如来藏不生灭,犹如金刚与佛骨也。

⑰ 谓得如来所证无间之法,非刹那不住。若有刹那不住者,则圣应非圣。以非刹那不住故,而圣未尝不圣也。

⑱《新说》云:"凡愚不达诸法虚妄,故我方便随顺为说一切诸法刹

---

[1]见《大佛顶首楞严经》卷第二,《大正藏》第19册,第110页中。
[2]见《宗镜录》卷第七十六,《大正藏》第48册,第39页上。
[3]同上。

那不住,无漏习气非刹那也。"

大慧菩萨复白佛言:世尊,如世尊说,六波罗蜜满足,得成正觉。何等为六①?

佛告大慧:波罗蜜有三种分别,谓世间、出世间、出世间上上②。

大慧,世间波罗蜜者,我我所摄受计著,摄受二边,为种种受生处,乐色声香味触故,满足檀波罗蜜。戒、忍、精进、禅定、智慧亦如是。凡夫神通,及生梵天③。

大慧,出世间波罗蜜者,声闻、缘觉堕摄受涅槃故,行六波罗蜜,乐自己涅槃乐④。

出世间上上波罗蜜者,觉自心现妄想量摄受,及自心二故,不生妄想,于诸趣摄受非分,自心色相不计著,为安乐一切众生故,生檀波罗蜜,起上上[1]方便⑤。

即于彼缘,妄想不生戒,是尸波罗蜜⑥。

即彼妄想不生,忍知摄所摄,是羼提波罗蜜⑦。

初中后夜,精勤方便,随顺修行方便,妄想不生,是毗梨耶波罗蜜⑧。

妄想悉灭,不堕声闻涅槃摄受,是禅波罗蜜⑨。

自心妄想非性,智慧观察,不堕二边,先身转胜而不可坏,得自觉圣趣,是般若波罗蜜⑩。

尔时世尊欲重宣此义,而说偈言:

空无常刹那,愚夫妄想作,如河灯种子,而作刹那想⑪。

---

[1]上上,《嘉兴藏》本同,余本作"上"。

刹那息烦乱，寂静离所作[12]，一切法不生，我说刹那义[13]。

物生则有灭，不为愚者说，无间相续性，妄想之所熏[1][14]。

无明为其因，心则从彼生，乃至色未生，中间有何分[15]？

相续次第灭，余心随彼生，不住于色时，何所缘而生[16]？

以从彼生故，不如实因生，云何无所成，而知刹那坏[17]？

修行者正受，金刚佛舍利，光音天宫殿，世间不坏事[18]。

住于正法得，如来智具足，比丘得平等，云何见刹那[19]？

捷[2] 闼婆幻等，色无有刹那，于不实色等，视之若真实[20]。

【集注】

① 实叉云："若得满足，便成正觉。何者为六？云何满足？"○《新说》云："因上修三昧正受现法乐住，名为贤圣善无漏法，故举余经世尊常说六波罗蜜若得满足，便成正觉。故问何者为六，云何满足。"[3]

② 波罗蜜，又云阿罗蜜，此云到彼岸。生死为此岸，涅槃为彼岸，烦恼为中流，菩萨以无相智慧，乘禅定舟航，从生死此岸，到涅槃彼岸。又《大论》别翻事究竟，《三瑞应经》翻度无极。[4]

③ 檀，具云檀那，此言布施。○注云：世间波罗蜜者，计著我我所摄受，有无二边恶见，为求未来受生处具足欲乐，行于布施有漏诸波罗蜜，得生梵天，获五神通，不离生死，故言凡夫神通。

④《新说》云："出世间波罗蜜者，是二乘人厌舍生死，欣趣涅槃，求于自度，修习六种劣无漏行，故不得作佛。"

---

[1] 熏，《高丽藏》本作"勋"。

[2] 捷，《碛砂藏》、《频伽藏》、《高丽藏》、《龙藏》本作"乾"。

[3] 文字小异。

[4] 见《翻译名义集》四《辨六度法篇》第四十四，《大正藏》第54册，第1117页上。

⑤《新说》云:"言出世间上上波罗蜜者,谓大菩萨而于自心内外二法,觉知唯是妄分别现,不起施者妄想,不生受者执著,不取中间施物色相,为令众生得无畏安乐,而恒行施。故《大论》[1]云:'以知法性体无悭贪故,随顺修行檀波罗蜜。'"○起上上方便者,通该六度所修之意也。

⑥尸,具云尸罗,此云清凉,又云止得,正翻戒。○于彼施受一切染净境缘妄想不生,则戒性如虚空,有何持犯?○《论》云:"以知法性无染,离五欲过故,随顺修行尸罗波罗蜜。"

⑦羼提,此云安忍,又忍辱内心,能安忍外所辱境,故名忍辱。○于彼持犯妄想不生,则非忍而忍,知摄所摄性非实。○《论》云:"以知法性无苦,离嗔恼故,随顺修行羼提波罗蜜。"

⑧毗梨耶,此云精进。○杨云:"随顺如实修行,于修行方便,亦不起方便之想。"○《论》云:"以知法性无身心相,离懈怠故,随顺修行毗梨耶波罗蜜。"

⑨禅,具云禅那,此云思惟修,正翻静虑。○注云:三界心意意识妄想悉灭,大悲本愿故,不以无生为证。○杨云:"声闻有涅槃想,故有摄受。"○《论》云:"以知法性常定,体无乱故,随顺修行禅波罗蜜。"

⑩般若,此云智慧。○知三界从自心妄想现而非实,以智慧观察不堕有无等见,法身转胜不可坏灭,得自觉圣智趣故。○《论》云:"以知法性体明,离无明故,随顺修行般若波罗蜜。"○《宗镜》云:"六度万行互相融摄成菩提分,皆由般若成立。故五度如盲,般若如导。若布施无般若,唯得一世荣,后受余殃债。若持戒无般若,暂生上欲界,还堕泥犁中。若忍辱无般若,报得端正形,不证寂灭忍。若精进无般若,徒兴生灭功,不趣真常海。若禅定无般若,但行色界禅,不入金刚定。若万善无般若,空成有漏因,不契无为果。若般若不明,万行虚设。故《般若经》云'欲得世出世间一切善法悉成就者,一一当学般若'。是故非真流之行,无以契

---

[1]见梁真谛译《大乘起信论》,《大正藏》第32册,第581页上。下五处同。

真;未有证真之行,不从真起。"[1]又云:"如是六度如实修行,若得满足,即得阿耨多罗三藐三菩提;若不满足,则无能入菩提之道。"[2]

⑪ 世尊尝以如河流、如种子、如灯等喻,破彼妄想有为作法,皆是空无常刹那,凡愚不善此隐密[3]之说,计作刹那想也。

⑫ 说刹那者,息愚夫妄想计著烦乱。然烦乱性本寂静,离作所作法。

⑬《新说》云:"以一切法刹那流转必无自性,无自性故即是无生,若非无生则不流转,契无生者方见刹那。"

⑭ 言物生则有灭,物灭则有生,此语不可为愚者说之,恐计著生灭。而诸法无间相续之性,皆从妄想习气所熏。

⑮ 明妄心虽因彼无明而生,若色未生时,中间有何法可以分别?

⑯ 诸法相续次第灭已,妄心随彼生焉。若此妄心分别色时念念不住,则此妄心复从何所缘而生?

⑰ 实叉云:"若缘彼心起,其因则虚妄,因妄体不成,云何刹那灭?"○《新说》云:"后念以从前念灭处起,故不是如实因生,因既虚妄,体不成立,则名无生,故不得言刹那灭坏。"

⑱ 注云:对凡夫妄计一切法刹那,故说此正受等法为非刹那。

⑲ 如来正智满足,比丘得八地平等,云何有刹那之见?

⑳ 色等诸法如揵城幻梦,无有刹那生住异灭之相,于不实色相计著刹那者,视揵城等若实有也。此偈当在六度章前,是必传译者失其次序。

尔时大慧菩萨复白佛言:世尊,世尊记阿罗汉得成阿耨多罗三藐三菩提①?

与诸菩萨等无差别②?

---

[1]文字小异。见《宗镜录》卷第九十,《大正藏》第48册,第906页上。
[2]查《宗镜录》未见该引文。该文出现在宋宝臣《注大乘入楞伽经》卷第八,《大正藏》第39册,第495页上。
[3]密,原作"蜜",据文意改。

一切众生法不涅槃，谁至佛道③？

从初得佛，至般涅槃，于其中间不说一字，亦无所答④？

如来常定故，亦无虑，亦无察⑤？

化佛，化作佛事⑥？

何故说识刹那展转坏相⑦？

金刚力士常随侍卫⑧？

何不[1]施设本际⑨？

现魔魔业，恶业果报，旃遮摩纳、孙陀利女，空钵而出，恶业障现，云何如来得一切种智而不离诸过⑩？

佛告大慧：谛听谛听，善思念之，当为汝说。大慧白佛言[2]：善哉世尊，唯然受教。

佛告大慧：为无余涅槃故[3]说，诱进行菩萨行者故。此及余世界修菩萨行者，乐声闻乘涅槃，为令离声闻乘，进向大乘。化佛授声闻记，非是法佛⑪。

大慧，因是故，记诸声闻与菩萨不异⑫。大慧，不异者，声闻、缘觉诸佛如来，烦恼障断，解脱一味，非智障断⑬。大慧，智障者，见法无我，殊胜清净；烦恼障者，先习见人无我断⑭。

七识灭，法障解脱，识藏习灭，究竟清净⑮。

因本住法故，前后非性⑯。

无尽本愿故，如来无虑无察而演说法。正智所化故，念不妄[4]故，无虑无察⑰。

---

[1]何不，《嘉兴藏》本同，余本作"不"。

[2]言，《高丽藏》《碛砂藏》本无。

[3]故，《资福藏》《普宁藏》本作"教"。

[4]妄，《嘉兴藏》、宫内本同，余本作"忘"。

四住地、无明住地习气断故，二烦恼断，离二种[1]死，觉人法无我，及二障断⑱。

大慧，心、意、意识、眼识等七，刹那习气因[2]，善无漏品离，不复轮转。大慧，如来藏者，轮转、涅槃苦乐因，空乱意慧[3]愚痴凡夫所不能觉⑲。

大慧，金刚力士所随[4]护者，是化佛耳，非真如来。大慧，真如来者，离一切根量。一切凡夫、声闻、缘觉及外道根量悉灭，得现法乐，住无间法智忍故，非金刚力士所护。一切化佛不从业生。化佛[5]者，非佛，不离佛。因陶家轮等众生所作相而说法，非自通处说自觉境界⑳。

复次大慧，愚夫依七识身灭，起断见；不觉识藏故，起常见。自妄[6]想故，不知本际；自妄想慧灭，故解脱㉑。

四住地、无明住地习气断故，一切过断㉒。

尔时世尊欲重宣此义，而说偈言：

三乘亦非乘㉓，如来不磨灭，一切佛所记[7]㉔，说离诸过恶㉕。

为诸无间智，及无余涅槃，诱进诸下劣，是故隐覆说㉖。

诸佛所起智，即分别说道，诸乘非为乘㉗，彼则非涅槃㉗。

欲色有及见，说是四住地㉘，意识之所起，识宅意所住㉙。

***

[1]种，《资福藏》、《普宁藏》、《龙藏》本无。
[2]因，《嘉兴藏》、宫内本同，余本作"因离"。
[3]空乱意慧，《嘉兴藏》、宫内本同，余本作"空乱意大慧"。
[4]随，《资福藏》本讹作"有"。
[5]化佛，《嘉兴藏》本同，余本作"化化佛"。
[6]妄，《高丽藏》本作"忘"，次下同。
[7]记，《嘉兴藏》本同，余本作"说"。

意及眼识等,断灭说无常,或作涅槃见,而为说常住。

【集注】

① 如六度章言：声闻、缘觉乐自己涅槃,行六波罗蜜,不能成佛。何故不定种性中云"三昧乐住声闻,当得如来最胜之身"？○大慧自"尔时"下至"而不离诸过",共有十问,流支于一一问端,各有"如来复说"四字。○下起第二问

②《新说》云："五种性中,既有三乘,所乘不一,灭正受中,何故复言六地菩萨及声闻缘觉同入灭正受？"○下起第三问

③ 注云：刹那章中言"七识不流转,不受苦乐,非涅槃因",七识者,一切众生识也,故问一切众生法不涅槃因,谁至佛道？○下起第四问

④ 注云：既言不说一字,不答一字,何故佛四平等中有语平等？○下起第五问

⑤ 实叉云："言如来常在于定,无觉无观。"○注云：恒沙章中言"如来寂然,无有念想",何得为众生说法？○下起第六问

⑥ 注云：上四项中言"法依佛说一切法",即是化佛化作佛事,何故余经言"应化非真佛,亦非说法者"[1]？○下起第七问

⑦ 刹那章中尝说,诸识刹那不住,何故上言"以声性说,摄受生死"？○下起第八问

⑧ 注云：恒沙章中言,如来法身"过世间望",即是不可见相,何须金刚力士守护？○下起第九问

⑨ 恒沙章中言"生死本际不可知",既不知本际,何故复言有众生得解脱？众生既得解脱,是有本际可知。故问"何不施设本际"？○下起第十问

⑩ 恒沙偈中言,佛"悉离一切过"。如佛初成道时,而第六天魔兴四兵,持苦具,诣树下娆佛。旃遮婆罗门女以木盂系腹,及外道孙陀利杀

---

[1] 见北魏菩提流支译《金刚般若波罗蜜经论》卷上,《大正藏》第 25 册,第 784 页中。

女,共相谤佛。又佛曾入婆梨那村巡门乞食无施之者,持空钵而出。至于恶业障现不能备举者,如食于马麦,头背俱痛,刺伤足,设火坑毒饭等事。既言悉离,何得有此诸过恶耶?

⑪《新说》云:"为声闻证无余涅槃,自谓是佛,故佛方便与授记菿,言三昧乐住声闻,当得如来最胜之身,自令觉非是佛,进向大乘无余涅槃。初心菩萨乐声闻法者,亦令舍是心,进修大行。及应化佛与应化声闻授记,法性如来无有是事。"○此答第一问

⑫ 注云:因化佛授声闻记故。

⑬ 注云:二乘与佛同断四住烦恼,解脱一味处不异也。○杨云:"声闻缘觉烦恼障断与如来同,智障不断与如来异。"

⑭ 注云:言智障断者,见法无我,得如来地,非声闻。○杨云:"谓先所习人无我见至此而断,然后意识舍离,是烦恼障断也。"○此答第二问

⑮《新说》云:"明七转识、诸法障碍、识藏习气等,是一切众生妄体,虚假无常,非涅槃因,不至佛道。若七识灭,于一切法障中得解脱,识藏习灭,究竟清净,即是妄想灭,名为涅槃,名至佛道。"○此答第三问

⑯ 佛谓我因证本住法,古先圣道如金银等性,法界常住。是故我言不说一字,亦无所答。虽于四平等中有语平等,然初后中间,所有言说,皆无自性。○此答第四问

⑰ 如来以本愿力故,不待思虑观察,为诸众生而演说法。又以正智所化,念不妄故,无虑无察。○此答第五问

⑱《新说》云:"佛言四住烦恼、无明习气断,故名真佛。化佛者,方便现形以化众生,非真佛也。"○此答第六问

⑲ 言七种识妄想习气为因,是刹那无常性,离善无漏,非流转法,不能往来六道。如来藏能持生死流转,为涅槃苦乐之因。空乱,指声闻;意慧,指外道。谓声闻、外道著于空有,不能知觉,以偏执无异,故总呼为"愚痴凡夫"也。○此答第七问

⑳ 化佛方便随众生相,现同人法,故假于守护;真实如来离一切根量,即是不可见相,不假守护。谓一切化佛随人善根生,不从实业生,非

是真佛,然依真起化,亦不离真佛。如陶家轮造出百千器类,皆因众生所作之相,还说自共相法,不说法佛自通处自觉境界。○此答第八问

㉑ 言凡夫见此身灭,不见未来生故,起断见;不觉识藏念念流注故,起常见。自心现妄想说名生死故,无有本际;妄想分别慧灭,故名解脱。○此答第九问

㉒《新说》云:"化佛随众生所宜,方便示现种种过恶;真实如来,四住烦恼及无明习气悉断,无如是过。"○此答第十问

㉓ 为立一乘故也。

㉔ 实叉云:"无有佛涅槃,悉授如来记。"

㉕ 注云:佛记二乘作佛,令离无余涅槃过恶。

㉖ 欲彼成就究竟种智,断所知障,证佛无余大般涅槃,以诱诸下劣故,作如是隐覆秘密之说。

㉗ 如来所起悲智,虽为众生分别演说如是种种之道,其实在一乘,故曰"诸乘非为乘"。而彼声闻计所得涅槃,自谓是佛,非真涅槃。

㉘ 注云:四住地者,见一切处住地,欲爱住地,色爱住地,有爱住地。

㉙《新说》云:"三界生死,见思无明,悉是众生心意意识展转为因,熏习发现。"○八识为第七意识之宅。

尔时大慧菩萨以偈问曰[1]:

彼诸菩萨等,志求佛道者,酒肉及与葱,饮食为云何?
惟愿无上尊,哀愍为演说。

愚夫所贪著,臭秽无名称,虎狼所甘嗜,云何而可食?

食者生诸过,不食为福善,惟愿为我说,食不食罪福①。

大慧菩萨说偈问已,复白佛言:惟愿世尊为我等说食不食肉功德过恶。我及诸菩萨于现在未来,当为种种希望

---

[1]曰,《嘉兴藏》本同,余本作"言"。

食肉众生分别说法,令彼众生慈心相向。得慈心已,各于住地②,清净明了,疾得究竟无上菩提。声闻、缘觉自地止息已③,亦得速[1]成无上菩提④。

恶邪论法诸外道辈,邪见断常颠倒计著,尚有遮法不听食肉,况复如来世间救护,正法成就,而食肉耶⑤?

佛告大慧:善哉善哉,谛听谛听,善思念之,当为汝说。大慧白佛言[2]:唯然受教。

佛告大慧:有无量因缘,不应食肉,然我今当为汝略说。

谓一切众生从本以来,展转因缘,常为六亲,以亲想故,不应食肉⑥。

驴、骡、骆驼、狐、狗、牛、马、人、兽等肉,屠者杂卖故,不应食肉。

不净气分所生长故,不应食肉。

众生闻气,悉生恐怖,如旃陀罗及谭婆等,狗见憎恶,惊怖群吠故,不应食肉⑦。

又令修行者慈心不生故,不应食肉。

凡愚所嗜[3]臭秽不净,无善名称故,不应食肉。

令诸咒术不成就故,不应食肉。

以杀生者见形起识,深味著故,不应食肉。

彼食肉者诸天所弃故,不应食肉。

令口气臭故,不应食肉。

---

[1]得速,《高丽藏》、《资福藏》、《龙藏》本作"复逮"。
[2]言,《碛砂藏》、《频伽藏》、《高丽藏》本无。
[3]嗜,《嘉兴藏》本讹作"耆"。

多恶梦故,不应食肉。

空闲林中,虎狼闻香故,不应食肉。

令饮食无节[1]故,不应食肉。

令修行者不生厌离故,不应食肉。

我尝[2]说言,凡所饮食,作食子肉想,作服药想故,不应食肉。听食肉者,无有是处。

复次大慧,过去有王,名师子苏陀婆[3],食种种肉,遂至食人。臣民不堪,即便谋反,断其奉[4]禄。以食肉者,有如是过故,不应食肉。

复次大慧,凡诸杀者,为财利故,杀生屠贩。彼诸愚痴食肉众生,以钱为网,而捕诸肉⑧。彼杀生者,若以财物,若以钩网,取彼空行、水、陆众生,种种杀害,屠贩求利。大慧,亦无不教[5]、不求、不[6]想而有鱼肉。以是义故,不应食肉⑨。

大慧,我有时说遮五种肉,或制十种,今[7]于此经,一切种、一切时开除方便,一切[8]悉断⑩。

大慧,如来、应供、等正觉尚无所食,况食鱼肉?亦不教人⑪。以大悲前行故,视一切众生犹如一子,是故不听令食子肉⑫。

---

[1]无节,《嘉兴藏》本同,余本作"无节量"。
[2]尝,《嘉兴藏》本同,余本作"常"。
[3]婆,《高丽藏》、《龙藏》本作"娑"。
[4]奉,《普宁藏》、《嘉兴藏》、宫内本作"俸"。
[5]教,《资福藏》、《碛砂藏》本讹作"杀"。
[6]不,《资福藏》、《碛砂藏》本讹作"生"。
[7]今,《碛砂藏》讹作"令"。
[8]一切,《普宁藏》本作"一应"。

尔时世尊欲重宣此义,而说偈言:

曾悉为亲属,鄙秽不净杂,不净所生长,闻气悉恐怖[13]。

一切肉与葱,及诸韭蒜等,种种放逸酒,修行常远离。

亦常离麻油,及诸穿孔床,以彼诸细虫,于中极恐怖[14]。

饮食生放逸,放逸生诸觉[15],从觉生贪欲,是故不应食。由食生贪欲,贪令心迷醉,迷醉长爱欲,生死不解脱[16]。

为利杀众生,以财网诸肉,二俱是恶业,死堕叫呼狱。

若无教想求,则无三净肉,彼非无因有,是故不应食[17]。

彼诸修行者,由是悉远离[1],十方佛世尊,一切咸诃责。

展转更相食,死堕虎狼类,臭秽可[2]厌恶,所生常愚痴。

多生旃陀罗,猎师谭婆种,或生陀夷尼[18],及诸食肉[3]性,罗刹猫狸等,遍于是中生[19]。

缚象与大云,央掘利魔罗[20],及此《楞伽经》,我悉制断肉。

诸佛及菩萨,声闻所诃责,食已无惭愧,生生常痴冥。

先说见[4]闻疑,已断一切肉,妄想不觉知,故生食肉处[21]。

如彼贪欲过,障碍圣解脱,酒肉葱韭蒜,悉为圣道障。

未来世众生,于肉愚痴说,言此净无罪,佛听我等食。

---

[1]远离,《高丽藏》、《资福藏》、《南藏》、《龙藏》本作"离远"。
[2]可,《碛砂藏》、《普宁藏》、《南藏》、《龙藏》本作"不"。
[3]食肉,《高丽藏》作"肉食"。
[4]见,《普宁藏》本讹作"是"。

食如服药想②,亦如食子肉,知足生厌离,修行行乞食㉓。

安住慈心者,我说常厌离,虎狼诸恶兽,恒可同游止。

若食诸血肉,众生悉恐怖,是故修行者,慈心不食肉。

食肉无慈慧[1],永背正[2]解脱,及违圣表相,是故不应食㉔。

得生梵志种,及诸修行处,智慧富贵家,斯由不食肉㉕。

【集注】

① 注云:如来在鬼王宫中说法,诸夜叉等念食时欲至,非肉不食,大慧欲令诸鬼生慈心故,因请如来说食肉不食肉功德过恶。

② 实叉云:"住菩萨地。"

③ 实叉云:"或二乘地,暂时止息。"

④《新说》云:"世间众生生死轮转,怨结相连,堕诸恶受大苦恼,皆由食肉更相杀害,增长烦恼,不得出离,能舍肉味,求于法味,慈心相向,清净明了,如实修行,即得阿耨多罗三藐三菩提。"

⑤ 实叉云:"路伽耶等诸外道辈,起有无见执著断常,尚有遮禁不听食肉,何况如来、应、正等觉,大悲含育世所依怙,而许自他俱食肉耶?"○路伽耶,此云顺世,又云善论。

⑥ 实叉云:"一切众生从无始来,在生死中轮[3]回不息,靡不曾作父母兄弟男女眷属,乃至朋友亲爱侍使,易生而受鸟兽等身,云何于中取而食之?"

⑦ 旃陀罗,亦云旃荼罗,此云屠者。谭婆,此云食狗肉人,又猎师也。

---

[1]慧,《高丽藏》、《资福藏》本作"悲"。
[2]正,《碛砂藏》本作"空"。
[3]轮,原作"转",据唐译本改。

⑧ 谓利即网也。流支云："是故买者与杀无异。"

⑨ 世间之肉，未有不杀而得之者，纵使不教不求不想而得之，是必从于杀也，故不应食。

⑩ 诸经遮制五种十种，以不能顿断众生食肉故，尚有开除方便，今此经中一切悉断，为最后清净明诲。十种者：谓人、蛇、象、马、龙、狐、猪、狗、师子、猕猴。五种者：谓不见、不闻、不疑、鸟残、自死是也。

⑪ 如来但以法喜禅悦为味，故无所食，况于净不净肉，岂教他人食之耶？

⑫ 五戒以不杀为先，五常以仁为首，其远庖厨，钓而不网，弋不射宿，不杀胎，不夭夭，皆仁之端，然不禁于食肉。我佛世尊直以啖食众生为第一戒，视昆虫肖翘无异赤子，谓此而不戒，无复慈悲种智，去佛远矣。

⑬ 颂上不净气分等文。

⑭《新说》云："自下诸偈多示其过，悉令远离，少颂长行。言离麻油者，外国风俗，捣麻使生虫，合压之规，多汁益肥，如何可食？及孔隙诸床多有虫聚，皆不可坐卧，以诸虫于坐卧之时，生惊怖故。"[1]

⑮ 实叉作"邪觉"。

⑯《新说》云："饮酒贪肉等心多放逸，诸恶觉观悉随生长，是故生死轮转，不得舍离。"

⑰《新说》云："既无教想求，则三净肉非有。凡诸肉者，皆杀命而得，如何可食？"

⑱ 流支作"罗刹女"，实叉作"罗刹婆"。

⑲ 谓性无腥膻而不食者，多堕此类。

⑳ 缚象，流支作"象腋"，实叉作"象胁"。央掘利魔罗，实叉作"央掘摩"。皆经名也。

㉑ 佛先所说见闻疑杀等肉不应食之，而彼愚夫不明如来所制净不净肉悉已令断，于开遮方便处起诸妄想，谓听食其净肉。

---

[1]文字小异。

㉒ 实叉云:"净食尚如药。"

㉓ 言食如服药想、如食子肉想者,因彼愚夫妄称食五净肉无罪,故举前文以破之。如来意谓,受净饮食尚作服药等想,况听食五净肉耶?即戒诸比丘知足厌离而行乞食,以断贪著。

㉔《新说》云:"背正解脱者,由无慈慧,亏利自他,及违圣人护生仪表。"

㉕ 前结食肉者,报在垢秽之处,即旃陀罗、谭婆、猫、狸是也。此结不食肉者,报在贤圣之家,即净种、三乘、如来是也。富则法财无尽,贵则圣位难加,此其如来以法界为家也。盖由不食肉故,能净身口意业,资发自觉圣智,渐升诸地,以至佛果。《首楞严》曰:"汝等当知:是食肉人,纵得心开似三摩地,皆大罗刹,报终必沉生死苦海。"[1]有知者,得不痛以为戒?

---

[1]见《大佛顶首楞严经》卷第六,《大正藏》第19册,第132页上。

阁笔记

　　此经乃如来显示诸佛现前境界,众生顿悟法门,断妄想丝,离言说指。故其以《楞伽》为名也,非人非法;以实相为体也,非空非有;以佛语心为宗也,非真非妄;以自觉圣智为用也,非修非证;以生酥为教相也,非乳非酪。其文简,其旨深,巍巍乎超越众经之右。夫岂识情所可到,心量所能及哉!

　　正受(一一四五—一二〇八)自早岁祝发,振锡方外,每于痴坐之余,敬读是经,句义漠然,不能终卷。后质于宿师高座,无问禅讲,率亦暧昧。隆兴甲申冬(一一六四),会法亲布衲于蕲之四祖山,复以所未至请问。衲熟视曰:"此圣智境界,非粗心者可入,而子欲入之,当有方便。"正受进曰:"愿示其说。"衲曰:"是经盖有三译,宋元嘉中,中印度三藏求那跋陀罗(此云功德贤),于金陵草堂寺译成四卷,在身字函;后魏延昌中,北印度三藏菩提流支(此云觉希),于洛阳汝南王宅及邺都金华寺译成十卷,在发字函;大唐久视中,于阗三藏实叉难陀(此云觉喜),于嵩岳天中寺译成七卷,在四字函。子试取魏唐二译者十七卷,置于宋译四卷之左右,澄其神观,参考研味,则不惟可以读是经,且可以入是经矣!"正受即如其言,取前二译,合今四卷,读之弥月,乃于句义疑碍冰释。深自感幸,将遂流通而力不逮。

　　暨庆元改元春(一一九五),由吴兴永寿兰若至都下,谒黄候于北圃之道院,饭余瀹茗,忽谓正受曰:"《楞伽》一经,祖师指示之后,中间虽洪儒硕德,尚且病于句读,况余人乎? 和尚傥能为法施无穷之利,吾为刊行何如?"正受曰:"在流通固无辞,然禅者必曰:子禅者也,何为义学之事乎?讲者必曰:子禅者也,何预吾义学之事乎?人既弗之许,纵区区尽管见,安能取信于后世哉?"候曰:"不然。且禅是佛祖所传之心,教是佛祖所说之法,非禅无以通教,非教无以传心,讵有蠢蠢不达若此者?"正受曰:"斯言固矣!古之人莫不禅教并行、宗说俱畅。奈何叔世,学者各立臆见,相为矛盾。今候言独及此,正受敢不以古人自勉。"候唯唯。

因别归永寿故居,与友人智灯,复取先后三经,又以唐遗名尊宿注文,皇朝东都沙门宝臣《新说》,闽中太姥居士杨彦国所纂,复于智觉禅师《宗镜》中有议及是经者,并诸经论,于九旬之内,焚香对席,钩索深隐,采摭精要,入于跋陀所译经下。至秋八月,偕灯徙居西湖北山之寿星院,主人石庵庆寿,馆于方丈南轩,俾终其事。然膏继晷,会稡仅成,目曰《楞伽集注》。

凡"注"字,无某经、某论、某人云者,即正受之私谓也。

所言"注云"者,汝南谢如晦云:周寿元翁得于庐山古经藏中,盖唐中叶后,经生所书,不著撰人名氏。《新说》谓"唐敬爱寺译经沙门智严所注"[1]者,非也。按僧史,智严乃宋文帝时人,尝于杨都翻译,在跋陀之前,既未有经,安得有注?近谓圜悟禅师作,益其误矣!

楞伽,一云骏迦,西人多称之。其字之舛脱,或正或补,皆以魏唐二经订证,非妄加削。自洗研于乙卯之季春(一一九五),阁笔于丙辰之孟夏(一一九六)。《注》成,观梦居士黄复之,又为之音释。候闻之,遂捐己俸,命工书刻以广其传。然达磨有言,是经五百年后,翻为有相之学。今正受悉意于此,得不堕祖师之先见,重为宗教之赘说乎?黄候名汝霖,字师说,自号敬庵居士云。

是岁浴佛日雷庵无作叟正受　谨记

---

[1]见《新译大乘入楞伽经序》,《大正藏》第39册,第434页中。

附录 雷庵受禅师行业

　　师讳正受(一一四五——二〇八),字虚中,号雷庵,出苏之常熟邵氏。年十六,肆儒业,因游邑之慧日寺,与主僧心鉴语,异其敏慧,类若夙习,乃曰:"世境虚幻,百年一瞬,读世书选官,盍若究出世法以选佛邪?"师善其言,毅欲超俗。坐孤养母,怀不敢发,居郁郁若有失。母怪而诘之。具道所以。颇难之。师遂举偈曰:"唱彻黄钟宫,吹成大石调。万古绝知音,驴拣湿处尿。"母知其志不可夺,即赴诉于外祖。祖赞成之,俾礼鉴薙落登具,游方。

　　首见应庵华于天童,机缘不契。回净慈,依月堂昌。昌峭峻,少许可,识师于室中,留侍左右。一旦,指《续灯》[1]喟叹曰:"佛祖之道,潜通广被,曾何僧俗之间,是书独取于比丘,而于王侯、士庶、尼师皆遗而不录? 灯虽曰续,如照之不普何? 尔盍为掇所阙遗,抉具宗眼者备成之。《普灯》之作,遂权舆矣。"寻谒无庵全于道场,瞎堂远于虎丘仁儇堂,住中竺,延置上首。未几还里,真查梨王化万寿,一见相得,俾之分座说法,师视之不屑。

　　庆元之初(一一九五),泛雪过都,憩湖上之寿星院,翛然返关,邈与世接。愚时获抠衣,即进请益,窃谓:"达磨西来,直指人心,见性成佛,不立文字。及传二祖,付《楞伽》四卷以印佛心,非文字而何? 愿祛其惑。"师开示善巧,疑情冰释。因言:"是经蕴奥,读者尚不能句,请为诠辨以幸来学,当为锓梓。"师乃欣然发挥义趣。又因

---

[1]指《建中靖国续灯录》,共三十卷,宋惟白禅师编。本书是继《景德传灯录》及《天圣广灯录》而来的传灯录,成书于宋徽宗建中靖国元年(1101),故名《建中靖国续灯录》。

寂音所著《楞严》，厘正补葺，广为《合论》。继践月堂之属，成《普灯》三十卷，岁十七迁而绝编。表进于朝，三书咸板行于世。又藏经四大部，《华严》居一焉。李长者复衍而论之，文富义博，鲜有能终诵者。师乃括摘抠要，芟夷冗长，贯八十卷之经，兼四十卷之论，束为三卷，言约理诣，如措诸掌，悉蒙指授。师天资纯至，识见超卓，以阐教弘宗为心，斥远声利，故屡却名刹之招，方遁迹藏密，庵居呫郊。

乃以嘉定改元（一二〇八），岁在戊辰，示微疾，索笔书偈，奄忽而逝，时十一月二十八日也。寿六十三，腊四十七。

辛未岁元日授法弟子武德郎敬庵黄（汝霖）谨志

（见《嘉泰普灯录总目录》卷上）

《国学典藏》丛书已出书目

周易 [明] 来知德 集注

诗经 [宋] 朱熹 集传

尚书 曾运乾 注

周礼 [清] 方苞 集注

仪礼 [汉] 郑玄 注 [清] 张尔岐 句读

礼记 [元] 陈澔 注

论语·大学·中庸 [宋] 朱熹 集注

孟子 [宋] 朱熹 集注

左传 [战国] 左丘明 著 [晋] 杜预 注

孝经 [唐] 李隆基 注 [宋] 邢昺 疏

尔雅 [晋] 郭璞 注

说文解字 [汉] 许慎 撰

战国策 [汉] 刘向 辑录
　　　　[宋] 鲍彪 注 [元] 吴师道 校注

国语 [战国] 左丘明 著
　　　　[三国吴] 韦昭 注

史记菁华录 [汉] 司马迁 著
　　　　　　[清] 姚苧田 节评

徐霞客游记 [明] 徐弘祖 著

孔子家语 [三国魏] 王肃 注
　　　　　（日）太宰纯 增注

荀子 [战国] 荀况 著 [唐] 杨倞 注

近思录 [宋] 朱熹 吕祖谦 编
　　　　[宋] 叶采 [清] 茅星来 等注

传习录 [明] 王阳明 撰
　　　　（日）佐藤一斋 注评

老子 [汉] 河上公 注 [汉] 严遵 指归
　　　　[三国魏] 王弼 注

庄子 [清] 王先谦 集解

列子 [晋] 张湛 注 [唐] 卢重玄 解
　　　　[唐] 殷敬顺 [宋] 陈景元 释文

孙子 [春秋] 孙武 著 [汉] 曹操 等注

墨子 [清] 毕沅 校注

韩非子 [清] 王先慎 集解

吕氏春秋 [汉] 高诱 注 [清] 毕沅 校

管子 [唐] 房玄龄 注 [明] 刘绩 补注

淮南子 [汉] 刘安 著 [汉] 许慎 注

金刚经 [后秦] 鸠摩罗什 译 丁福保 笺注

楞伽经 [南朝宋] 求那跋陀罗 译
　　　　[宋] 释正受 集注

坛经 [唐] 惠能 著 丁福保 笺注

世说新语 [南朝宋] 刘义庆 著
　　　　　[南朝梁] 刘孝标 注

山海经 [晋] 郭璞 注 [清] 郝懿行 笺疏

颜氏家训 [北齐] 颜之推 著
　　　　　[清] 赵曦明 注 [清] 卢文弨 补注

三字经·百家姓·千字文
　　　　[宋] 王应麟等 著

龙文鞭影 [明] 萧良有等 编撰

幼学故事琼林 [明] 程登吉 原编
　　　　　　　[清] 邹圣脉 增补

梦溪笔谈 [宋] 沈括 著

容斋随笔 [宋] 洪迈 著

困学纪闻 [宋] 王应麟 著
　　　　　[清] 阎若璩 等注

楚辞 [汉] 刘向 辑
　　　　[汉] 王逸 注 [宋] 洪兴祖 补注

曹植集 [三国魏] 曹植 著
　　　　[清] 朱绪曾 考异 [清] 丁晏 铨评

陶渊明全集 [晋] 陶渊明 著
　　　　　　[清] 陶澍 集注

王维诗集 [唐] 王维 著 [清] 赵殿成 笺注

杜甫诗集 [唐] 杜甫 著 　　[清] 钱谦益 笺注

李贺诗集 [唐] 李贺 著 [清] 王琦等 评注

李商隐诗集 [唐] 李商隐 著 　　[清] 朱鹤龄 笺注

杜牧诗集 [唐] 杜牧 著 [清] 冯集梧 注

李煜词集（附李璟词集、冯延巳词集） 　　[南唐] 李煜 著

柳永词集 [宋] 柳永 著

晏殊词集·晏幾道词集 　　[宋] 晏殊 晏幾道 著

苏轼词集 [宋] 苏轼 著 [宋] 傅幹 注

黄庭坚词集·秦观词集 　　[宋] 黄庭坚 著 [宋] 秦观 著

李清照诗词集 [宋] 李清照 著

辛弃疾词集 [宋] 辛弃疾 著

纳兰性德词集 [清] 纳兰性德 著

六朝文絜 [清] 许梿 评选 　　[清] 黎经诰 笺注

古文辞类纂 [清] 姚鼐 纂集

玉台新咏 [南朝陈] 徐陵 编 　　[清] 吴兆宜 注 [清] 程琰 删补

古诗源 [清] 沈德潜 选评

乐府诗集 [宋] 郭茂倩 编撰

千家诗 [宋] 谢枋得 编 　　[清] 王相 注 [清] 黎恂 注

花间集 [后蜀] 赵崇祚 集 　　[明] 汤显祖 评

绝妙好词 [宋] 周密 选辑； 　　[清] 项絪 笺；[清] 查为仁 厉鹗 笺

词综 [清] 朱彝尊 汪森 编

花庵词选 [宋] 黄昇 选编

阳春白雪 [元] 杨朝英 选编

唐宋八大家文钞 [清] 张伯行 选编

宋诗精华录 [清] 陈衍 评选

古文观止 [清] 吴楚材 吴调侯 选注

唐诗三百首 [清] 蘅塘退士 编选 　　[清] 陈婉俊 补注

宋词三百首 [清] 朱祖谋 编选

文心雕龙 [南朝梁] 刘勰 著 　　[清] 黄叔琳 注 纪昀 评 　　李详 补注 刘咸炘 阐说

诗品 [南朝梁] 钟嵘 著 　　古直 笺 许文雨 讲疏

人间词话·王国维词集 王国维 著

西厢记 [元] 王实甫 著 　　[清] 金圣叹 评点

牡丹亭 [明] 汤显祖 著 　　[清] 陈同 谈则 钱宜 合评

长生殿 [清] 洪昇 著 [清] 吴人 评点

桃花扇 [清] 孔尚任 著 　　[清] 云亭山人 评点

部分将出书目
（敬请关注）

公羊传　　三国志　　心经　　白居易诗集
穀梁传　　水经注　　文选　　唐诗别裁集
史记　　　史通　　　古诗笺　明诗别裁集
汉书　　　日知录　　李白全集　清诗别裁集
后汉书　　文史通义　孟浩然诗集　博物志